고려국가와 집단의식

자위공동체 · 삼국유민 · 삼한일통 · 해동천자의 천하

서울대학교 규장각한국학연구원 한국학모노그래프 62

고려국가와 집단의식

자위공동체 · 삼국유민 · 삼한일통 · 해동천자의 천하

초판 1쇄 발행 2009년 10월 30일
초판 5쇄 발행 2021년 7월 10일

지은이 노명호

펴낸곳 서울대학교출판문화원
주소 08826 서울 관악구 관악로 1
도서주문 02-889-4424, 02-880-7995
홈페이지 www.snupress.com
페이스북 @snupress1947
인스타그램 @snupress
이메일 snubook@snu.ac.kr
출판등록 제15-3호

ISBN 978-89-521-1066-4 94900
978-89-521-1027-5 세트

2010 대한민국학술원 우수학술도서

서울대학교 규장각한국학연구원 한국학모노그래프 62

고려국가와 집단의식

자위공동체 · 삼국유민 · 삼한일통 · 해동천자의 천하

노명호 지음

서울대학교출판문화원

The State and Four Streams of Group Consciousness in the Koryŏ Dynasty

Self-protective Communites, Descendants of the Three Kingdoms, the Unified Three Han States and the World under the Koryŏ Emperor

Ro, Myoungho

Seoul National University Press

머리말

서울대학교 한국학장기기초연구의 지원을 받아 이 연구에 착수한 것은 2002년부터이나, 저술 구상을 해 온 것은 1990년대 후반부터였다. 독자들 중에는 저자가 오래전부터 준비해 오던 고려시대의 친족제도에 대한 책이 출판되기에 앞서 이 책이 먼저 출판된 것에 의문을 갖는 분이 계실지도 모르겠다. 굳이 변명을 한다면, 이미 이십 편 가까운 개별 논문을 통해 발표되어 대부분 알려진 친족제도에 대한 저술보다 새로운 내용인 이 책을 먼저 마무리하고 싶었다. 그리고 당초 이 책을 구상할 때는 비교적 단기간에 탈고할 것으로 예상을 하여, 잠시 먼저 진행하던 작업을 미루고 이 책의 준비에 우선 순위를 두었으나, 실제 작업은 예상처럼 진행되지 않아 오랜 시간이 걸렸다. 최종 탈고 단계에서 전공자로서 결코 방관할 수 없는 참으로 희귀하고 중요한 자료들을 만나 조사하게 된 것도 변명거리의 하나다. 2005·2006년의 고려 태조 왕건동상의 조사·연구와 2007년의 석가탑 반출 중수문서의 복원 및 판독을 맡게 된 것도 이 책의 출간이 늦어진 요인이 되었다.

이 책의 주제인 고려시대 집단의식과 관련된 역사상은 고려시대의 중요한 특성에 해당하는 것이나, 대개 학계에서 제대로 주목되지 않은 것들이다. 기본적인 내용의 골자는 자료를 중심으로 학부나 대학원 전공 강의시간 중에 이야기를 해 오던 것이기도 하여, 저술로서 학계에 이에 대한 논의의 단초를 제기할 필요성을 크게 느끼고 있었다. 이 책의 내용과 관련된 강의를 경청해 준 서울대학교 국사학과 학생들은 본 연구의 구상을 더욱 심화시키는 데 큰 힘이 되어 주었다.

2007년 초여름에 연구보고서를 탈고하여, 그해 11월에 한국사연구회 창립40주년 기념학술대회에서 내용의 요지를 발표한 바 있다. 당시 발표를 권유해 주신 한국사연구회 노태돈 회장께 감사를 드린다. 약정토론을 맡아 주신 장동익 교수와 본 연구에 깊은 관심을 가져준 발표회에 참석한 여러 분들께도 감사의 인사를 드린다. 또한 Milan Hejtmanek 교수는 본서의 영문요약을 작성하는 데 도움을 주셨다.

이 책은 충분한 연구시간을 갖고 자유로운 준비를 할 수 있게 지원한 서울대학교 한국학장기기초연구 지원제도가 아니었으면, 아마 지금도 구상단계에 머물고 있을 것이다. 그러한 점에서 서울대학교와 이 연구지원제도를 만들어 한국학의 육성에 힘써 주신 당시의 이기준 총장께 그리고 이 제도의 초기출범을 추진하신 당시의 권영민 인문대학장과 이병기 교무처장께 깊이 감사드린다.

본서의 출판을 맡은 서울대학교출판부가 서울대학교출판문화원으로 개편되는 몇 달 동안 출판작업은 더 지체되었다. 조직개편 직후부터 서둘러 밤늦도록 본서의 편집 작업에 힘을 써주셔서 아담한 책으로 만들어주신 서울대학교출판문화원 관계자분들의 노고도 마음속에 새겨둔다.

2009.8.30.

저자

차례

Ⅰ. 서론

역사적 사실에 대한 인식은 종종 이념에 의해 왜곡된다. 고려시대의 중요한 역사적 사실들에 대한 인식 역시 조선시대나 근현대의 이념에 의해 크게 왜곡된 것들이 많다. 본서에서 다룰 고려시대의 국가와 관련된 집단의식들도 그러한 이념에 의해 왜곡된 대표적인 것들이다.

특히 한 시대를 풍미한 이념에 따른 역사왜곡은 정교하고 방대한 작업을 통해 중요한 기본적 역사사실에 대한 인식의 윤곽을 뒤틀어 놓음으로써, 그 문제점과 오류를 인식하기가 쉽지 않다. 더구나 한 시대를 지배한 왜곡된 역사인식은 사회적으로 통념화되어 당연한 것으로 받아들여지는 까닭에 그것을 벗어나 객관화시켜 바라보는 것 자체가 쉽지 않다. 고려시대의 국가와 관련된 집단의식들처럼 고려시대 이해의 윤곽을 달라지게 할 기초적인 사실들이 지금껏 제대로 인식되지 못한 이유다.

고려시대의 국가 단위의 집단의식에 대한 기존연구성과는 통일신라기 이후 발달한 ① 삼한일통의식(三韓一統意識)을 중심으로 이루어져 기초적인 사실이 알려지게 되었다.[1] 통합된 옛 삼국주민들을 단일 국가단위의 성원으로 인식하는 삼한일통의식이 발달하고 있었지만, 옛 삼국주민 각각을 단위로 한 잠재적 분립성을 내포하는 ② 삼국유민의식을 극복하지 못하고 신라 말에 후삼국으로 분립되었다는 것이다. 그리고 고려가 후삼국을 통일한 후에도 두 가지 집단의식은 병존하다가, 점차 사회통합의 진전으로 삼국유민의식이 해소됨으로써 삼한일통의식이 확고한 국가단위의 통일성을 밑받침하는 집단의식으로 성립되게 되었다는 것이다.

이러한 기존연구성과들을 참고하면서 당시의 자료들을 보면, 삼국유민의식 못지않게 국가단위의 집단의식에 큰 영향을 준 또 다른 중요한 집단의식들이 나타난다. 그 하나는 신라하대에 들어와 발달한 지역자위공동체 단위의 ③ 자위공동체의식이었다. 그리고 다른 하나는 고려 군주를 천자(天子)로 하는 제도를 기반으로 고려국가가 중심이 되고 주변의 여진족 집단 등을 '번'(蕃)으로 포괄하는 ④ '해동천자의 천하' 의식이었다.

이 네 가지 집단의식은 서로 밀접히 연관된 면들이 나타나며, 그 각각은 서로 다른 시기에 변화하고 있어 그 연관관계에 따른 상호영향의 측면은 면밀한 검토가 필요하다. 특히 이들 간의 그러한 상호영향을 따라가다 보면, ① 삼한일통의식 자체에도 종래에 주목하지 않은 측면들이 발견된다. 즉, 집단의식으로서의 내용을 달리하는 이질적 두 계통의 삼한일통의식이 나타나는데, 이 두 계통의 삼한일통의식이 병존하며 변화되고 있었다.

삼한일통의식의 새로이 발견된 측면은 고려국가 단위의 집단의식의 이해에 중요한 것들로서 네 가지 집단의식들을 함께 검토할 때 보다 잘 드러나는 부분이다. 삼국유민의식도 그 기반이 된 문화적 배경이나 그와 연관된 역사인식과 관련하여 새롭게 검토해야 할 부분

---

1. 관련 기존 연구성과는 본론의 해당 장절에서 소개하기로 한다.

들이 있다. 그러한 면에서 삼한일통의식과 삼국유민의식에 대해서도 기존연구성과들에서 주목되지 않은 새로운 측면들을 중심으로 전면적인 재검토를 하려 한다. 자위공동체의식과 해동천자 천하의식은 고려의 국체에도 직접 연결되는 대단히 중요한 주제이나 이에 대해서는 기존연구가 매우 적어 더욱 본격적인 검토가 필요하다.

본서에서 말하는 '집단의식'이란 '우리의식', 즉 '우리들은 동일집단의 성원'이라는 집단 성원들의 공통적인 자각과 그에 기반을 둔 사고와 정서다. 그러한 점에서 '국가단위의 집단의식'이라 함은 국가에 대한 어느 한 지식인과 같은 특정 개인의 국가에 대한 사상이나 이념과 다른 것이다. 따라서 이 연구에서는 고려시대 특정 개인의 저술이나 주장 등은 원칙적으로 그것이 집단의식과 관련된 경우에만 검토 대상이 될 것이다.

고려시대 집단성원들의 공통적인 사고와 정서, 그 자체를 보여 주는 자료는 극히 제한적으로만 남아 있다. 이러한 자료의 제약을 보완하기 위해서 집단의식의 바탕이 되는 실체로서의 집단에 대한 사료의 검토도 연구의 대상으로 할 것이다. 그리고 그것을 통해 집단의식의 표출인 집단적 행동과 태도, 그리고 그 결과에 대해서도 검토할 것이다.

고려시대의 국가와 관련된 집단의식은 그 중요성에 비해 연구가 매우 적고 비교적 최근에야 그 연구가 진행되고 있다. 이처럼 연구가 부진했던 이유는 자료 확보의 어려움 등도 그 하나이지만, 연구의 관점의 제약이 보다 컸던 것으로 보인다. 그 관점의 제약은 조선시대에 성립되고 정리된 고려시대에 대한 이해와 관점이 통념화되어 연구자들의 시각을 제약하고 왜곡시키는 것이 그 하나다. 다른 하나는 근대로 들어오면서 성립된 민족의식과 국민국가에 대한 개념을 고려시대를 이해하는 데 무의식중에 소급시키는 데 따른 부작용이다. 이 점은 국내의 연구자들만이 아니라 국외의 연구자들에서도 발견되는 문제다.

후대의 관점에 편중되면 조선시대나 근현대와 근본적으로 다른 고려시대의 집단의식과 관련된 실상들이 사상(捨象)되기 쉽고 일부 포착된 사실들도 그 의미를 발견하기 어렵다. 조선시대의 시각, 근대의 시각에서의 검토도 전혀 무의미한 것은 아니지만, 당시인들의 관점과 시각에서도 문제를 찾고 검토하는 균형감각이 필요하다. 이 연구에서는 후대의 관점을 넘어서서 당시인들의 관점과 시각을 그 시대의 문제 속에서 찾고 그를 통해 당시 고려시대의 집단의식을 조망하려 하였다.

Ⅱ. 지역자위공동체의식과 국가체제*

1. 지역자위공동체의식

1) 자위공동체의 성립과 공동체의식

신라하대가 시작되는 8세기 말 이후 특히 진성여왕 3년(889)부터 936년 고려의 후삼국통일까지 무정부 상태의 혼란, 전란, 그리고 극심한 기근 속에서 지방민들은 스스로 생존의 길을 찾아야 했다. 광범한 지역에 걸쳐 생업의 기반을 잃은 유망민이 발생하여 전국적으로 지방사회의 안정을 위협하였다. 초적(草賊)과 해적(海賊)이 기승을 부리고 크고 작은 세력 간의 전쟁이 빈발하였다. 약탈·살육·납치가 자행되었다. 신라 말의 인물 최치원은 당시의 상황을 묘사하며 전란에 살해되거나 굶어 죽은 시체들이 가는 곳마다 널려 있고, 전란과 기근의 가장 혹심한 참상이 전개되고 있다고 하였다.[1] 한 승려는 천지가 온통 난리로 어지러워 들판은 전쟁터가 되고 사람들은 우왕좌왕하며 행동이 짐승 같

---

* Ⅱ장의 내용은 노명호, 2004 <고려시대 지역자위공동체> 《한국고대중세 지방제도의 제문제》(집문당)의 내용을 대폭 보충하고 改稿한 것이다.

1. 崔致遠 撰 <海印寺妙吉祥塔記>(한국고대사회연구소 편, 《譯註 韓國古代金石文》 제3권 p. 338).

았다고 하였다.[2] 해적들이 날뛰는 속에 바다 건너 중국에서는 신라인들이 노예로 팔리고 있어, 821년·823년에는 당(唐) 정부의 금지조치가 내려지기도 하였다.[3] 장보고(張保皐)는 청해진을 세우며 해적들이 신라인을 납치하지 못하도록 막겠다는 것을 천명하고, 한때 제해권을 장악하였다. 그러나 그가 중앙정부의 정쟁에 휘말리자 결국 청해진도 몰락하였다. 진성여왕 3년에는 제주군(諸州郡)이 공부(貢賦)를 납입하지 않았다. 중앙정부에서 이를 독촉하자 전국적인 지방민의 봉기가 일어났다.[4] 지방에 대한 신라 정부의 지배력이 와해되어, 신라 정부에 의해 지방사회에 설치된 '사방의 군현들이 흙처럼 무너져 내렸다'.[5]

무정부 상태에 이른 지방민들의 동요 속에 지방민의 생존과 안전을 위한 새로운 질서는 지방사회 내부에서 생성되어 갔다. 지방민들이 생존을 위한 자구책을 찾는 과정에서 전국적으로 지역단위의 자위공동체들이 발달하였다. 장기간에 걸친 광범한 유민이 발생하고 대규모 인구이동이 진행되었다. 여러 가지 성장과정을 가지고 있는 호족들을 중심으로 자의든 타의든 몸을 의탁하여 보호를 받게 된 사람들이 모여 자위공동체가 새로이 만들어지거나, 기존의 지방사회도 자위공동체의 형태로 재편성되어 갔다. 호족들의 민(民)에 대한 보호는 일방적인 시혜가 아니라 호족들의 입장에서는 민을 자신의 휘하에 끌어들이고 결속시키기 위해 필수적인 일이었다. 휘하의 민이 약탈과 살육으로 생업의 기반을 박탈당하고 흩어질 경우 호족들로서도 자신의 모든 기반이 무너질 수밖에 없었다. 반대로 휘하의 민인(民人)을 보호하는, 신뢰를 받을 만한 실력자에게는 많은 사람들이 몰려들고 있었다.[6]

---

2. 沙門 僧訓 撰 <五臺山寺 吉祥塔詞> 위의 책, p. 340.
3. 《舊唐書》 本紀16 穆宗 長慶원년 3월 정미: 長慶3년 정월 정사.
해적들에 의해 신라인이 노비로 팔리는 것을 막겠다는 것은 張保皐가 청해진을 세우면서 표방한 것이기도 하였다.
4. 《三國史記》 新羅本紀11 眞聖女王 3년.
5. 《高麗史》 世家1 太祖 원년 6월 정사.
6. 노명호, 1992 <羅末麗初 豪族勢力의 경제적 기반과 田柴科體制의 성립> 《震檀

우선 지방호족과 지방민의 관계에서 보면, 이미 친족집단과 같은 집단적 친족관계가 해체·소멸했기 때문에 호족세력이 족장적인 존재로서 족원(族員)인 농민들이 공동체적으로 보유하는 토지를 장악하고 있는 것도 아니었다. 농민들은 토지의 사적 소유에 바탕을 두고 소가족을 기본 단위로 하는 사람들이 많았다. 그리고 거주지 이동도 소가족 단위로 이루어질 수 있었다.[7] 또한 중앙정부의 지배력이 붕괴된 속에 지방에 거점을 둔 세력 간의 약탈과 쟁패(爭覇)의 전쟁이 거듭되고 있어, 지방사회들은 스스로의 생존을 위해 지방단위의 자위(自衛)체제를 결성하고 있었다.[8] 당시의 호족들은 이러한 상황에서 지방민을 보호함으로써 지방민을 자신의 휘하에 규합하였고, 지방민들도 그 보호 아래서 자신의 생존을 지켜야 했다.

신라 말에 벽진군(碧珍郡)의 호족이었던 이총언(李悤言)의 경우 당시에 많이 발호하고 있었던 군도(群盜)로부터 "성(城)을 튼튼히 하여 굳게 지킴으로써 민(民)들이 그에 의뢰하여 편안할 수 있었다"고 한다.[9] 매곡현(昧谷縣: 뒤의 懷仁縣) 지역의 장군(將軍)을 칭한 공직(龔直)은 후백제로부터 고려로 옮겨 복속하면서 휘하의 민(民)의 안정을 위한 것이라는 전쟁에 대해 태조의 허락을 구하고 있다. 즉 접경(接境)한 후백제의 일모산군(一牟山郡)의 침략으로 '민이 편안히 생업에 종사할 수 없음'을 걱정하면서, 일모산군을 공취(攻取)하여 '폐읍(弊邑)의 민(民)이 도적의 피해를 입지 않고 농상(農桑)에만 힘쓰게 하겠다는 것'을 말하

學報》 74, pp. 6~9.

7. 盧明鎬, 1988a <羅末麗初 親族組織의 변동> 《又仁金龍德博士停年紀念 史學論叢》; 1988b <高麗時代 鄕村社會의 親族關係網과 家族> 《韓國史論》 19; 1990 <田柴科體制下 白丁 農民層의 土地所有: 토지상속제와 관련된 검토를 중심으로> 《韓國史論》 23.
8. 李純根, 1989 <羅末麗初 地方勢力의 構成形態에 관한 硏究> 《韓國史硏究》 67; 1992 《신라말 지방세력의 구성에 관한 연구》, 서울대 국사학과 박사학위논문; 尹熙勉, 1982 <新羅下代의 城主와 將軍> 《韓國史硏究》 39.
9. 《高麗史》 列傳5 王順式傳 附 李悤言傳.

고 있다.[10] 후대의 자료이지만 복지겸(卜智謙)의 선대에 대해서도

> 신라 말에 卜學士라고 칭하는 자가 唐나라로부터 와서 여기서(沔川郡, 高麗初 槥城郡: 필자 주) 살았는데, 海賊을 토벌하고 남은 백성을 보호하여 모았다. 지겸은 그 후예다.(하략)[11]

라 하여 같은 상황을 볼 수 있다. 이러한 것은 이총언이나 공직, 복학사의 경우에만 해당하는 사실이기보다는 지방단위의 자위체제가 필요한 상황에서는 당시의 호족들에게 스스로의 존립을 위해 일반적인 것이었다.

일찍이 장보고(張保皐)는 그 휘하에 '만인'(萬人)에 달하는 집단을 규합할 수 있었다.[12] 수창군(壽昌郡) 지역에서 견고한 성을 쌓고, 농사를 돌보며 지역을 편안하게 안무(按撫)하고 손님과 친구를 잘 접대한 이재(異才)에게는 "찾아오는 사람이 구름같이 많았고, 그들을 바다 같은 아량으로 받아들였다."라고 한다.[13] 지역적인 정주(定住) 기반을 갖기보다는 적당적(賊黨的)인 집단을 이끌고 있었던 궁예(弓裔)의 경우도 초기에 집단을 모아 세력기반을 다지는 과정에서는 "사졸(士卒)과 감고노일(甘苦勞逸)을 같이하고, 여탈(與奪)은 공평하게 하여 사사로움이 없어 무리의 마음이 그를 외애(畏愛)하여 장군(將軍)으로 추대했다."라고 한다.[14]

나말에 이르러 진골귀족 중심의 지배체제가 붕괴하게 한 원천적인 힘은 그에 항거한 광범한 지방민의 봉기에서 나온 것이었다. 지방민들은 소극적으로는 유망(流亡)을 통해 지배체제로부터 이탈하고 있었

---

10. 위의 책 列傳5 龔直傳.
11. 《東國輿地勝覽》 권19 沔川郡 人物條 卜智謙.
12. 金庠基, 1948 <古代의 貿易形態와 羅末의 海上發展에 對하여> 《東方文化交流史論攷》; 盧泰敦, 1978 <羅代의 門客> 《韓國史硏究》 21·22합집.
13. 《東文選》 권64 新羅壽昌郡護國城八角燈樓記.
14. 《三國史記》 列傳10 弓裔傳.

고, 적극적으로는 중앙귀족지배체제에 대항하여 봉기하고 있었다. 나말여초에는 광범한 유망민이 발생하고 있었으니, 개인을 묶어 놓을 수 있는 친족집단은 이미 해체되어 신라촌락문서의 예에서도 나타나듯이 나름의 활로를 찾아 소가족 단위 또는 개인 단위의 도망이나 거주 이동이 이루어지고 있었다. 신망을 받는 부류들에게 많은 사람들이 몰려들고 있었던 반면 반대편에서는 한계선까지 내몰린 대중들의 이탈과 흩어짐이 진행되고 있었다.

자위공동체는 성(城)을 기반으로 한 공동 방어시설과 주민들의 결속된 힘으로 스스로를 지켜 나가는 동안 공동운명체로서의 전통이 쌓여 갔으며, 결속의 강화와 공동체의 관리를 위한 장치들도 발달하였다.

앞에서 본 벽진군(碧珍郡)의 이총언(李悤言)이 군도(群盜)로부터 성을 튼튼히 하여 굳게 지켰다는 것이나, 수창군(壽昌郡)의 이재(異才)가 견고한 성을 쌓았다는 것에서도 성의 중요성이 나타나지만, 당시 호족들의 직함에 수축을 이루는 것이 성주(城主)였다는 것 역시 같은 것을 나타내 준다.

고려가 후삼국을 통일한 후에도 이 자위공동체들로 이루어진 지역사회들은 강한 결속력을 가졌다. 그에 따라 후술하는 바와 같이 고려정부는 규모 면에서도 편차가 큰 지역단위의 자위공동체들을 해체하여 재편성하기보다는 그를 바탕으로 지방제도를 만들어 갔으며, 행정체계상으로도 공동체들의 자치를 바탕으로 한 지방행정체계를 수립하게 되었다.

'군백성'(郡百姓) 등으로 자칭, 타칭되는 지역집단의 공동체의식은 주민 개개인을 포괄하는 공통의 기반을 상정하고 있었다. 그것은 지방민을 지역공동체 단위의 집단으로 파악하고 통제하는 고려식(高麗式) 본관제도(本貫制度)의 출현을 가져왔으며, 본관 지역의 승격과 강등은 그 지역주민 모두를 대상으로 하는 상벌이 될 수 있었다. 또한 종교적 결사체인 향도(香徒)는 고려시대의 경우 군현 등 지역공동체 주민들이 단위가 되는 경우가 나타나는데, 그들의 종교적 염원 중에는 지역공동체 주민들의 안녕을 기원하는 내용이 포함되었다.[15] 지역공동체의 안녕은 곧 지방민들의 안녕과 연결되고 있었다.

2) 지역공동체의 계급적 구성

신라 말 고려 초 지방사회와 호족에 대해서는 지방사회들이 혈족집단들로 구성되었고 호족은 그 족장적 존재였다고 보는 견해가 있었다. 그러나 이는 주로 토성(土姓)과 관련하여 토성의 존재를 곧 해당 성씨의 부계혈족집단의 존재에 연결시키는 가정에 의거하고 있다. 그리고 전정연립(田丁連立)을 형식적으로는 적장자 명의의 승계이나 실질적으로는 혈족단위의 집단적 농지보유로 보는 '적장자단독상속설'(嫡長子單獨相續說)도 그 중요한 논거가 되었다.[16]

이러한 이해는 다음과 같은 점에서 성립될 수 없다. 첫째, 9~10세기 이후 친족집단이 해체되는 과정을 보이고, 고려시대에는 부계친족집단의 존재가 어떤 형태로도 나타나지 않는다. 그리고 부계가 아니라 총계적(cognatic) 또는 양측적(bilateral) 계보의 친속(kindred)과 관련된 현상들이 여러 분야에 걸쳐 나타난다.[17] 둘째, 적장자단독상속설은 전정연립 규정이 부계친족집단의 존재와 양립할 수 없다는 점에서 해석에 근본적인 오류를 내포함은 물론 민전(民田)인 부조전(父祖田)의 상속규정을 전정연립과 혼동하였다.[18] 이 시기 지방의 촌락의

15. 蔡雄錫, 2000 《高麗時代의 國家와 地方社會》, 서울대출판부, pp. 174~199.
16. 旗田巍, 1957 <高麗時代の土地の嫡長子相續と奴婢の子女均分相續> 《朝鮮中世社會史の硏究》 1972 所收.
17. 이에 대해서는 저자가 지금까지 15편의 논문을 통해 여러 측면에서 검토한 바 있다. 고려시대 양측적 친속의 기원과 구성에 대한 것으로는 다음과 같은 논문이 있다. 노명호, 1988a 앞 논문; 1989 <高麗時代의 親族組織> 《國史館論叢》 3.
18. 노명호, 1989 <高麗時代의 土地相續> 《中央史論》 6(중앙대); 1990 앞 논문.

혈연적 상태는 17세기 후반에 발달하기 시작한 동족촌보다는 앞 시대의 전통이 남아 있었던 17세기 초의 산음현 동리(洞里)들에서 보는 바와 같은 양측적 계보들이 중첩되며 얽혀 있는 상태에서 유사한 예를 구해야 할 것이다.[19]

지방의 지배세력으로 대두한 호족층의 인적(人的) 세력기반의 주축은 혈족집단이 아니라 그의 문객(門客), 당여(黨與) 및 투탁민(投托民)들이었다. 이들은 호족의 추종자들로서 그 지배와 보호하에 들어온 자들이었다. 유력자인 주(主: 主君)와 그 추종자인 문객의 관계는 신라하대에는 이미 지방사회에까지 확산되어 있었다.[20] 주-문객의 관계와 유사한 것으로는 유력자와 당여의 관계가 있다.[21] 당여는 문객보다 공식화나 정례화(定例化)의 정도가 덜한 존재이지만, 기본적으로 유력자의 보호와 후원, 추종자의 충성과 봉사라는 쌍무적 주종관계가 바탕이 된 집단형성방식이라는 것은 공통적이었다. 투탁민들의 경우도 이러한 문객이나 당여에 준하는 관계를 가지고 있었다.

족장과 족원들의 관계가 아닌, 쌍무적 수송관계에 입각한 호족휘하의 지역공동체 사회는 처음부터 현저한 계급적 성격을 수반하였다. 지역공동체의 지배조직의 구성원들은 피지배층에 대하여 스스로를 '관반'(官班)으로 칭하며, 지배와 수취를 행하였다. 관반층은 고려의 국가체제 하에서 향리(鄕吏)로 전환되는 과정에서도 그 계급성을 유지하여, '가풍'(家風)을 기준으로 호장층(戶長層), 정부정층(正副正層), 하급향리층으로 구분되고, 일반 피지배층은 백정(白丁)을 주축으로

19. 노명호, 1979 <山陰帳籍을 통해 본 17世紀初 村落의 血緣樣相> 《韓國史論》 5; 1988b 앞 논문.

20. 노태돈, 1978 앞 논문.

21. 고려시대의 黨(與)에 대해서는 노명호, 1987 <李資謙一派와 韓安仁一派의 族黨勢力: 高麗中期 親屬들의 政治勢力化 樣態> 《韓國史論》 17에서 검토한 바 있다. '黨'으로 지칭된 존재는 삼국시대나 신라사회에서도 보이는바, 삼국시대나 신라중대에는 혈족집단을 주축으로 하고 있었으나, 신라하대에는 고려시대의 그것과 보다 유사한 성격이 나타난다.

하게 되었다.[22] 이러한 사회계층적 측면에 수반된 경제적 상태로서 녹읍(祿邑), 역분전(役分田), 시정전시과(始定田柴科)로의 변천 과정은 호족과 지방민 사이의 수취자(收取者)와 생산자로서의 관계를 국가적 차원에서 조정하고 인정해 주는 방식의 변화과정이었다.[23]

계급적 구성을 바탕으로 형성되었기에 지역공동체는 처음부터 계급적 질서를 전제로 한 공동체적 관계였고, 그에 따른 공동체적 결속과 계급적 갈등 가능성을 동시에 내포하였다. 호족층이 휘하 민에 대한 보호와 후원 기능의 연장선에서 지방사회의 안정에 기여하기보다 수탈자적인 면모가 극도로 확대되는 경우에는 공동체 내부에서 갈등이 증폭되어 폭발될 소지가 있었다. 중앙권력의 수탈과도 직접·간접으로 연결되면서, 그것은 유망(流亡)이라는 민의 이탈 형태로도 나타날 수 있었고, '호족인'(豪族人)과 '잡족인'(雜族人)의 싸움이나 민란에서 보는 바와 같은 직접적인 계급적 충돌로도 나타날 수 있었다.[24]

계급적 갈등 가능성이 상존하는 속에서도 많은 지역공동체들의 공조관계는 장기간에 걸쳐 비교적 잘 유지되고 있었다. 지역공동체관계의 장기적 지속을 가능하게 한 요인들에 대해서는 앞으로의 연구가 필요하나 다음과 같은 점을 생각할 수 있다.

첫째, 지방의 새로운 강자인 호족과 그 휘하 민 사이에는 보호와 수취 부담이라는 쌍방관계와 그 정도에 대해 양자 사이에 묵시적 타협의 선이 형성되고 있었다. 지방호족들이 지방민의 토지나 그 공동이용지를 탈취하여 생산수단을 독점하는 것은 지방단위 사회의 생존에 필수적인 지방호족과 지방민의 결속관계에 심각한 손상을 초래하는 것이다. 반면에 농민들의 경제를 안정시킬 경우 그들은 농민들로

22. 노명호, 1988b 앞 논문, 二장 2절 '계급내혼에 따른 구성'; 2006a <고려시대 향리 집단 속의 호장 李裕> 《한국사 시민강좌》 39, 일조각.

23. 노명호, 1992 앞 논문.

24. 金州 지역 '豪族人'과 '雜族人'의 분쟁에 대해서는 노명호, 1988b 앞 논문 pp. 194~195 참조.

부터의 안정된 수취를 통해 큰 경제력을 확보할 수 있었다. 이는 호족들로서도 지방민에 대한 과도한 수취를 억제하고 그들의 생계가 안정되게 보호하게 한 요인이었다. 공직(龔直)이 '폐읍(弊邑)의 민(民)이 도적의 피해를 입지 않고 농상(農桑)에만 힘쓰게 하겠다는 것'이나, 복지겸의 선대인 복학사(卜學士)가 '백성을 보호하여 모았다'는 것은 그러한 시대적 상황을 보여 주는 것이다. 후삼국의 성립 이후에는 국가적 지배질서가 발달하자 지방단위 자위체제나 민의 규합이 이완되는 경향도 나타났으나, 이제는 고려 태조의 일련의 왕명들에서 보는 것처럼 국가가 공적 질서를 강조하며 민에 대한 침탈을 억제하게 되었다.

둘째, 호족층의 민과 지역공동체에 대한 보호라는 책무는 새로운 지배층의 사회적 덕목으로 자리 잡았다는 점이다. 호족층의 후신인 호장층의 신분에 따른 향리직제에서는 '누세(累世)의 가풍(家風)'이라는 말이 보인다.[25] 대대로 호장, 부호장 등을 역임하는 가계를 단순한 혈통관계로 지칭하지 않고, 집안 대대로 내려오는 풍도를 의미하는 말로 지칭하고 있는 것이다. 이들은 13세기까지, 지역에 따라서는 14세기 말까지 지역공동체가 군사적 위기에 처했을 때에, 특히 중앙에서 파견된 지방수령들이 제 역할을 하지 못하는 때에 지역주민을 이끌었고, 고을 수리(首吏)로서의 명분을 내세우며 과단성 있게 대처하고 있었다.[26]

셋째, 당시 지방사회의 지배체제의 구성 면에서도 호족세력에 대한 제약요인이 검토될 수 있다. 근래에는 읍(邑) 권력이 하나의 호족에 의해 단독으로 장악된 것이 아니라, 복수의 호족들의 연합에 의해 장악되고 있었다는 연구가 제기된 바 있다.[27] 지방사회의 지배체제는

25. 《高麗史》 選擧志3 鄕職 文宗 5년 10월.

26. 노명호, 2006a 앞 논문.

27. 浜中昇, 1990 <신라 말기 · 고려 초기의 城主 · 將軍에 대해서> 《李佑成교수정년퇴임기념논총》; 윤경진, 2001 <나말려초의 城主의 존재양태와 고려의 대성주정

지배세력의 출신이나 지방별 성립환경의 차이가 있었던 만큼 일률적이지는 않았을 것인데, 유능한 군장적(軍將的) 실력자가 지역의 부인(富人)들과 결합하면서 지방세력으로 등장하는 형태도 지적되고 있다.[28] 이 경우 군장적 세력과 부인 세력 내지 지방유력자들 사이의 권력관계는 여러 가지가 가능할 것이나, 군장적 세력가를 정점으로 하는 지방단위의 지배조직에는 지방유력자들이 참여했을 것으로 생각된다.

당시 성주·장군을 칭하며 대두한 인물들의 사례를 검토한 최근의 연구에서는 남(南)·북(北)미질부성(彌秩夫城)처럼 복수의 세력이 병렬한 경우도 소수 존재했으나 대개 그 지역을 단독으로 장악한 사례들이 상대적으로 많았다고 보기도 한다. 그들이 대개 지역단위 통치의 관부(官府)가 있는 읍치(邑治)로서의 치소성(治所城)을 장악하였다는 점을 주목한다면, 복수의 호족들의 연합이 일반적이기보다는 오히려 성주·장군의 단독 세력 성립이 일반적이라는 것이다.[29] 또한 흥해군(興海郡) 지역의 경우 《고려사》에

> 北彌秩夫城主 萱達이 南彌秩夫城主와 함께 來降하였다.[30]

라는 기록에서 북미질부를 우선 기록하고, 남미질부와 달리 훤달이라는 성주이름까지 기록한 것을 들어, 북미질부가 치소로서의 주도적 위치에 있었던 것으로 보았다. 여기서 남·북미질부가 함께 움직이고 있는 것은 이들의 연합적인 면모를 반영해 주는 것으로 보인다.

전체적인 성주·장군의 사례 수가 많지 않으므로 사례의 빈도 수

책> 《역사와 현실》 40. 윤경진의 연구와 달리, 浜中昇 연구에서는 호족들은 각기 족단의 대표였다는 旗田巍의 설이 그대로 전제되고 있다. 족단설에 대해서는 (주 17)의 논문을 비롯한 필자의 일련의 논문들에서 이미 반론을 제기한 바가 있다.

28. 李純根, 1989 앞 논문.
29. 崔鍾奭, 2004 <羅末麗初 城主·將軍의 정치적 위상과 城> 《韓國史論》 50.
30. 《高麗史》 世家1 太祖 13년 2월.

를 그대로 통계적으로 해석하는 것을 피한다면, 복수호족의 연합형태와 단일 성주·장군 체제는 당시에 공존하였던 것으로 보이며, 각 지역의 실제 세력구성은 위와 같은 두 가지를 기본형으로 하면서도 훨씬 다양한 형태였을 것이다. 그런데 단일 성주·장군이 존재한 경우라 해도 그 지역의 통치조직인 관반 조직에 포함된 세력들이 존재하고 있었으니,[31] 특히 관반의 상층 세력은 해당지역 공동체의 다음 순위세력을 구성하는 존재들이었다.

당시 지방호족들이 가지고 있었던 지배조직에는 부서(部署)들이 존재하고, 그에는 여러 등급으로 구성된 위계(位階) 서열에 다수의 인물들이 참여하고 있었고 그들은 관반이라고 칭하였다.[32] 그 지배조직은 지방에 따라 세부적 차이는 있었으나 기본적인 구성은 대체로 같았다. 간혹 제일인자의 권력이 지배집단 내의 나머지 세력을 압도하는 경우도 있겠으나 많은 경우는 세력의 서열 차이는 있어도 복수의 세력이 지방지배집단을 구성하고 있었던 것으로 생각된다.

안동(安東) 지역에서는 태조 공신이 권행(權幸)·김선평(金宣平)·장길(張吉) 등 복수로 되어 있고, 당시 권행이 태조에 귀부하기에 앞서 '중(衆)과 모의했다'는 예를 볼 수 있다.[33] 영월(寧越)의 혜종(惠宗) 원년(944)에 세워진 징효대사비음기(澄曉大師碑陰記)에는 뒷날의 정종(定宗)과 광종(光宗)을 비롯한 중앙의 주요 인물들과 함께 단월(檀越)로 참여한 같은 지방의 세력가로 보이는 인물들이 복수인 경우가 나타난다.[34] 명주(溟州) 지방의 경우 호직(乎直) 아간(阿干) 등 4명,

---

31. 최종석, 2004 앞 논문.
32. 金光洙, 1979 <羅末麗初의 豪族과 官班> 《韓國史研究》 23.
33. 《新增東國輿地勝覽》 권24 安東 人物條.
34. 《韓國金石遺文》 高麗興寧寺澄曉大師寶印塔碑陰. 原州·公州·冷州 등에서는 1명씩만이 나타나지만, 자료의 성격이 각 지방의 세력 모두가 반드시 나타날 수 있는 것이 아니므로 이들만이 그 지역 세력가였는지는 판단할 수 없다. 2명 이상씩이 나타나고 있는 지역에서도 그들 이외에 세력가들은 더 있었을 가능성을 배제할 수는 없겠다.

죽주(竹州)에 덕영(德榮) 사간(沙干) 등 2명, 제주(提州)에 귀평(貴平) 일길간(一吉干) 등 2명, 신지현(新知縣)에 견환(堅奐) 사간(沙干) 등 2명이 나타나고 있다. 청주(青州)의 경우 그 지역 호족인 영군장군(領軍將軍) 견금(堅金)이 태조에게 청주의 반란 가능성에 대해 "일주(一州)의 사람들이 사람마다 각기 마음이 달라, 만일 화(禍)의 발단만 있으면 제어(制御)하기 어렵다."라고 말한 것을 보면,[35] 견금 이외에도 나름의 세력을 가지고 있는 자들이 존재함을 알 수 있다. 이는 다른 지방들에서도 각 군현의 토성(土姓)이 복수이고, 뒤에 현종(顯宗) 9년에 정해진 주현(州縣)의 호장(戶長)이 4~8인으로 복수인 사실[36] 등으로 볼 때, 대체로 전국에 걸친 일반적 상태였다.

지방사회의 지배체제가 이처럼 호족들의 연합체 내지 과두체제로 이루어질 때, 호족 간의 견제로 어느 한 호족이 독재적인 권력을 행사하기는 어려울 것이고, 그만큼 하위층 민과의 관계도 공동의 생존을 위해 타협하고 절제하는 방향을 취하게 한 요인이 되었다.

넷째, 고려시대 각 지역에 존재했던 지역공동체 단위의 향도나 축제 등도 그러한 것에 해당할 것이다. '남녀소장'(男女少長)이 그 순서에 따라 모여 앉아 마시고 즐기는 '향도연'(香徒宴)은 전국적 풍속이었다.[37] 지방별 특색을 갖는 제전(祭典)에서는 공동체 단위의 유대와 연대감을 새롭게 하며, 백희(百戲)의 놀이가 행하여지는 의례화된 과정 속에서 하층민들의 불만이 공개적으로 표출됨으로써 그 자체만으로도 갈등을 순화시키고, 상하층 사이의 문제에 대한 인식의 기회를 열고 있었다. 염흥방과 이성림이 성묘를 다녀오다가, 인파로 가득한 길거리에서 세도가의 가노들이 백성들에게서 가혹하게 수조(收租)하는 형상을 연희하는 탈놀이[優戲]를 목도하고, 염흥방은 별 생각 없

35. 《高麗史》 列傳5 王順式傳 附 堅金傳.
36. 위의 책 選擧志3 鄉職條.
37. "國俗 結契燒香 名曰香徒 相與輪設宴會 男女少長 序坐共飮 謂之香徒宴"(위의 책 列傳35 沈于慶傳).

이 즐거워하였으나 이성림(李成林)은 부끄러워하였다는 것은 그 한 예다.[38]

고려시대 지역공동체 단위의 공동체적 질서는 이러한 내부의 장치들에 의해 공동체 내부의 계급적 갈등의 확대를 억제하고 해소하며 장기간 존속할 수 있었다. 12세기 말 이후 중앙권력의 지방침투가 확대됨에 따라 지역공동체의 존립환경은 점진적으로 축소되어 갔으나, 13세기 후반 몽고와의 전쟁기까지 상당수의 지역공동체들이 유지되었다. 그 후 14세기에는 급격히 해체되어 갔으나, 일부 지역에서는 14세기 말까지도 지역공동체로서의 체제가 남아 있었다.

2. 국가의식과 지역공동체의 행정적 편성

고려시대의 국가의식은 그 안팎 여러 수준의 집단의식들과 병존하였고, 근대의 국가의식(nationalism)에서처럼 나머지 집단의식들을 배제하고 유일성을 확보하려는 경향을 띠기보다는 나머지와 타협하고 공존하는 경향을 가졌다. 지역공동체의식은 물론 다음 Ⅲ장과 Ⅴ장에서 볼 삼국유민의식(三國遺民意識), 해동천자천하의식(海東天子天下意識)과도 타협하며 공존하고 있었고, 이러한 지역집단의식들과 유기적인 관계 속에서 국가체제를 형성하였다. 그만큼 근대의 국가의식과 근본적으로 달리 고려시대의 국가의식은 단위집단의식으로서의 결합력이 약했던 것이니, Ⅳ장에서 보는 바처럼 국가의식과 밀접한 관련을 갖는 삼한일통의식도 그 자체가 통일적 합의를 보지 못한 변형들을 내포하였다. 이러한 속에 고려에서는 국가의식에 의해 지역자위공동체의식들이 철저히 부정되고 청산되기보다는 양자가 타협적으로 공존

38. 위의 책 列傳39 廉興邦傳.
하회 탈춤의 전래되어 오는 가면들이 제작자 허도령 전설과 제작수법으로 보아 고려시대의 전래품이라고 추정하는 견해도 주목된다(李杜鉉, 1994 《韓國假面劇》, pp. 124~125).

하는 체계를 구성하고 있었다. 그것은 국가적 지배조직에도 반영되었으니, 고려의 지방행정체계는 신라시대나 조선시대와도 다른 특징을 갖는다.

신라하대에서 고려 초에 이르는 시기에는 장기간에 걸친 인구이동과 각 지방에 등장한 많은 새로운 세력들의 경쟁 속에서 지역사회들은 외형도 크게 변화하고 있었다. 우선 그것은 당시의 지방행정구역 편성에서도 큰 변화를 가져왔다. 한반도의 정치·경제·문화의 중심지는 동남쪽 모퉁이 경주(慶州) 일원에서 한반도 중서부 개경(開京) 일원의 지역으로 이동하였다. 또한 적지 않은 기존의 군현들이 소멸하거나 신흥 군현들이 등장하며 부침을 겪었다.

《삼국사기》 지리지에는 통일신라 영역 지방행정단위들을 기록하고 그것의 연혁을 12세기 초 김부식(金富軾) 당시의 지방행정단위까지 기록하고 있다. 그것을 표제지명을 기준으로 보면 439지역인데, 이 중 25곳은 '미상'(未詳)이라 하여 고려시대에 들어와 어느 지역인지 알 수 없게 되었고, 20곳은 쇠락하여 다른 지역에 통합되었으며, 4곳은 군현으로 유지되지 못하고 부곡(部曲)으로 전락하였다. 이처럼 군현으로 유지되지 못하고 쇠락한 지역이 51곳이다. 그리고 시기적으로 제한된 의미를 갖기는 하지만, 기존의 경(京)과 주-군-현 체계에서 강등된 것이 22곳이며, 승격된 것이 46곳으로 총 68곳이 변화를 보았다. 전체 439곳에서 119곳이 표면적인 관찰만으로도 적지 않은 변화를 겪은 것이다.

또한 통일신라의 지방단위가 아니었던 고려 초의 신흥지역은 《고려사》 지리지를 통해 파악해 볼 수 있다. 그중 한 가지는 옛 고구려 지역 중 통일신라의 지방행정 단위로 편성되지 않았다가 새로이 지방단위로 등장한 곳이 48곳이며, 과거에 군현으로서의 연혁을 기록하지 않은 새로운 군현으로 기록한 것이 59곳으로 모두 107곳이다.[39]

이 중 일부는 《삼국사기》 지리지에 고려시대 군현의 어디인지에 대해 '미상'으로 기록한 군현 지역에 발달한 군현일 여지도 있다. 그러나 지역은 같다고 해도 앞 시대의 역사를 상실한 것은 지역에 따라 극심한 인구이동과 지역사회의 명멸이 진행되는 속에 그 지역주민이 앞 시대 주민과 그만큼 단절된 정도가 큰 때문이라고 생각된다. 그렇다면 《고려사》 지리지의 표제지명을 기준으로 할 때, 고려 초의 지방행정단위 495곳 중에서 226곳이 행정구역편성만으로도 큰 변화를 겪은 것을 알 수 있나.

행정구역 편성에서 변화가 나타나지 않은 나머지 269곳에 대해서도 고려해야 할 사항이 있다. 한반도 대부분의 지방단위들이 하천과 산들로 구획되어 있는 지형을 갖는 때문에 지방단위들의 지리적 구획이 지속되는 면이 있고, 정치·경제·군사 등의 면에서 유리한 지리적 환경을 갖는 지방들이 신라하대와 고려 초의 상황에서는 지속되는 면이 컸던 것을 고려해야 한다.

최근의 연구들에 의하면, 고려시대와 통일신라시대에 지역 단위를 통치하는 관부가 위치한 읍치(邑治)는 산성(山城)에 있었다.[40] 그러한 읍치가 있는 치소성(治所城)은 대개 평야와 연접한 구릉에 위치하고, 성내에 (관청) 건물이 들어설 평탄면이 존재하고, 하천이 자연해자(自然垓字)의 역할을 하거나 성이 교통로 상에 위치했다. 이러한 지역통치와 군사적 방어에 유리한 지리적 조건이 각 고을들의 치소성의 위치결정에 크게 작용하였고, 그 지리적 조건은 통일신라나 고려시대에 별다른 변화가 없었다. 더구나 성의 축조에는 많은 인력과

39. 107곳은 《高麗史》 지리지의 표제지명을 기준으로 한 것이다. 표제지명으로는 총 516곳이 기록되어 있는데, 이 중 현종대까지를 기준으로 끊어 고려 초 군현은 495곳이며, 그 후 만들어진 것은 21곳이다. 물론 이들 표제지명 이외에 존재했던 고려 초의 군현들도 상당수 존재한 바 있는데, 《고려사》 지리지에서만도 11곳 정도가 파악된다.

40. 朴省炫, 2002 <6~8세기 新羅 漢州 '郡縣城'과 그 성격> 《韓國史論》 47; 崔鍾奭, 2004 앞 논문.

물자가 필요하므로 앞 시대에 쌓은 성을 그대로 이용하거나 개축하는 경우가 많았으니, 치소성들이 두 시대 사이에 연속되는 정도를 더욱 강화하는 요인이었다. 이러한 점을 고려하면, 행정구역편성에서 외형적 지속성이 269곳에서 나타난다는 것은 결코 많다고 볼 수 없다.

그리고 변화는 지방행정구역 내부에서 새로운 세력들이 떨어져 나오는 형태로도 나타났다. 그 한 자료를 보면 다음과 같다.

> 2월 乙未에 사신을 신라에 보내 古昌에서의 (후백제와의 전투에서의) 승리를 알리니, 신라왕이 사신을 보내 답례하고 서신으로 만나기를 청하였다. 이때에 新羅 이동 沿海州郡部落이 모두 來降하니, 溟州로부터 興禮府에 이르기까지 총 110여 城이었다.[41]

위에서 보면, 고창에서 후백제와 싸워 고려가 대승리를 거두자, 신라왕은 물론 명주(지금의 강릉)에서 흥례부(울산)에 이르는 지역의 연해주군과 부락이 모두 내항하였다는 것이다. 그런데 이 지역은 30~40 군현이 존재하였으니, 그 수에 해당하는 치소성이 존재하였다. 그리고 나머지 70~80성의 상당수는 '부락'의 성이다. 이 부락성들은 원래의 소속 군현에서 떨어져 나와 내항하는 별도의 주체로 나타난다.[42] 이들 부락은 뒤에 고려에서 군현이 아닌 그 아래 등급의 지방단위로서 대감(大監) 등이 통솔하는 촌(村)을 비롯하여 일부는 향·소(所)·부곡 등의 행정적 단위로 편성되었던 것으로 보인다. 이렇게 보면, 신라의 동쪽 연해 지대는 원래 30~40 군현 단위가 그 두세 배수 이상의 단위들로 나뉘는 변화를 본 것이다. 이러한 세분된 지역공동체의 성립은 신라 동쪽 연해지대만이 아니라 전국적인 현상이기도 했으니, 그것은 고려시대로 들어오면서 군현 수만도 500여 곳으로

---

41. 《高麗史》 世家1 太祖 13년 2월.
42. 윤경진, 2001 앞 논문; 최종석, 2004 앞 논문.

증가하고, 향·소·부곡 등이 900여에 달하는 지방행정구역 수의 대폭적인 증가로 나타나게 되었다.

신라 말에 대두한 다양한 크기의 세분된 지역공동체들은 고려국가체제 내에서 대부분 그대로 유지되며 지방행정제도상의 주(州)·부(府)·군(郡)·현(縣)이나 향·소·부곡 등의 단위로 편제되었다. 그렇기 때문에 고려시대 지방행정단위는 신라시대나 조선시대와 다른 특징들을 갖게 되었다.

첫째로 고려시대에는 지방행정구역의 평균적인 규모는 축소되고 전체의 수는 크게 늘어났다. 성종 14년에는 10도(道)와 함께 부(府) 1곳, 주(州) 128곳, 현(縣) 462곳, 진(鎭) 7곳이라는 기록이 있으며,[43] 고려시대 향소부곡 등의 특수행정구역은 900여 곳에 이르는 것으로 추산된다.[44] 이것은 신라 경덕왕 16년의 군현급 이상의 단위 425곳과 비교할 때는 물론,[45] 평안북도와 함경도 지역으로 영토가 확장되고 인구도 증가한 조선시대의 지방행정단위의 수와 비교할 때도 매우 많은 수다. 조선시대의 행정단위는 대규모로 통폐합이 진행되어, <세종실록지리지>에는 군현이 443곳, 향·소·부곡 등이 82곳으로 나타난다.

둘째, 고려시대 지방행정 단위의 크기는 편차가 매우 심하였다. 성종 2년(983)에 제정된 규정을 보면, 같은 등급의 행정단위라도 1,000정(丁) 이상에서 20정 이하까지 8등급에 걸쳐 분포하였고, 정을 기준

---

43. 《高麗史節要》 권2 成宗 14년 추7월: 이 기사의 행정구획 수의 총합은 약간의 축소조정의 여지가 있으나, 전반적인 군현급 이상 행정구역 수의 증가 추이를 확인하는 데는 지장이 없다.
44. 朴宗基, 1990 《高麗時代 部曲制硏究》 p. 211.
45. 《三國史記》 新羅本紀9 景德王 16년조에는 州 9, 王京1, 京 5, 郡 117, 縣 293으로 합계 425이고, 같은 책 권40 職官志下 外官조에는 州 9, 王京 1, 小京 5, 郡 115, 縣 286, 鎭1 합계 417의 지방단위가 나타난다. 이외에 鄕 등이 나타나기도 하나, 鄕令이 파견된 것으로 보아 그 숫자는 많지 않았을 것으로 보인다.

으로 한 그 크기의 차이는 같은 등급의 행정단위라도 최대 50배 이상의 차이가 날 수 있었다.[46] 고려 중앙정부는 지역공동체들을 지방행정구역으로 편성하며 행정등급에 맞는 규모로 해체-분할시키거나 통폐합시키지 않은 것이다.

강한 결속력을 갖는 각 지역공동체들을 분할하거나 통폐합하는 것은 쉬운 일이 아니었을 것이고, 억지로 그렇게 하는 것은 부작용이 매우 컸을 것으로 보인다. 상위 지방행정단위의 관할 지역이 다른 지역 안에 들어가 있는 형태인 비지(飛地)들이 많았던 것도 수많은 군소 행정단위들이 통폐합되지 않고 그 단위 자체로서 유지되며 지방행정적 관할구역이 할당되었던 것과 관련된다.

자위공동체에서 출발하여 그 공동체적 단위들이 그대로 유지된 고려시대 지방행정단위들은 신라시대나 조선시대에 비해 지방단위의 자치가 허용되는 비중이 매우 컸다. 고려시대에는 외관(外官)이 파견된 군현(郡縣)이든 아니든 중앙에서 파견된 외관의 집무소인 외관청(外官廳)과 향리(鄕吏)의 독자적 집무소인 읍사(邑司)가 공문을 주고받는 관계였으며,[47] 향리들에게는 외관의 감독과 통제를 받는 속에서도 지역공동체의 자치적 운영 권한이 부여되었다. 읍사에서는 수호장(首戶長)이 직인(職印)을 맡아 관리하며, 호장들이 공문을 독자적으로 작성하여 외관에 이첩하고 외관을 통해 중앙정부와 연결하였다.

이러한 문서 수발상의 과정은 외관의 기능이 강화되고 향리들의 권한이 약화된 고려후기의 장성감무관첩(長城監務官貼)에서도 잘 나타난다.[48] 이 문서는 1198년에 장성 감무관이 스스로를 '당사'(當司)

---

46. 《高麗史》 食貨志1 公廨田柴條. 여기서의 '丁'에 대해서는 몇 가지 설이 있으나, 田丁으로 해석하는 것이 다른 자료들과의 연관성에서 가장 문제가 적다(노명호, 1992 앞 논문).
47. 尹京鎭, 2000 <古文書 자료를 통해 본 高麗의 地方行政體系> 《韓國文化》 25 (서울대 한국문화연구소).
48. 노명호 외, 2000 《韓國古代中世古文書硏究(上): 판독 · 역주편》 pp. 365~368.

로 칭하며, 승록사(僧錄司)로부터 내려온 공문에 따라 처리할 사항을 장성(長城) 군사(郡司)에 지시하는 첩(貼)을 보낸 것이다. 해당업무의 처리를 위해 앞서 1196년에는 장성군 호장(戶長) 서순인(徐純仁)이 장성 감무관에게 '보장'(報狀)이라 한 문서로 보고한 것 역시 이 문서에 보인다. 문서의 처리 업무 내용인 '백암사(白巖寺)의 법손전계(法孫傳繼)'는 군사에 있는 문서대장인 '공안'(公案)에 등재하고, 감무관에게는 그 사실만을 보고하는 것으로 완료되었다.

호장을 중심으로 한 향리들이 집무하는 읍사는 문서행정에서 독자적 단위였던 것이다. 조선시대에 들어가면 읍사는 유명무실해지거나 사라지고, 향리(鄕吏)의 직인은 중앙정부에 의해 회수되며, 향리는 지방관에 직속된 말단 행정실무자에 불과한 존재가 되는 것과 비교하면 매우 큰 차이가 있다. 그러한 점에서 많은 속관(屬官)이 딸린 외관(外官)을 제한된 일부 지역에 파견하면서, 많은 수의 지방행정단위들을 속현(屬縣) 상태로 두었던 고려시대 지방행정체계에 대해서도 다시 주목해 볼 필요가 있다.[49] 그것은 지역공동체들의 자치를 상당부분 허용하는 속에 외관이 그에 대한 감독과 통제를 수행하는 체제였던 것으로 이해된다.

3. 자위체(自衛體) 전통의 지속

앞 시대의 자위공동체에서 비롯된 지역공동체의 독자적인 군사조직은 광군(光軍) 편제를 거쳐 주현군(州縣軍)·주진군(州鎭軍)으로 편제됨으로써 중앙정부의 군사적 지휘와 통제 아래 들어가게 되었으나, 지역공동체단위의 성(城)에 거점을 둔 군사적 방어 기능을 위해 지역공동체의 자위적 군사 기능은 상당부분 유지되고 있었다. 주현

49. 朴宗基, 1992 <高麗時代 外官屬官制 연구> 《震檀學報》 72.

군이 성립된 무렵에는 지방군에 대한 중앙의 지휘통제가 강화되고, 고려의 중앙군으로는 군반(軍班)이라는 세습적 직업군인과 함께 지방농민군이 교대로 상경하여 병역에 복무하게 되었지만,[50] 지방에도 많은 농민군이 잔류하였다. 주현군의 번상(番上)하는 병종인 보승(保勝)과 정용(精勇)은 일정 기간을 단위로 번상하였던 것으로 보이는 바,[51] 비번인 인원은 지방군 또는 소집 예비 인원으로 지방에 잔류하게 된다. 《고려사》 병지 주현군조(州縣軍條)에 수록된 보승·정용·일품군(一品軍)은 대개 지방관이 파견된 치소(治所)를 기준으로 '춘주도'(春州道)처럼 '~道'라는 단위가 설정되어 있었다. 이는 기존 연구성과에서 밝혀진 바처럼 주현군의 동원 등에서의 통솔 단위이고, 주현군은 그 관내의 속현에서 촌(村)에 이르는 각 지방행정단위에 '배치'되었다.[52] 또한 거주하는 촌을 단위로 편성된 촌류(村留) 이품군(二品軍)이나 삼품군(三品軍)도 촌 또는 속현 단위의 병력이었다.

주현군을 중앙정부의 관점에서 파악하면 촌이나 속현을 포함한 지방행정단위에 '배치되었다'고 할 수도 있겠지만, 중앙정부가 파견하여 주둔시킨 것은 아니다. 그것은 자위체로 내려오던 지방단위의 지방민으로 구성된 병력을 중앙정부가 동원체제로 편성하여 관리한 것

---

50. 고려의 중앙군제에 대해서는 세습적 직업군인을 기반으로 하였다는 軍班制說과 농민군을 기반으로 하였다는 府兵制說이 양립되어 왔으나, 근래에는 양자 모두로 구성된 것으로 보는 쪽으로 연구결과들이 수렴되고 있다. 이에 대해서는 다음과 같은 연구들이 참고된다.
    馬宗樂, 1991 <高麗時代의 軍人과 軍人田> 《白山學報》 36.
    吳英善, 1992 <高麗前期 軍人層의 構成과 圍肅軍의 性格> 《韓國史論》 28.
    張東翼, 1986 <高麗前期의 選軍·京軍構成의 이해를 위한 一試論> 《高麗史의 諸問題》(삼영사).
    鄭景鉉, 1990 <高麗前期 京軍의 軍營> 《韓國史論》 23(서울대 국사학과).
    鄭景鉉, 1992 《高麗前期 2軍 6衛制 硏究》(서울대 박사학위논문).
    洪元基, 1990 <高麗 二軍·六衛制의 性格> 《韓國史硏究》 68.
51. 《宋史》 列傳246 外國3 高麗傳에는 3년을 주기로 번상한다고 하였다.
52. 李基白, 1968 《高麗兵制史硏究》 pp. 207~208.

이었다.

이러한 병력을 갖는 지방 자위체 단위로는 ① 속현을 포함한 주(州), 군(郡), 현(縣)들 모두, ② 향, 소, 부곡 등의 많은 수, 그리고 ③ 군현의 직할 촌이 아닌 촌성(村姓)이 존재한 별도의 행정 단위 촌의 다수가 존재하였다.[53]

③의 촌에 대해서는 현재 마땅한 용어가 없는데, 이를 '별도행정촌'으로 부르기로 하겠다. 기존 연구성과에서는 이에 대해 '본읍(本邑)과 병렬적으로 존재했던 독립촌',[54] '읍지 외곽에 독자적으로 존재한 촌락' 또는 '별도의 독자적인 촌락' 등으로[55] 서술한 바 있다. 이들 촌락의 성격을 설명해 주는 표현으로서 '독립'이나 '독자'는 고려의 후삼국 통일 전의 상황에는 어느 정도 적합하지만 10세기 말 이후의 상황에서는 이들 촌락이 본읍과 관계가 없는 것처럼 오해하게 만들 수 있는 표현이다. 따라서 '다른 방면' 또는 '다른 방법'이라는 의미를 내포하는 '별도'(別途) 정도의 수식어를 붙인 '별도행정촌'이 고려 초기 이래의 상황에 무리가 없을 것으로 생각된다.

촌에 존재한 것으로 알려진 대감(大監)과 제감(弟監)은 읍치 내의 촌이 아닌, 이들 별도행정촌의 지도자들이었다. 이들 촌은 나말려초 사회변동기 자위조직의 기초집단으로 성(城)을 단위로 하였으며, 그 '자위조직의 리더'가 대감과 제감이었다.[56] 별도행정촌은 규모가 작고 상대적으로 힘이 약하였던 만큼 초기 이래로 본읍과 연대하거나

---

53. ② 향, 소, 부곡 등과 ③ 개별 행정촌은 함께 묶어 '부곡제 지역'으로 지칭하여 공통적 성격을 주목하는 경우도 있다. 양자는 군현보다 열등한 위치에 있고, 군현으로 편성되지 못했다는 점에서는 공통적이나, ②의 주민의 신분이 양인과 천인 사이의 스펙트럼에서 천인 쪽에 가깝게 위치한 신분임에 비하여, ③의 주민은 양인인 일반군현민에 가까운 그에 준하는 신분이라는 점에서 양자를 구분할 필요가 있다. 양자는 국가적인 역의 담당과 그에 따른 신분적 통제에 있어서도 상당한 차이가 있었다.
54. 李樹健, 1984 《韓國中世社會史研究》 p. 71.
55. 박종기, 2002 《지배와 자율의 공간, 고려의 지방사회》 pp. 322~323.
56. 蔡雄錫, 2000 앞의 책 p. 139.

부분적으로 그에 의존하여 나름의 자위체로서 존립할 수 있었다. 예컨대 2절에서도 검토한 바 있는 태조 13년에 내투한 명주(溟州)에서 흥례부(興禮府)에 이르는 110여 성의 상당수는 그 지역에 분포했던 30~40여 군현이 몇 개의 성 단위로 분립된 것이었다. 이러한 성을 갖는 촌락들이 별도행정촌의 기반이었고, 그중에 군현 단위로의 통합 중심이 본읍으로 성립된 후 본읍의 흡인력에 의해 자위체로서의 역량을 상실하는 경우가 점차 늘어났을 것으로 보인다. 그럼에도 이들 촌의 일부는 나름의 자위체로서의 역량을 상당히 후대까지도 유지하였으니, 이 경우가 나름의 지방병력 단위가 존재한 '촌' 단위였다. 군현의 직할 촌에도 중앙에 번상하는 등으로 동원되지 않은 병력이 있었으나, 이들은 촌 단위의 병력이 아니라 소속 군현 단위의 병력에 편제되어 있었다는 점에서 나름의 자위체로서 성을 보유하는 별도행정촌에 사는 농민군과 달랐다.

지방 자위공동체 병력의 일품군 이하를 주로 노역에 동원되는 노동부대로 이해하는 것은 일면 타당하나, 유사시에는 이들 역시 전투에 동원되었다는 것에 유의할 필요가 있을 것이다. 문종대(文宗代)에 70세 이상의 노인을 봉양할 유일한 아들이면, 지방군[外軍]의 경우 촌류이·삼품군(村留二·三品軍)에 소속시켜 봉양하게 하고 봉양이 끝나면 다시 본대에 복귀시킨 것을 보면,[57] 일품군은 물론 이·삼품군도 전투능력을 결여한 자들만으로 구성된 부대는 아니었다. 이에 배속된 자들은 가족의 생활보호, 경제적 여건 등을 배려하거나 상대적으로 전투능력이 뒤지는 자들을 배속시켜 평상시에는 거주지에서 경감된 군역을 부담하며 비상시에는 전투에 동원되었다. 명종(明宗) 12년 전주(全州)에서 발생한 반란의 수괴를 제거하는 작전에 일품군 대정이 참여한 사례가 보이며,[58] 현종(顯宗) 11년에는 곡주(谷州)의

57. 《高麗史》 兵志1 兵制.
58. 위의 책 世家20 明宗 12년 4월 무신.

속현이었던 수안현(遂安縣)의 대정과 군(軍), 귀주군(龜州軍)의 전사자에 대한 포상 사례가 보인다.[59] 몽고와의 전쟁에서 속현이나 심지어 처인부곡(處仁部曲)의 사례에서 보는 바와 같은 부곡 등까지 나름의 성(城)에 들어가 항전하고 있는 사실들은 이러한 지역공동체 단위의 군사조직을 기반으로 한 것이다.

지방호족들의 단위 부대들이 광군(光軍) 편성을 거쳐, 다시 주현군으로 편성되는 과정에서 중앙정부의 군사적 통제와 지휘가 점차 강화되어 갔으나, 하부 단위부대 지휘에서는 지역공동체 단위의 관행을 상당부분 수용하였던 것으로 보인다. 먼저 광군 단계를 보면, 예천 개심사 석탑기(醴泉 開心寺 石塔記)에는 현종 1~2년의 역사에 동원된 두 지역 군현민으로 구성된 광군 46대와 대정(隊正)인 방우(邦祐), 기두(其豆), 흔경(昕京) 그리고 2명의 호장(戶長)이 보인다. 광군의 하급 지휘관들인 3명의 대정은 그 지역 향리 가계의 출신이었던 것으로 보이며, 이 불사(佛事)에 방우는 부동량(副棟梁)으로 참여하였다.

2명의 호장 최우(崔祐)와 임장부(林長富)는 무산계(武散階)의 배융교위(陪戎校尉)를 제수받고 있었는데, 이들은 자신의 어머니들을 동량(棟梁)으로 하였지만, 실질적으로 석탑 건립을 주도하였던 인물들로 보아야 한다.[60] 예천군(醴泉郡)과 다인현(多仁縣), 두 지역공동체

---

59. 위의 책 世家4 顯宗 11년 4월 무자; 金塘澤, 1983 <고려 초기 지방군의 형성과 구조: 지방군의 성격> 《高麗軍制史》(육군본부) p. 103에서는 속현의 군대는 촌류이·삼품군일 것으로 보아 수안현의 전사자를 이·삼품군으로 보았다. 여기서 수안현은 단지 군인의 출신지를 나타낸 것일 가능성도 생각되나, 그 뒤에 나오는 귀주군과 함께 고려하면 수안현 소속의 군대로 보는 해석이 더 나을 것이다.

60. 이 부분에서 앞의 '戶長 陪戎校尉', 뒤의 '母主'를 두 인명 중의 하나에만 걸리는 것으로 보는 해석도 있으나, 석탑기의 기록방식으로 본다면 두 인명 모두에게 걸리는 것으로 생각된다.
<開心寺石塔記>의 기록은 한 줄의 縱書로 진행되는 기록이 부분적으로 두 줄로 되는 경우가 있는데, 이는 상층기단 갑석의 노출된 바깥쪽 아랫면에 돌아가며 마련한 기록 공간의 부족에 따른 것으로 보인다. 두 줄 부분에서는 전체적인 문맥의 진행은 우측에서 좌측으로 진행된다. 최우와 임장부, 두 인명의 경우도 두 줄로

각각의 주민으로 구성된 두 향도(香徒)를 이들 호장들이 주도하는 속에 그 지역주민들로 구성된 광군이 동원되고 있는 것은 이들 고위 향리들의 광군에 대한 영향력을 보여 준다.[61] 최승로의 시무28조에서 향리들이 토목역사로 민생을 침해한다는 기록도 이러한 사실과 무관하지 않을 것이다.[62] 그들은 반드시 무관직을 갖지 않아도 지방단위 군대에서 중요한 영향력을 가졌던 것이다.

점차 중앙정부의 지방군에 대한 통제력이 강화되는 단계에서도 향리들은 지방에서 무관직에 선임되는 주축이었다. 문종대에는 주현군 중 1품군의 장교는 향리 중에서 임명되었으니, 별장(別將)은 부호장(副戶長) 이상에서, 교위(校尉)는 병정(兵正) 등의 정층(正層)에서, 대정(隊正)은 부정층(副正層)에서 선임하도록 하였다.[63] 향리들이 지방군을 통솔하는 직책을 맡는 것은 문종대보다 오래전부터의 전통이었다. 실제로 정두사오층석탑조성형지기(淨兜寺五層石塔造成形止記)에 의하면 현종 21년경 약목군(若木郡)의 호장 유경(柳瓊)이 별장을 겸하였으며, 그를 위시한 군사(郡司)의 임원들이 결정한 것을 담은 문서인 첩(牒)을 보내 탑을 건립하는 공사가 시작되었다. 그리고 그 공사에는 대정 2인과 함께 일품군 21인이 동원되었음이 나타난다.[64] 지방향리를 중심으로 군현단위 지방의 일품군이 조직되고 통솔되었던 것을 보여 주는 사례다.

되어 있는데, 한 줄로 만든다면 崔祐가 앞에 오는 것으로 보아야 할 것이다. 또한 앞뒤로 공통되는 직함 등의 어구는 생략하고 있다. 앞의 어구를 공통으로 사용하여 반복을 생략한 용례는 '上秖'를 비롯하여 아홉 번 나타나며, 이 중 두 번의 경우는 뒤의 어구까지도 공통으로 사용하여 생략하고 있다. 그 하나는 '仙郞光叶 · 金叶 阿志'이니, '崔祐 · 林長富' 앞의 '戶長 陪戎校尉', 뒤의 '母主'는 어느 하나에게만이 아니라 두 인명 모두에 걸리는 것이라고 보아야 할 것이다.

61. 李泰鎭, 1986 《韓國社會史硏究》 제3장 예천 개심사 석탑기의 분석. 蔡雄錫, 2000 앞의 책, pp. 179~180.
62. 《高麗史》 列傳6 崔承老傳.
63. 위의 책 兵志1 兵制 文宗 23년 3월 判.
64. 노명호 외, 2000 《韓國古代中世古文書硏究(上)》 p. 477.

지방군의 통솔은 군현단위 만이 아니라 촌단위 병력의 관리도 지방향리 출신들이 담당했을 가능성을 보여 주는 자료도 있다. 성종 6년에 촌정(村正)으로 개정된 직함인 '제감'(弟監)이[65] 지방의 말단 단위부대에서는 다음과 같이 12세기 중반에도 나타나 그와 관련하여 주목된다.

> 공의 이름은 子淸이고, 寧州 사람이다. 증조 公夫는 郞將이고, 조부 仁厚는 戶長이며, 아버지 若規도 호장이었다. 공은 재주가 문무를 겸하였다. 일찍이 鄕吏의 役에[簿書之役] □(종사하였는데), 天德3년(의종 5, 1151) 봄에 兵馬使가 그 州에 들어와 弟監을 선발함에, 공의 재능이 □ 뛰어나므로 고쳐서 精勇弟[監][隊]正으로 삼았다(改差爲精勇弟□□正; [ ] 속의 것은 추정). 빠르게 (승진하여) 郞將이 되었다.[66]

위에서 보면 1151년에 병마사가 제감을 선발함에 송자청이 그에 응모한 것이다. 여기서의 제감은 무반(武班) 관직이었던 것으로 본 견해가 있다.[67] 제감이 무관직인 것은 수긍하는 바이나, 그 직능에 대해서는 좀 더 천착함이 필요하다.

송자청의 경우 재능을 인정받아 '제감'에 그치지 않고 특별히 '정용 (군의) 제감 대정'으로 임명되었다고 했다. 이에 의하면 '제감'으

---

65. 《高麗史》 世家3 成宗 6년 9월 무진.
66. 金龍善, 2006a 《고려묘지명집성》(제4판) 146, 宋子淸墓誌銘.
'(精勇弟□□正'은 위 책의 역주본의 추정처럼 '精勇弟[監][隊]正'으로 보충되는 것이 가능하다고 생각된다. 원래 '弟監'을 선발하려 했다는 것에서 '[監]'이 보충될 수 있겠고, 뒤이어 '郞將'이 되었다는 것에서 그 전단계의 무관직인 '□正'의 '[隊]'가 보충될 수 있겠다.
李基白, 1968 《高麗兵制史硏究》 p. 218에서는 '改差爲精勇弟[ ][ ]正'을 '改差爲精勇第[爲][隊]正'으로 판독하여, 먼저 일반 精勇軍으로 선발되고, 다시 처음으로 대정이 되었다고 해석하였다. 그런데 탁본사진에서 보면 '第'가 아니라 '弟'가 분명하다. 그리고 문맥상으로도 '제감'을 선발하는 과정에서 송자청이 재주가 뛰어난 것을 인정받았다고 했으니, 적어도 제감보다 더 높게 선발되는 것이 자연스럽지, 오히려 더 낮은 정용군으로 선발되었다고 볼 수는 없다. 이 부분은 역시 金龍善의 판독과 번역이 타당한 것으로 생각된다.
67. 金龍善, 2006b 《역주 고려묘지명집성》(개정판) p. 443.

로만 임명된 자들과 '제감'과 '대정'을 겸하여 임명된 자들이 병존했던 것이 된다. 그리고 제감과 대정을 겸하여 임명한 것은 양자가 서로 다른 직제상의 기능을 가졌다는 것을 의미한다. 제감이 대정-교위-산원-별장으로 이어지는 계급적 무직체계에 속하는 것이라면, 제감과 대정을 겸하여 임명하지는 않았을 것이다.

《고려사》 등의 무관직제에 나타나지 않고 영주에서의 선발사례가 나타나는 것을 참고하면, 제감은 중앙무관직을 포함한 일반의 직제는 아니고 지방에만 설치되었던 직제로 보인다. 그리고 단정하기는 어렵지만, 송자청의 경우 그 후 대감을 거친 것이 나타나지 않은 것을 참고하면 대감은 설치되지 않았을 것으로 보인다.

제감은 원래 촌 단위 지배조직의 대감 아래 하위 직책이었고, 성종 6년에 촌정(村正)으로 변경되었음은 주지의 사실이다. 성종대 초에 촌장-촌정으로 격하될 때, '촌락지배자들은 군사적 성격을 소실하고 오직 지방행정의 말단기관으로 전화되었던 것'이라는 연구가 있다.[68] 그런데 이러한 변화 후에도 위에서 보는 바처럼 '제감'이라는 군직이 나타나는 것은, 대감-제감의 권한과 기능이 축소되는 속에서 행정적 기능은 촌장(村長)-촌정으로 이어졌지만, 촌 단위 군사적 관리 기능(아마도 병력의 관리와 같은 것)은 별도로 제감에게 이어진 결과로 생각된다. 12세기 중엽에 지방에서 제감이 선발되고, 대정과 겸하여 수여되기도 한 것은 제감이 이처럼 대정-교위 등의 중앙무직체계 밖의 직능을 위한 직책이었던 때문이라 하겠다.

중앙의 무직체계와는 별도로 제감과 같은 무직이 설치되기도 한 것은 지방사회의 내적 질서가 중앙정부 중심의 지배 체계와 병존하는 데서 비롯되는 것이었다. 그것은 주진군·주현군을 편성하면서도 지방의 상층향리들에게 일품군의 장교직을 겸직시켜 통솔하게 하였

68. 李佑成, 1961 <麗代 百姓考: 고려시대 村落構造의 一斷面> 《역사학보》 14(《한국중세사회연구》, 일조각, 1991, 所收 p. 42).

던 것과도 기반이 같은 것이다. 즉 중앙정부로서는 상층향리층을 중심으로 한 지방의 자위공동체적 집단의 전통적 질서와 결속을 군사적인 면에서도 굳이 억지로 완전히 해체시키기보다는 그 질서와 결속을 부분적으로 인정하여 이용하면서 전체적으로 중앙정부의 통솔체계에 편제시키는 쪽으로 정책방향을 잡고 있었다.

다만 위 사료에는 1150년대에 지방의 자위공동체적 전통에 변화가 진행되는 추세를 엿보게 하는 면도 있다. 아버지와 할아버지가 호장을 역임한 것을 보면, 송자청은 별노행정촌 출신이 아닌 영주 본읍 내지 그 직할 촌락 출신이다. 송자청과 같은 별도행정촌 출신이 아닌 인물이 제감에 선발되었다는 것은 별도행정촌 단위가 본읍 주군현에 흡수되어 가는 중간과정을 반영하는 것일 가능성이 있다. 그러나 설사 그렇다 하더라도 별도행정촌의 행정을 위해 촌장·촌정을 두었듯이 군사적으로 별도의 직제를 설치하고 있는 것의 의미는 주목할 만하나. 그것은 그만큼 고려사회의 자위공동체들의 질서와 결집력이 사회적으로 상당히 중요했음을 나타낸다.

4. 지역공동체의 자위력을 이용한 전쟁방식

지역공동체들의 자위공동체로서의 전통은 상당히 뒤에까지도 이어져 13세기까지도 고려국가의 전쟁 방식에서 특징이 나타난다. 그리고 14세기 이후에는 해체되어 나가게 되지만 경주(慶州)나 나주(羅州) 등과 같은 일부지역에서는 14세기까지도 자위공동체로서의 전통이 잔존하고 있었다. 외침에 대한 방어전은 일차적으로 각기 성(城)을 가지고 있는 자위공동체 단위의 수성전(守城戰)과 유격전에 의존한 지역방어를 기본으로 하고, 중앙정부 직속의 중앙군이 적의 주력부대를 상대하는 방식이었다. 이 중에서도 자신들의 가족과 삶의 터전을 지키려는 자위공동체 단위의 방어전은 매우 강인한 힘을 가지고 있어, 설사 중앙군이 대패하여 궤멸되더라도 국경지대부터 후방에 이르는 자위공동체들의 계속되는 결사항전은 고려국가를 지탱하는 힘이 되었다.

물론 국경지대의 군사적 요충지인 진(鎭) 등에는 군정적(軍政的) 지방관과 중앙군의 병력이 배치되었고, 후방에서도 지방관들이 지휘를 맡아 활약하였지만, 국경지대를 비롯한 전국적인 항전의 기반에는 수호장(首戶長) 등을 중심으로 한 지방민의 자위적 방어력이 큰 비중을 차지하고 있었다. 그러한 자위적 움직임은 특히 중앙정부에서 지방에 파견된 외관(外官) 등이 제 역할을 못할 때 중요한 작용을 하였다. 우선 그 한 예를 14세기 말 경주지역에서 볼 수 있다.

계림부(雞林府: 지금의 경주)는 1379년에 왜구의 대규모 침략에 맞서야 했다.[69] 500여 척의 대선단으로 구성된 왜적의 대병력은 윤5월 14일에 울주포에 상륙하여, 파죽지세로 경주를 향해 진격해 오며 약탈과 살육을 자행하였다. 29일에는 원수겸계림부윤(元首兼雞林府尹) 하을지(河乙沚)가 이끄는 군대가 부의 동쪽에 있는 용궁원평에서 이들을 맞아 싸웠으나 패배하여 장수 4명이 전사하고, 하을지는 남은 군대와 함께 계림부성을 버리고 안강으로 달아났다.

승세를 잡은 왜적은 경주에 침투하여 수령의 관청인 일아(一衙)와 영흥사(永興寺) 일대를 장악하고 계림부성을 포위 공격하였다. 다른 외부로부터의 군사적 지원을 받지 못하는 계림부성에는 수호장(首戶長) 이유(李裕)가 이끄는 계림부민들이 남아 있었고, 이들은 화통(火筒)을 발사하며 치열하게 싸워 왜적의 일차 총공세를 격퇴하였다. 그리고 왜적의 주둔지인 중생사(重生寺)와 민장사(敏藏寺) 지역에 화공으로 기습하고, 속임수로 심리전을 펴는 등 방어에 사력을 다하였다. 이러는 와중에도 안강으로 도망가 있던 하을지는 성에 남아 싸우는

---

69. 《戶長先生案》(아세아문화사 간행 《慶州先生案》 수록), pp. 320~323; 노명호 외, 2000 《韓國古代中世 古文書硏究(上)》 pp. 346~349; 노명호, 2006 앞 논문.

사람들에게 부녀자와 아이들을 성에서 내보내라는 명령만을 내리며 재촉하였다. 이것은 사실상 성을 포기하라는 것과 같은 명령이었다. 이유는 당시 성에 있던 전직 관리 5명, 현직 타지역 수령 1명, 역시 계림부 수호장을 네 차례 역임하고 퇴임한 안일호장(安逸戶長) 김군자(金君子) 등과 함께 부윤 하을지를 설득하며 끝까지 방어전을 계속함으로써 부성과 주민을 지켜내었다. 계림부성을 공격하던 왜적은 결국 퇴각하여, 다음해 8월에는 역시 500척의 선단으로 전라도 진포(鎭浦)에 상륙하여 엄청난 해를 입히고, 고려수군의 공격을 받아 배가 모두 불탄 후, 이성계의 중앙군 대부대와의 대접전 끝에 섬멸되었다. 이러한 왜구의 대군을 계림부성의 주민들이 단독으로 정면에서 대결하여 막아낸 것은 실로 대단한 일이었다.

당시 하을지를 설득하며 그의 독촉 명령에 대처하는 데 참여한 인물들의 구성을 보면, 유향품관(留鄕品官)들로 보이는 6명의 역할도 있었을 것이나, 계림부 소속 현지자로는 이유가 유일하였다. 《호장선생안》에서는 이 6명의 유향품관들과 이유, 김군자를 함께 '내외양반'으로 지칭하였다. 고려 말까지도 경주지역에서는 호장층들이 품관층과 동등하게 지배층으로 지칭된 것이다. 이러한 사회적 위치에 있었던 까닭에 비록 14세기 후반이지만 이유가 수호장으로서 왜적의 대대적인 공격에 맞서 경주부성의 방어에 중요한 역할을 할 수 있었던 것이다.

계림부의 전투와 유사한 사례로는 삼별초(三別抄)의 난(亂) 때 반군세력이 진도 일대를 장악하여 맹위를 떨치던 1270년 9월 상호장(上戶長) 정지려(鄭之呂)가 나주민(羅州民)을 이끈 전투를 볼 수 있다.[70] 당시 진도 주위 일대의 지역에서는 반군세력을 멀리서 바라만 보고도 항복하는 상황이어서, 반군이 다가오자 나주부사 박부(朴琈)

70. 《高麗史節要》 권18 元宗 11년 9월; 노명호, 2006 앞 논문.

등은 항복할지 대적할지를 망설이며 결단하지 못하고 있었다. 이때 정지려는 분연히 말하기를 "만일 성에 올라가 굳게 지키지 못한다면 차라리 산골짜기로 군사를 피할 것이지, 무슨 면목으로 고을의 수리(首吏)가 되어 나라를 배반하고 적을 쫓겠는가."라고 하였다. 이에 사록(司祿) 김응덕(金應德) 등이 동조하여, 금성산성(錦城山城)에 들어가 가시나무로 방책을 만들고 군졸들을 독려하였다. 적이 포위하고 공격하자 상처를 싸매며 결사적으로 지키니, 7일간 주야로 싸워 성을 지켰다.

1135년 1월 서경(지금의 평양)에서 묘청의 난이 일어났을 때 연주(漣州)의 호장 강안세(康安世)는 중랑장 김인감(金仁鑑)과 함께 반군을 공격하여, 그 우두머리들과 군졸 600여 명을 잡아, 주위의 성들이 반군세력을 공격하는 쪽으로 돌아서는 계기를 만들었다.[71]

시기를 더 소급하면, 현종 원년(1010) 거란의 침입에 맞선 서경성(西京城)의 전투도 그러한 예다.[72] 강조(康兆)가 지휘하는 고려의 중심 주력부대를 대파하고 안북부(安北府)를 함락시킨 후 물밀듯이 내려오는 거란군의 군세에 눌려, 고려의 중앙에서 파견된 관리들은 처음부터 항복을 추진한 자들도 있었고, 자신들의 부대를 이끌고 서경성을 탈출하여, 소수의 하위 중앙관들과 서경 지역민들이 방어전을 수행하였다. 서경 부유수(副留守) 원종석(元宗奭)과 그의 요좌들은 전투도 하기 전에 거란 성종(聖宗)에게 항복하려 하였다. 이 항복 기도는 화주(和州)로부터 지원하러 온 지채문(智蔡文)의 부대와 동북계도순검사(東北界都巡檢使) 탁사정(卓思政)의 부대 등에 의해 저지되었다.

그 후 탁사정과 지채문이 이끄는 고려군은 한때 승세를 잡기도 했

71. 위의 책 권10 仁宗 13년 1월.
72. 《高麗史》 列傳7 智蔡文傳; 노명호, 2006 앞 논문.

으나, 거란 성종(聖宗)이 이끄는 대군에 패한 후로는 그 군세에 위축되어 전의를 상실하고 말았다. 고려군의 최고 지휘관인 탁사정은 동서 양쪽 성문으로부터 동시에 출격하여 거란군을 야간에 기습 협공할 것을 약속하고는 자신의 휘하부대를 이끌고 서문을 나가 밤을 타고 도망하였다. 동문을 나간 대도수(大道秀)는 자신이 속은 것을 알고 거란군에 대적하기 어려워 휘하의 부대를 이끌고 거란군에 투항하였다. 이때 고려의 여러 장수들 역시 모두 무너져 도망쳤고, 지채문도 개경으로 도망하였다. 이로써 고려의 상군들과 함께 대부분의 중앙군은 도망을 치거나 거란군에 함몰되었던 것으로 보인다.

중앙에서 파견된 지휘부와 주력부대가 도망친 이러한 상태에서 서경성은 거란 대군의 공격을 막아내고 끝내 함락되지 않았다. 《고려사》에는 '통군녹사(統軍錄事) 조원(趙元), 애수진장(隘守鎭將) 강민첨(姜民瞻), 낭장(郎將) 홍협(洪叶) 방휴(方休) 등' 남아 있던 소수의 하위 문무관들의 빙이전과 관련된 행동만이 극히 소략하게 기록되었다. 이들이 어찌할 바를 모르다가 함께 신사(神祠)에 기도하고 점을 쳐 길조(吉兆)를 얻었고, 이에 '중'(衆)이 조원을 병마사(兵馬使)로 추대하였으며, 흩어진 병졸을 수습하여 성문을 닫고 굳게 지켰다는 기사가 전부다.

목종대에 과거에 급제한 경력이 있고 뒤에 거란의 3차 침입 시에도 전공을 세운 조원, 강민첨과 같은 유능한 소수의 하위 중앙관리들이 서경성 방어에 기여한 것도 있겠으나, 당시 방어전의 주축은 서경지역민들이라고 보아야 할 것이다. 뒤에 묘청란(妙淸亂) 때의 일이지만 서경지역 토호세력들이 주축이 된 반란에 성외(城外) 민호(民戶)의 정장(丁壯)들도 성으로 들어와 전졸(戰卒)이 되었다.[73] 서경성 전투에서 도망한 대다수의 중앙군 장졸들과 달리 이들은 자신의 가족

73. "(전략) 且城外民戶甚多 自兵興 丁壯多入城爲戰卒 其餘逃竄山谷(후략)"(《高麗史》 列傳11 金富軾傳).

과 생업기반이 있는 서경지역을 떠나기가 어려웠다. 항복과 항전의 기로에서 이들은 자신들을 지키는 길을 찾아야 하였다.

이러한 서경지역민의 처지와 관련하여 위의 단편적 기사에서 보이는 '중'(衆)이라고 한 부류들이 주목된다. 이들은 중의를 결정하기 위해 신사에 기도하고 점을 치는 의식을 거행하였고, 자체적으로 조원을 '병마사'(兵馬使)로 추대하였다. 이러한 행동방식은 중앙정부의 군통수 질서가 아니라, 고립된 서경지역의 자치적 움직임을 보여 준다. '중'에는 조원, 강민첨 등의 4명도 포함되었겠지만, 서경지역민들을 이끌었던 토호층들이 다수 포함되었던 것으로 보인다. 이들의 지도력에 의해 서경지역민의 결집이 다시 이루어질 수 있었고, 스스로를 지키기 위한 결의가 확고해진 후, 이들은 중앙의 많은 병력을 이끌던 고위 지휘관들도 해내지 못한 서경성 방어에 성공하였다. 그것은 서경민들로서는 자신들이 선택한 방식에 의해 스스로를 지켜낸 일이었다.

위에서 정지려와 나주민이나 강안세와 연주민의 경우는 고려지배층이 양분된 내란에서 중앙조정의 편을 든 경우로서 충성심을 장려하는 차원에서 중앙정부의 평가를 받아 중앙정부의 연대기에도 기록을 남겼다. 그러나 이들보다 공이 작지 않았던 수호장 이유와 계림부민이나 서경성 토호와 서경민들의 경우는 이들과 달랐다. 왜구의 대규모 침략을 막아낸 이유는 중앙정부로부터 이렇다 할 포상도 받지 못하고 중앙정부의 연대기도 그의 공을 외면하였다. 그와 경주지역민의 공은 작은 것이 아니었으나, 중앙의 고위관리인 수령이 패배하여 달아난 상황에서 성에 남아 주민들과 함께 끝까지 싸운 것은 그 잘못을 드러내어 중앙권력과 연결되어 있는 권세가인 수령의 시기를 살 일이었다. 그리고 수령의 거듭되는 명령을 따르지 않은 것은 통솔체계에 대한 위협으로 몰릴 수 있는 일이었다. 서경성 전투의 경우도 1011년에 순국한 승려 법언(法言)이 수좌(首座)로 추증된 것이 있을 뿐,[74] '중'(衆)에 해당하는 사람들의 공로를 제대로 평가하고 기록한 것은 나타나지 않는다. 이는 계림부 수호장 이유의 경우와 유사하니, 탁사정이나 지채문 등 당시 도망친 문무관들이 그 후에도 중앙에서 고위직으로 계속 활동한 것, 자치적으로 병마사를 추대하는 등의 서경민의 움직임이 중앙정부에게는 불온하게 보일 수 있는 것, 그리고 연대기들이 중앙정부와 중앙관리들의 관점에서 편중된 기록을 남긴 것 등이 그 주된 요인으로 보인다.

중앙관리 위주의 기록에 가려졌지만 호장층을 중심으로 한 지방민의 자위조직은 중앙정부가 편성한 군사체제와 연계되어 있으면서도 자위공동체로서의 독자성을 어느 정도 유지하고 있었던 것이다. 그 관련 자료는 중앙정부측의 동향과 관련하여서도 나타난다.

최승로는 성종 원년에 올린 시무28조의 첫 번째 조항에서 국경지대 수비에 들어가는 군비를 줄이는 방법으로 중앙군을 철수하고 토착민들에게 맡기자는 건의를 하였다.[75] 이 건의가 어느 정도 받아들여졌는지는 알 수 없고, 거란의 군사적 위협을 과소평가한 최승로의 인식에 결함도 있지만, 이러한 건의는 북부지역 지방공동체의 군사적 자위력이 인식되었기 때문에 가능한 것이다. 그 자위능력은 지방민을 바탕으로 하는 병력과 그들을 결집시키고 지휘할 조직과 중심세력이 있어 가능한 것이다. 지방단위 병력과 그 지휘를 맡는 향리세력, 특히 그들에서 선발된 하급무관으로 구성된 조직은 그러한 기능을 가질 수 있었다.

다음 ①~③과 같이 요약되는 현종 원년(1010) 거란침입으로 몽진하는 과정의 사실들에서도 지방자위공동체와 연결된 군사적 방어체

---

74. 《高麗史》 世家4 顯宗 2년 7월 임진.
75. 최승로가 京軍을 감축하는 정도가 아니라 그들의 수고를 '면하게 한다'는 것이나 아예 지휘관들도 토착민 중 2·3명씩을 偏將으로 선발하여 '統領케 한다'는 것은 경군 대신 토착민들로 주력을 삼으려 한 것을 보여 준다(具山祐, 1992 <高麗 成宗代 對外關係의 展開와 그 政治的 性格> 《한국사연구》 78, p. 38 참조).

제의 한 면이 엿보인다.[76]

① 주력부대의 대패에 이어 서경성 고려 중앙군의 패전 소식을 들은 고려조정은 기대할 외부 원군이 있지도 않은 상태에서 강감찬의 건의에 따라 국왕의 몽진을 결정하였다.

② 몽진 길에서 호종 신료들은 잇달아 자신들의 처자를 찾는다는 등의 구실을 대고 도망쳐, 현종은 적성현(積城縣) 단조역(丹棗驛)에서는 일개 역인(驛人) 무장세력들로부터 공격을 받는 지경에 이르렀으며, 호종인원의 취약한 상태는 몽진 도중 내내 거의 계속되었다.

③ 그러나 현종은 지나는 인근 군현들로부터 부족한 호종 병력 등을 징발하지 못하였다. 각 지역에는 지역 향리들이 이끄는 병력이 있었다. 국왕일행은 창화현(昌化縣)에서 현리(縣吏)가 이끄는 무장세력에 의해 조직적인 위협을 받았다. 국왕일행이 두려워하는 하공진(河拱辰)과 관련된 정치적 내막까지 알고 심리전에 이용하려 한 현리는 아마도 그 지역 호장층이었을 것으로 보인다. 호종신료 중 유종(柳宗)이 자신의 향리(鄕里)인 양성현(陽城縣)으로 갈 것을 왕에게 권하고 왕명이라고 속여 왕의 말안장을 부숴 현인(縣人)들에게 나눠 준 것은 지역민의 환심을 사서 호종인원을 징발하려 했던 것으로 보인다. 그런데 다음날 아침 현리(縣吏)들은 모두 도망하였다. 지방관이 직접 통제하고 있는 지역에서도 호종병력의 보충은 어려웠다. 전주(全州)에서는 국왕일행을 군사적 시위로 위협하여 권력을 장악하려 한 절도사 조용겸(趙容謙)을 잡아 잠시 궁주(宮主)의 말을 끌게 하기도 하였지만, 얼마 후 다시 돌려보냈을 뿐 인원의 징발을 하지 못하였다.

이제 이러한 몽진 과정을 검토해 보면, ①과 같이 외부 원군을 기대할 수도 없는 상황에서 현종의 몽진을 결정한 것은 지역단위 자위

76. 《高麗史》 列傳7 智蔡文傳; 노명호, 2006 앞 논문.

공동체의 방어력을 이용한 전략이라고 하겠다. 국왕으로 대표되는 중심부만 건재한다면, 침략군은 각 지역의 정복하기 힘든 결사적인 자체 방어군과 싸우다 지쳐 결국 물러갈 수밖에 없다는 계산이 토대가 되었던 것으로 보인다. 13세기 후반 대몽고 전쟁에서도 중앙군의 주력부대가 괴멸된 후 강화로 천도하여 30년간을 버틴 것도 같은 전략적 기반을 가진 것이다. 고려후기에는 지역 자위공동체의 상태에 적지 않은 변화도 있었지만 기본적으로 지방단위의 자위력이 유지되고 있었던 것이다.

②에서 보면 국왕의 몽진과 같은 어려운 상황에서 호종을 이탈한 고려의 관리들의 행동은 어떤 배경을 가진 것일까? 정변으로 등극한 현종에 대한 정치적 신뢰가 적었던 면도 있겠지만, 그렇다고 거란군에 투항한 것도 아니었다. 도성인 개경도 함락된 상태에서 그들이 처자를 찾아 피난하려 한 곳은 각 지역 자위공동체들의 성이 아니었나 생각한다. 지채문의 반대가 있었지만, 현종 자신도 몽진 길에서 임신한 현덕왕후(玄德王后)를 그 향리인 선주(善州)로 보내었다. 이는 불가피하게 궁지에 몰린 상황의 결정이기는 했으나, 국왕을 비롯한 관리들이 지방단위의 자위력을 최소한이나마 신뢰하고 있었기에 가능한 것이다.

③과 같이 국왕일행의 지방 병력 추가 징발이 어려웠던 데는 복합적인 요인이 작용했던 것으로 보인다. 정변에 의한 현종의 등극과 목종의 시해가 국왕으로서 현종의 정통성과 권위를 약화시킨 면, 고려의 주력부대가 수많은 전사자를 내며 참패하고 국왕이 도성을 버리고 피난길에 오른 상황에 대한 백성들의 원망과 조정에 대한 불신도 큰 요인이었음에 틀림없다. 그러나 고려의 군사적 체제가 중앙정부군과 지방자위공동체의 병력으로 구성되고 있었고, 그것은 단순한 법제였던 것만이 아니라 지방민의 삶의 방식으로 자리 잡았던 면을 주목해야 한다.

국왕의 권위와 강제력이 쇠퇴한 상황에서 동원을 강제하기도 어려웠지만, 강제동원을 하려는 것은 지방민들에게는 중앙군으로 동원된 인력 외에 전통적으로 자신들의 가족과 재산을 지키는 몫으로 남겨진 인력을 전시(戰時)의 절박한 상황에서 침탈하는 것으로 여겨져 명분과 설득력을 갖기 어려웠을 것이다. 관례를 벗어나 명분을 갖기 어려우며 지방민의 생존을 위협하는 징발에 대한 소극적 저항은 양성현의 경우처럼 향리를 비롯한 지방민들의 도망이었다. 그에 앞서 단조역(丹棗驛)을 지날 때 그 역의 무졸(武卒)을 비롯한 주민들이 현종 일행을 공격하고, 창화현(昌化縣)을 지날 때 불려온 현리가 현종에게 자신을 아느냐고 비아냥거리고 이어서 현리(縣吏)가 이끄는 무장세력이 조직적인 공격을 한 것도 그러한 관점에서 검토해 볼 필요가 있다. 이에 대해서는 전후 사정이 나타나지 않지만, 이들이 후환을 생각하지 않고 이러한 행동을 한 것이 작은 인력과 힘으로 정권 장악을 노린 것도 아닐진대, 이들을 강제징발하려는 것에서 비롯된 반발이 아니었는가 생각된다. 이렇게 보면, 국왕일행은 두 차례의 강제징발 실패 후 양성현에서는 현리들을 회유하는 방법을 시도했으나 역시 동원에 실패하고 말았던 것으로 보인다.

국왕일행은 이러한 상황이 지방의 자위공동체 군사력을 기반으로 하는 고려의 군사체제에서 비롯되는 것을 이해하고 있었고, 적과 맞선 상황에서 방어력의 근간이 되는 틀을 깨지 않으려 주의하였다. 전주에서 절도사 조용겸을 불러 잡아 놓은 상태에서 그의 죄를 물어 사형에 처하려는 의견을 채택하지 않고, 잠시 국왕일행과 동행하게 한 후 놓아 준 것은 전시의 상황에서 조용겸이 지휘해 온 전주지역 공동체들의 방어체제를 흔들어 놓지 않으려는 배려의 결과였다고 해석된다.

대륙을 제패한 거란이나 몽고 같은 대륙의 초강대 세력은 고려에 침입할 때, 모두 초기의 정면 대결에서 고려의 주력부대인 중앙군을 격파하였다.[77] 그러나 국경지역에서부터 난공불락의 성들의 저항에 부딪쳐, 결국 그 대부분을 함락시키지 못한 채 성과 성 사이를 통과하여 진격해 들어올 수밖에 없었고, 보급선과 퇴각로가 길어진 상태에서 각 지역 성들을 거점으로 한 고려군의 기습 위협을 받으며 퇴각하곤 하였다.

거란은 현종 원년 고려의 중앙부대를 대파하고 완강하게 항전하는 지방의 수많은 성들을 방치해 둔 채로 개경까지 깊숙이 진격해 왔으나, 고려국왕의 몽진으로 속전속결이 어려워지자 곤경에 처하게 되었다. 결국 거란은 고려국왕이 파견한 사신을 통해 국왕의 입조 약속을 받은 것으로 체면을 수습하고는 서둘러 퇴각할 수밖에 없었다.

11세기 초 거란과의 전쟁에서도 지역공동체들의 방어전이 거란의 침입을 물리치는 밑바탕이 되었지만, 몽고와의 전쟁에서 지역공동체들이 각각의 성(城)을 중심으로 방어전을 전개한 것은 30년에 가까운 전쟁의 수행을 가능하게 한 원동력이었다.

1232년 몽고의 2차 침입 시에 사르타이(撒禮塔)를 사살하여 몽고군을 퇴각하게 만든 전투가 전개된 처인성(處仁城)이 당시 처인부곡(處仁部曲)의 작은 토성에 불과했다는 사실도 그러한 면을 잘 보여준다. 몽고의 1차 침입 때 방어에 나선 중앙군이 대패한 후 몽고 침입에 대한 방어는 지역공동체들의 방어전에 사실상 전적으로 의존하였던 것이다. 중앙정부의 대응책은 출정군을 파견하는 대신 지방의 요충지 산성에 방호별감(防護別監)을 파견하는 정도였다. 방호별감은

77. 거란군이 고려의 주력부대를 격파하고 그를 지휘하던 康兆를 포로로 잡은 것은 현종 원년의 이른바 2차 침입에서였다. 그런데 성종 12년의 1차 침공 때는 거란이 정복전쟁보다는 무력시위에 의한 압력으로 고려가 송과의 관계를 끊고 거란 편으로 들어오게 하는 것이 주된 목표였기 때문에 두 세력 간의 대규모 정면 전투는 일어나지 않았다. 그리고 실질적으로 양 세력 간의 정면 충돌이 처음 있었던 것은 현종 원년이었다. 몽고와의 전쟁에서는 1차 침입 시에 고려의 중앙정부군이 대패하여 궤멸되었다.

파견된 성에 소속된 지역민들의 방어전을 지휘하는 역할도 하였으나 관할구역 내의 여러 지역자위공동체들의 방어전을 하나의 지휘체계 아래에 연계시키는 역할을 하였던 것으로 보인다.[78] 방어전의 기반은 지방민들이었으며, 그들을 직접 지휘하는 일선의 지휘자는 지방 토호, 호장층들이었다. 몽고와의 오랜 전쟁의 와중인 고종 45년(1258)에 중앙정부가 북계 성들의 호장과 낭장에게 은과 비단을 내려 격려한 것은 호장들의 역할이 얼마나 컸는지를 보여 준다.[79]

장기간에 걸친 대몽고 전쟁의 여파로 많은 지역이 피폐화되었다. 몽고군의 침입에 일차로 맞서 치열한 전투가 거듭된 북부지역의 피해는 가장 심했다. 양계 주진(州鎭)의 많은 수가 몽고군에 함락되거나 항복하였고, 강화(講和) 성립 후에는 다루가치의 지배를 받는 등의 과정을 거치며 토착민들로 조직된 주진군이 붕괴하였다.

물론 모든 지역들이 동시에 같은 변화를 본 것은 아니었다. 남부지역은 상대적으로 전쟁피해가 적은 지역들이 있었다. 대몽고 전쟁 직후에도 자위 능력을 유지한 지역공동체들은 상대적으로 피해를 덜 본 지역들이었다. 앞에서 본 1270년 삼별초의 난에서 상호장 정지려가 이끈 나주의 경우는 전쟁의 피해에서 버텨낸 소수의 지역공동체에 해당한다.

많은 지역공동체들은 타격을 입고 주민들이 흩어지거나 자위능력을 상실하였다. 고종 40년 이후에는 지방의 기존 주현군의 활동이 잘 나타나지 않는 한편, 임시로 결성된 지방별초(地方別抄)들의 활동이 부각된다.[80] 지방별초는 중앙의 별초와 함께 '경외별초'(京外別抄)로 통칭되며, 함께 삼별초의 난을 진압하는 데 동원되기도 하였다.[81] 주

78. "分遣諸道山城防護別監"(《高麗史》 世家23 高宗 23년 6월 정유).
윤용혁, 1991 《高麗對蒙抗爭史硏究》, 일지사, pp. 187~188.
권영국, 1995 《高麗後期 軍事制度 硏究》, 서울대 문학박사학위논문, p. 22.
79. 《高麗史》 世家24 高宗 45년 6월 임진; 《高麗史節要》 권17 高宗 45년 6월.
80. 권영국, 1995 앞 논문, pp. 53~56.

현군의 번상교대로 병력의 상당부분이 구성되었던 이군육위(二軍六衛)의 중앙군조직이 붕괴되고 별초군(別抄軍)으로 바뀌었던 만큼, 중앙정부에서 주현군으로 파악하던 지방의 군사조직도 지방별초로 대치되어 간 것으로 보인다. 그런데 이러한 조직이나 명칭의 변화는 발전적 변화이기보다는 체제전성기의 군사조직이 붕괴되어 감에 따른 수습 방편수준의 변화였다. 그 결과 14세기 후반 왜구의 발호 등에 대한 대처에서 보듯이 군사적 동원능력이나 조직력을 비롯한 전반적인 군사력은 약화될 수밖에 없었다. 그리고 그 바탕에는 광범한 지역공동체들의 자위능력 쇠퇴가 있었다.

전후에도 지역공동체들의 자위력은 급속히 해체되어 갔다. 원나라는 고려의 무장을 철저히 제한하여, 고려인의 무기소지를 금지하고, 제작을 통제하였다. 14세기 이후 중앙정부와 중앙세력의 지역공동체에 대한 영향력 확대는 지방행정체계상으로도 확대되어 갔다. 지역자위공동체의 해체는 더 광범히 진행되어 갔다. 이러한 속에서 고려 말에는 강한 세력을 가졌던 몇몇 지역자위공동체들만이 명맥을 유지하며 잔존하였다. 앞에서 본, 1379년에 대규모 왜구와 맞서 방어에 승리한 경주는 그러한 사례다.

5. 소결

고려시대 지역공동체들은 신라 말부터 형성·발달한 각 지방 자위공동체들에서 기원하였다. 지역공동체는 호족에서 기원하는 호장층과 민층으로 구성되어 계급적 갈등 가능성도 내포하고 있었지만, 그러한 갈등이 폭발되어 분출되기에 이르지 않도록 해소시키는 장치가 비교적 잘 작동하였던 것으로 보인다. 그러한 속에 호장층의 주도 속에

81. 《高麗史》 世家27 元宗 12년 10월 정유; 元宗 14년 10월 신미.

공동체의 자위공동체적인 속성도 고려후기까지 상당한 정도로 유지되고 있었다.

지역공동체 지배층인 호족층의 참여로 고려국가 지배층의 외연은 신라통일기와도 달리 지배층의 지역적 범위의 외연을 전국으로 확대시켰고, 이것은 지역사회들의 국가적 통합성을 앞 시대보다 높이는 계기가 되었다. 그러나 국가의식의 안팎으로 여러 가지 집단의식들이 병존하는 속에 국가의식에 의해 지역공동체의식이 철저히 부정되고 청산되기보다는 타협적으로 공존하는 체계를 만들며 양자는 장기간 공존하였다.

고려국가 중앙세력의 통합 방식도 지역공동체들을 강제로 해체하여 일률적인 질서 하에 재편성하여 중앙집권적 체제를 발달시키기보다는, 지방공동체의 자치적 영역을 상당부분 허용하는 선에서 타협하고 그 역량을 활용하며 지배체제를 성립시켰다. 그 결과 고려의 군현 등 지방행정 단위의 규모는 같은 등급에서도 최대와 최소 군현 간에는 50배 이상의 큰 편차를 갖는 채로 남게 되었다. 독자적인 읍사와 직인을 보유하며 지역공동체들은 행정체계상으로도 신라시대나 조선시대와 비교할 때 상당히 큰 자치권을 가질 수 있었다.

지역공동체의 자위를 위한 군사조직은 주진군·주현군이 편성되는 단계를 거치며 중앙정부의 지휘와 통제하에 들어가고 있었으나, 지역공동체 단위의 성(城)에 거점을 둔 방어기능을 위해 지역공동체의 자위적 군사기능은 상당부분 유지되었다. 고려국가의 전쟁방식은 자위공동체 단위의 수성전과 유격전에 의존한 지역방어를 기본으로 하고, 중앙정부 직속의 중앙군이 적의 주력부대를 상대하는 방식이었다. 지방에서도 중앙정부에서 지방에 파견된 문무관과 그 직속 중앙부대가 통괄하여 지휘를 하였지만, 그 지휘 하에서 방어력의 근간이 된 것은 지역공동체 단위의 자위적 방어력이었다. 남아 있는 기록이 주로 중앙 중심이어서 자칫 중앙 문무관의 전투지휘와 전투상황만이 부각되기 쉽지만, 기록의 이면을 자세히 검토해 보면 지역자위공동체의 힘을 발견할 수 있다. 거란 대군의 공세에 겁을 먹고 지휘부와 중앙군이 도망을 친 상태에서 서경민들이 서경성 방어에 성공한 것이나, 고려 말 경주지방민의 왜구방어는 그 예다. 현종의 몽진과정도 지역자위공동체들의 존재를 함께 고려할 때 이해될 수 있다. 성종대에 최승노가 국경지대의 수비에서 중앙군을 철수하고 토착민들에게 맡기자는 주장을 한 배경에는 이러한 지역공동체의 자위능력이 있어 가능한 것이었다. 그리고 점차 약화되는 과정을 거치지만 13세기 말의 항몽전에서도 그 힘이 근간이 될 정도로 지역자위공동체는 후기까지 유지되었다.

Ⅲ. 삼국유민의식과 역사계승의식

1. 삼국유민의식과 그 배경

1) 정치·사회적 배경

고려국가 내부의 집단의식들 중에 삼국유민의식(三國遺民意識)도 고려의 국가적 결집력과 기능에 큰 영향을 미치고 있었다. 고구려유민의식, 백제유민의식, 신라유민의식은 신라 말에는 고려를 비롯한 후삼국 성립에 작용하였고, 고려중기 무신집권기까지도 대규모 지방반란에서 고개를 들고 있었다.

견훤(甄萱), 궁예(弓裔), 왕건(王建)이나 고려중기 삼국부흥을 표방한 지방반란세력들은 그 지역의 민심을 얻기 위해 삼국유민의식을 이용하였다. 이들 세력이 권력을 잡으려 시도하는 선동과정에서 삼국유민의식을 확대시키고 조장하기도 하였으나, 그에 앞서 대중들의 사고와 정서 속에 삼국유민의식이 존재하였던 것이다.

660년 백제의 멸망과 668년 고구려의 멸망으로부터 2세기 반 정도가 경과하도록 삼국유민의식이 대중의 동향에 강한 영향력을 가진 배경은 무엇일까? 그 배경으로는 정치·사회적인 것과 문화적인 것 두 가지가 발견되는데, 먼저 정치·사회적 배경을 살펴보기로 하겠다.

신라는 삼국의 영토와 주민을 불완전하게나마 통일한 후 나름의 통합노력을 기우려 통합된 단일체의식인 삼한일통의식이 어느 정도 자리 잡게 되기도 하였다(이에 대해서는 다음 Ⅳ장에서 검토함). 그러나 오랜 통일전쟁과정에서 많은 살상이 발생하여, 삼국주민 간에 원한과 반감이 자리 잡았고, 특히 전쟁에서 정복되어 패망한 고구려 주민과 백제주민의 신라에 대한 원망과 반감은 클 수밖에 없었다. 이러한 피정복민의 상처와 정복자에 대한 반감은 지역주민의 집단적인 기억 속에 깊이 새겨져 옛 유적들의 내력과 함께 전해 내려왔지만, 신라의 그에 대한 해소 노력은 한계를 가졌던 것으로 보인다. 특히 골품제(骨品制)에 입각한 신라국가의 체제는 피정복 지역민을 권력의 중심부에서 배제하는 차별적인 체제여서 정복자와 피정복자의 관계가 지속되는 면을 남길 수밖에 없었다. 이는 결국 옛 고구려나 백제 지역주민들의 신라에 대한 반감과 피해의식을 온존시킨 것이다.

《삼국사기》에 의하면 궁예(弓裔)는 901년 왕을 칭하면서 사람들에게 말하기를 "과거에 신라가 당(唐)나라에 청병하여 고구려를 파함으로써 평양의 옛 도읍이 폐허로 변하였다. 내가 반드시 그 복수를 하겠다."라고 하였다.[1] 이에 대해 《삼국사기》 찬자는 신라왕실의 서출로서 버려진 원한 때문에 한 말이라 하여, 그의 개인적인 감정문제로만 서술하였다. 그 말의 배경에는 일부 개인적 원한도 잠재되었을지 모르나, 그가 옛 고구려지역에서 새로운 왕국을 세우려 하면서 고구려의 원한을 복수하겠다는 것은 그 지역주민들의 신라에 대한 반감을 이용하려는 정치적 발언이다.

그는 건국 초에는 국호를 '후고려'(後高麗) 또는 '고려'(高麗)로 칭한 바 있다.[2] 이 역시 궁예가 집권초기(901~904)에 고구려유민의식

1. 《三國史記》 列傳10 弓裔傳.
2. 궁예가 '後高麗'를 칭했다는 것은 《高麗史》 地理志2 羅州牧條, 地理志3 北界條

을 보다 적극적으로 이용하려 했던 것을 보여 준다.

900년에 견훤은 완산주(完山州)에 이르러 주(州)의 백성들이 환영하는 것을 보고 인심을 얻은 것을 기뻐하였다. 그는 좌우에게 완산에 도읍하여 의자왕(義慈王)의 숙분(宿憤)을 풀어 주겠다고 하고 마침내 후백제왕(後百濟王)이라 칭하였다. 이러한 사실도 백제지역 주민들의 신라에 대한 반감과 표리를 이룬 백제유민의식에 편승한 견훤의 정치적인 행위를 보여 준다.[3] 백제계승을 표방한 견훤과 그의 추종세력은 견훤이 신라 출신이라는 약점을 보완하기 위해 백제지역과의 연관성을 선전하는 출생설화를 유포시키기도 하였던 것으로 보인다. 광주(光州) 북촌(北村)에 사는 부자집 딸이 밤마다 꿈속에서 큰 지렁이의 현신(現身)인 자색(紫色) 옷을 입은 남자와 동침하여 견훤을 낳았다는 《삼국유사》에 수록된 설화는 견훤의 출생을 신비화시킴과 함께 광주지역 출신으로 만들어 놓은 것이다.[4] 이 설화는 후백제의 건국시조설화에 해당하고, 그 점에 착안하면 그 만들어진 시기는 견훤이 건국한 이후가 된다. 이러한 설화는 견훤과 그 측근세력이 건국 후에도 지속적으로 백제유민의식에 부합하려 노력했던 것을 보여 준다.

견훤과 달리 궁예의 경우는 건국 후에는 지역주민의 고구려유민의식에 적극적으로 동조하려 하지 않았던 것으로 보인다. 궁예는 국호를 904년에 마진(摩震)으로 그리고 911년에는 태봉(泰封)으로 고쳤다. 왕이 된 후 그는 이처럼 고구려계승의식을 담은 국호를 버리고, 자신

등에 보인다. 《三國遺事》 王曆에는 901~904년의 국호를 '高麗'라 하였다. 이러한 두 가지 기록은 궁예정권이 초기에 정식국호를 명확하게 하지 않고 두 가지를 혼용했던 데서 비롯된 것일 수도 있다. 그리고 '고려'로만 칭한 것을 《高麗史》 찬자 등이 '고려'가 '고구려'의 이칭이기도 하므로 '後'를 붙인 것일 수도 있다(박용운, 2006 《고려의 고구려계승에 대한 종합적 검토》, 일지사, pp. 14~19).

3. 《三國史記》 列傳10 弓裔傳.

4. 《三國遺事》 紀異2 後百濟甄萱. 신호철(<5장 태봉의 대외관계> 《궁예의 나라 태봉》, 2008, 김용선 편, 일조각 p. 109)은 견훤의 광주출생설화가 상주 출신으로서의 한계를 극복하려는 노력이라고 하였다.

의 신라에 대한 적개심과 단절성만을 드러내어 강조하였다.

궁예가 부석사(浮石寺)에 이르러 신라왕의 화상(畵像)을 칼로 내리친 것이나, 신라를 '멸도'(滅都)라 부르도록 하고, 신라에서 오는 사람을 모두 살해했다는 《삼국사기》의 기록은 그 배경으로 신라왕실의 서출이라는 것을 들었기 때문에 그를 광망(狂妄)하고 패륜적인 인물로 부각시키고 있다. 그러나 그러한 행위의 배경에 대해서도 고려할 필요가 있을 것이다. 비록 서출일지라도 신라왕실의 후예인 그가 신라에 대한 반감을 가지고 있는 고구려지역주민들을 기반으로 왕국을 세우려하고 있다는 점이다. 더구나 그의 휘하에 들어온 독자적인 세력배경을 갖는 옛 고구려지역 출신 호족들이 잠재적인 권력 경쟁자가 되고 있어, 그가 백성들로부터 지지를 받기 위해서는 자신과 신라와의 단절성을 보여 주는 것이 필요했을 것이다. 그러한 점에서 광망하고 패륜적이며 과장되기도 한 그의 행위들은 일면 고구려지역주민들의 신라에 대한 반감에 영합하려는 것일 수도 있다. 그런데 이는 지역민들의 고구유민의식에서는 이차적인 문제일 수 있다.

고구려유민의식이 신라에 대한 반감으로 표출될 수도 있기는 하나, 양자 중 보다 근원적인 것은 고구려계승의식과 연결되는 고구려유민으로서의 집단의식이었다. 그러한 점에서 고구려계승의식을 담은 초기의 국호를 폐기하고 반신라를 표방한 궁예의 정치적 행위는 옛 고구려지역주민들의 지지를 굳히는 데는 호소력이 적었다. 그것은 궁예의 실각에도 부분적인 한 가지 요인이 될 수 있는 것이었다.

삼국유민의식에 입각한 후삼국으로의 분열과 고려에 의한 후삼국 재통일 과정은 삼국유민의식의 생명력을 연장시켰다. 특히 후백제와 고려의 오랜 경쟁과 전쟁 그리고 전쟁에 의한 후백제 통일은 그 후유증을 남겼다. 다만 후백제의 건국자인 견훤이 고려로 투항하여 그 아들 신검(神劍)이 지배하는 후백제 정벌에 참여함으로써 전쟁을 보다 빨리 끝나게 하여 희생자를 줄였고, 명분상으로도 고려의 후백제 정벌을 합리화시킨 것은 그 후유증을 감소시켰다. 그럼에도 불구하고 그 후유증은 적지 않아 태조는 후계자들에게 은밀히 남긴 훈시인 훈요(訓要)에서 후백제 지역인 차현(車峴) 이남, 공주강(公州江) 밖 인물의 조정 참여 및 왕후 국척(國戚)과 혼인 금지를 당부하였다.[5] 그 대상 지역은 공주와 전주를 중심으로 한 지역이다. 공주는 왕건의 즉위에 반발하여 후백제에 투항하여, 건국 초 정치·군사적으로 큰 타격을 준 지역이었다. 그리고 전주는 후백제의 도읍지로 고려와의 전쟁을 치룬 세력의 중심부였던 곳이다.

태조가 우려한 후백제지역민의 고려에 대한 반감은 고려 중앙세력이 약화될 경우 언제라도 수면 밑의 잠복에서 고개를 들 위험성을 가졌다. 실제로 현종 원년(1010) 거란의 침입으로 도성이 함락되어 몽진 길에 오른 현종은 수종 인원과 물자의 극심한 부족에 시달리면서도 큰 고을인 전주를 지나쳐 노령(蘆嶺)을 넘는 먼 길을 더 가 나주(羅州)로 행차하였다.[6] 당시 전주절도사 조용겸(趙容謙)이 마중을 나와 전주로 가기를 청했으나, 시종하던 박섬(朴暹)은 전주는 옛날의 백제로 성조(聖祖: 태조)께서 혐오하던 곳이라 하여 행행(幸行)에 반대하였다.

나주는 같은 옛 백제지역이지만 일찍이 왕건이 궁예 휘하에 있던 때부터 세력권에 들어와, 태조 왕건의 비인 장화왕후(莊和王后) 오씨(吳氏)를 배출하였고, 그로 인하여 제2대 혜종(惠宗)의 '어향'(御鄕)이 된 곳이었다. 이러한 나주는 후백제를 견제하는 배후세력지로 고려의 중요한 거점이 되었다. 그리고 뒤에 고종(高宗) 24년(1236)에 이연년(李延年) 등이 백제원수(百濟元帥)를 자칭하며 전라도 지역에 반란을

5. 《高麗史》 世家2 太祖 26년 하4월. 훈요의 이 조항 해석에 대해서는 李丙燾, 1980 《개정판 高麗時代의 硏究》 pp. 28~59 참조.
6. 《高麗史》 列傳7 智蔡文傳.

일으켜 큰 호응을 받았을 때도, 고려 정부군의 편에 서서 반란을 진압하는 데 큰 역할을 한 지역이다.[7] 혜종의 어향이었던 나주에는 혜종의 소상(塑像)이 있어 조선 초 세종대까지도 제사를 올리고 있었다.[8] 1236년의 지방반란에서도 고려 정부군의 장수 김경손(金慶孫)은 나주 지역민들의 어향으로서의 자부심에 호소하여 정부군의 편에 서도록 하였다.

같은 옛 백제지역이면서 전주의 경우는 다른 성향을 보인 것은 우선 후백제의 건국 및 고려와의 전쟁으로 인하여 지역민과 고려왕실과의 상호 반감이 백제유민의식을 13세기까지 연장되게 한 것이다. 반면에 나주지역은 고려국왕의 어향으로서 고려중앙부와 연계성을 갖는 속에 고려국가로 융합되어 가고 있었다.

이연년의 백제부흥운동과 함께 고려중기에는 신라부흥운동, 고구려부흥운동도 일어났다.[9] 명종(明宗) 20년(1190) 경상도지역 농민 반란에서 신라부흥운동의 조짐이 있었고, 신종(神宗) 5년(1202) 경주 반란세력 배원우(裵元祐)는 신라부흥을 표방하였다. 고종(高宗) 4년(1217)에는 서경(西京)에서 불만을 품은 군졸 최광수(崔光洙)가 고구려부흥을 표방하며 반란을 기도하다가 처형당하였다.

고려중기의 삼국부흥운동은 무신집권 하의 정치적 질서의 문란 속에 자행된 중앙정부나 중앙관리들의 수탈에 대한 하층민의 반발이라는 성격이 컸다. 삼국유민의식과 관련된 삼국부흥운동은 반란세력들이 그를 이용하려 하였지만 후삼국시대와 같은 의미를 갖기는 어려웠다. 골품제에서와 같은 중앙귀족과 지방민들에 대한 차별 구조가 크게 해소되고 있었기 때문이다. 골품제에서와 달리 고려는 중앙정부를 구성하는 중앙관리층에 전국의 토호세력들이 참여할 수 있는 과

7. 《高麗史》 列傳16 金慶孫傳.
8. 이에 대해서는 노명호, 1986 <고려초기 왕실출신의 '鄕里'세력: 麗初 親屬들의 정치세력화 양태> 《고려사의 제문제》(변태섭 편) 참조.
9. 민현구, 1989 <고려중기 삼국부흥운동의 역사적 의미> 《한국사 시민강좌》 5.

거제(科擧制) 등과 같은 제도적인 장치를 마련하였고, 지방의 토호세력인 호장층을 지배층의 외연에 편입시켜 관련 제도들을 운영하였다.[10] 태조의 훈요에 보이는 전주지역 등의 옛 후백제지역 출신에 대한 경계는 왕실에 내밀하게 전래되는 왕실차원의 제한적인 것이었지, 국가의 제도적인 차별이 아니었다. 실제로 일반 관리로 진출할 때 후백제지역 출신들도 과거시험 등에서 차별을 받지 않았다.

후백제 지역을 비롯한 각 지방 지배층의 융합의 진행은 고려국가의 사회통합에 큰 진전을 가져오고 있었다. 지방의 지배층이 중앙지배층과 연결된 구조는 지역성을 넘어서는 계급적 대립구조를 조성함으로써 상대적으로 중앙과 지방의 지역적 대립구조를 약화시켰다. 다시 말하면, 후삼국의 성립이 지방의 호족세력과 지방민들이 함께 참여하는 구조였다면, 고려중기의 삼국부흥운동은 하층민들의 불만세력이 주축이었고 그 지역 출신 관인을 포함한 지역 지배층들은 많은 수가 그들을 진압하는 위치에 서 있었다는 것이다. 이러한 속에서 지역적 차별성과 대립구조에 기반을 둔 삼국유민의식이나 삼국부흥의 주장은 호소력이 약화되어 크게 퇴색될 수밖에 없었다.

고려중기에 비록 삼국유민의식이 삼국부흥의 표방으로 반란에 이용되었지만, 이 시기의 삼국부흥 표방은 후삼국시대와 같은 호응을 얻기 어려웠던 것이다. 그리고 이후 사회통합이 더욱 진전됨으로써 그 이후에는 사실상 삼국유민의식은 패망한 피정복민의 분립성을 띠는 지방의식에서 통합된 사회내의 향토의식 수준으로 변화되어 가게 되었다. 그것은 고려에서 조선으로 왕조가 교체되는 격동 속에서도 영토와 국민은 후삼국시대와 같은 단절적 변화를 겪지 않고 연속될 수 있는 사회통합의 지속성을 확보하게 하였다.

---

10. 노명호, 2006a <고려시대 향리집단 속의 호장 이유> 《한국사 시민강좌》 39.

2) 문화적 배경

앞에서 살펴본 삼국유민의식의 정치적 배경이 피정복 지역의 피해와 차별에 따라 수동적으로 '우리'의식을 조성시켰다면, 차별 등과 무관하게 삼국유민들 스스로를 단위체로 느끼게 하는 능동적인 '우리'의식을 조성한 것이 문화적 배경이었다. 삼국유민의식과 함께 각 지역에는 삼국시대로부터 내려오는 지역의 역사전승, 전설, 유적, 민요 등 삼국의 문화전통 요소들이 대중적 기반을 가지며 잔존하고 있었다. 이러한 문화사와 관련된 연구는 매우 부족하여 지금으로서는 제한적일 수밖에 없으나, 그 중요한 측면들을 검토해 보기로 하겠다.

그 한 가지는 옛 백제지역에 널리 세워지게 된 백제계 석탑들이다.[11] 익산 미륵사지 석탑이나 부여 정림사지 석탑에서 보는 백제시대의 석탑들의 조형적 특성을 갖는 석탑들이 백제 멸망 후 통일신라시대에도 조성되지 않다가, 신라 말 이후 고려시대에 옛 백제지역에 조성되고 있는 것이다. 그러한 석탑은 전북 익산 왕궁리오층석탑, 충남 부여 장하리 삼층석탑, 부여 세탑리 오층석탑, 충남 공주시 청량사지 쌍탑, 충남 서천군 비인오층석탑, 전북 정읍군 은선리삼층석탑, 전남 강진군 월남사지모전석탑 등이 주목되고 있다. 이러한 백제탑의 조형적 특징을 보이는 탑들은 충남, 전북, 전남 등 옛 백제지역에 분포하고 있다.

옛 백제지역의 지방유파의 형성을 보여 주는 이러한 석탑들은 상호간의 연결성을 드러낸다. 특히 신라 말 이후 고려시대에는 지방사원의 석탑 등의 조성에 그 지역민들이 널리 참여하여 지방사회의 공동사업적인 성격을 띠는 경향이 있었다. 따라서 이러한 백제탑양식의 분포는 옛 백제지역민들의 문화적 공통배경의 일면을 보여 주는 것

11. 金正基, 1987 <百濟系石塔의 특징> 《馬韓·百濟文化》 10; 민현구, 1989 앞 논문.

일 수 있다.

옛 고구려지역에서는 동명숭배(東明崇拜)와 관련된 문화가 전해 내려오고 있었다. 동명신화는 토속신앙에 바탕을 두고 부여족 계통의 건국신화에 널리 나타나는 것으로서 고려 중·후기에까지 그 전통이 국가적인 제사와 민간에 널리 남아 있었다.[12]

한국고대에서 동명신화는 북부여·고구려·백제를 포괄하는 부여족 계통에 널리 유포되어 있던 토속신앙에 뿌리를 두고 있었고,[13] 그 토속신앙은 고려시대에도 북부지역에 전승되어 오고 있었다. 12세기 전반 인종(仁宗) 연간에 만들어진 《고려도경》에는 개경(開京) 지역에 동신사(東神祠)가 있어 동명의 어머니인 지모신(地母神) 유화(柳花)를 제사함이 기록되었고,[14] 현종(顯宗) 2년(1011)에는 평양지역의 토속신들에 대한 훈호(勳號)를 더하는 중에 동명왕이 포함되었다.[15] 숙종(肅宗) 10년(1105)에는 왕이 서경(西京)에 행차하여 태조 진전(眞殿)에 배알하고, 사신을 보내 '동명성제사'(東明聖帝祠)에 제사지내고 의폐(衣幣)를 바쳤으니,[16] 동명은 국가적으로도 특별한 제사의 대상으로 숭앙되고 있었음을 볼 수 있다. 여기서 동명을 '성제'(聖帝)라 한 것은 현종대나 그 후 어느 때의 훈호(勳號)를 더한 결과였을 것인데, '성제'라는 훈호는 동명이 특별히 높임을 받는 신성한 대상이었음을 보여 준다. 예종(睿宗) 11년(1116)에는 가물어서 사신을 보내 비를 기원한 대상에 상경(上京: 開京)의 동신사와 서경의 동명사가 몇몇 다른 신들과 함께 나타난다.[17] 동신사와 동명신이 기우(祈雨)와 같은 일반적인 기원에서도 중요한 대상이었다. 동명신화는 이규보 당시

---

12. 노명호, 1997 <東明王篇과 李奎報의 多元的 天下觀> 《震檀學報》 83.
13. 노명호, 1981 <百濟의 東明神話와 東明廟> 《歷史學硏究》 X(전남대).
14. 《宣和奉使高麗圖經》 권17 祠宇.
15. 加平壤 木覓 校淵 道知巖 東明王等神 勳號(《高麗史》 世家4 顯宗 2년 5월 정해).
16. 《高麗史節要》 권7 肅宗 10년 추8월, 《高麗史》 禮志5 雜祀 해당 연월.
17. 《高麗史》 禮志5 雜祀 睿宗 11년 4월.

책 속에나 기록되어 전해지는 화석화된 신화가 아니라 동명(東明)에 대한 토속신앙과 함께 전승되는 생명을 가지고 있었다. 그 결과 이규보가 <동명왕편>에서 언급하였듯이 비록 어린아이들과 우매한 사람들이라도 동명신화를 모르는 이가 없을 정도로 동명신화는 세간에 널리 이야기되고 있었다.[18]

이러한 토속신앙으로서의 성격을 갖는 동명숭배는 이규보의 시대 이후까지 계속되었다. 충렬왕(忠烈王) 4년(1278)과 19년(1293)에도 왕명으로 평양 동명묘(東明廟)와 목멱묘(木覓廟)에 제사한 것이 기록에 나타난다.[19] 그리고 조선 초까지도 평양 인리방(仁里坊)에 있는 동명(東明)의 사우(祠宇)에는 읍인(邑人)들이 일이 있으면 곧 기도를 올리고 있었다.[20] 그 후 동명숭배는 성리학적 제례를 준수하려는 조선의 조정에 의해 음사(淫祠)로 비판되며, 다른 토속제례들과 함께 혁파되었다. 이로써 동명숭배는 중앙과 지방의 공식적 제례에서는 사라지게 되었지만, 뿌리 깊은 토속신앙으로서 민간에서는 현대에까지 그 전통이 면면히 이어져 왔다. 한반도 중·북부 지역에서 동명신화의 신화소(神話素)를 포함한 무가(巫歌)가 광범하게 발견된다는 연구결과가 그것을 보여 준다.[21]

동명숭배와 관련된 문화의 지역적 분포를 주목하면, 고려시대의 국가적 제례에서 개경과 서경(평양)지역이 그 중심임이 기록에 나타난다. 개경과 서경은 당시 옛 고구려지역의 남부와 북부에 위치한 양대 중심이었으니, 우매한 자와 어린아이까지도 포괄하는 민간신앙에

18. 《東國李相國全集》 권3, 古律詩, 東明王篇 序.
19. 《高麗史》 世家30 忠烈王 4년 9월 정유; 동왕 19년 10월 무신: 이상에서의 東明(聖帝)祠에 올린 제사에 대한 기록은 위의 책 禮志5 雜祀條에도 수록되어 있다. 그런데 이 기록들은 동명사 제사 중에서도 국왕의 배려나 명령 등에 의한 특별한 의미를 갖는 것만을 기록한 것이어서 통상적인 제사 사실들은 기록 대상이 아니었을 것이다.
20. 위의 책 地理志 3 西京留守官平壤府條.
21. 徐大錫, 1980 《韓國巫歌의 硏究》 pp. 89~110, 194~196.

서는 그 지역적 분포가 옛 고구려지역 전역에 걸쳤을 것으로 보인다. 동명신화소를 포함한 무가의 분포범위가 한반도 중·북부 지역에 널리 흩어져 있다는 것은 그에 대한 중요한 증거다.

동명숭배와 관련된 문화의 분포는 고구려유민 내지는 고구려계승의식을 갖는 지역민들에게 널리 분포되어 있었으니, 고려건국지역민 이외의 고구려계승의식을 가지고 있었던 또 하나의 집단인 발해유민들의 경우에서도 그 흔적이 나타나는 것이 주목된다. 《금사》(金史)에는 12세기 전반 금나라에 사환(仕宦)한 발해계 인물이 동명의 후예라고 한 기록이 있어,[22] 발해 멸망 후 2세기 이상의 세월이 경과되고서도 동명신화와 관련된 전승이 이어져 왔던 것으로 보인다. 발해시대에도 772년 정월 일본에 보낸 국서에서 발해왕실은 스스로 천손(天孫)이라 운위하였는데, 이 천손의식은 고구려왕실의 그것을 계승한 것이라는 연구가 있다.[23] 고구려에서 기원하는 천손의식이란 동명신화에 바탕을 둔 것이니, 《금사》에 보이는 12세기의 동명의 후예를 칭한 인물도 그러한 발해시대 이래의 문화전통에 연결되는 것으로 이해된다.

동명숭배는 고구려유민들 속에서 광범하고 뿌리 깊이 존재하여 고려 당시까지도 토속신앙의 중요한 대상이 되었다. 그러한 문화적 배경과 함께 고려 태조의 세계(世系) 설화에도 동명신화의 영향이 나타

---

22. "張浩 字浩然 遼陽渤海人 本性高 東明之後(하략)"(《金史》 列傳21 張浩傳). 위에서 장호가 고씨였다는 사실과 관련하여 동명의 후예라는 것이 부기된 것이겠으나, 장호에 대한 신변의 자료는 장호 자신이 일상 속에서 언급하던 것에 근거했을 것이므로, 이는 12세기 중반까지도 '발해인'들 사이에서 동명신화가 잊혀지지 않고 전승되었던 것을 보여 주는 것이다.

23. 朴時亨, 1962 <발해사연구를 위하여> 《역사과학》 1962-1, p. 3. 이에 대해 盧泰敦은 천손강림신화가 비단 고구려왕실만이 가졌던 것은 아니고 고대 동북아시아제국에서 널리 보였음은 사실이나, 발해인의 민족적 출자와 그리고 발해왕실의 귀속의식 등을 고려할 때, 이 천손의식은 고구려왕실의 그것을 이은 것으로 보인다고 하였다(盧泰敦, 1985c <渤海國의 住民構成과 渤海人의 族源> 《韓國古代의 國家와 社會》, 역사학회, p. 625).

난다.[24] 그것은 당시의 사회에서 신성시되던 동명신화의 요소를 빌려 왕실 시조 선대의 설화를 분식한 것이다. 그런데 이와 유사한 중요하고 희귀한 자료가 근래에 알려지게 되었으니 고려 초 광종대에 제작된 태조 왕건의 동상이다.[25] 태조 왕건 동상은 옷을 입히는 나체상 양식으로 제작되었다는 점에서 동아시아 일대의 주변 국가들의 군주 조각상에서는 유례를 찾을 수 없다.[26] 더구나 고려는 초기부터 유교적 정치이념을 대폭적으로 도입하고 있었고, 국가적 제례법에서는 토속제례법 이외에도 불교나 유교적 제례법을 대폭 채택하고 있었다. 당시 불교나 유교적 제례법의 막대한 영향력을 고려할 때, 국가적으로 가장 신성시된 왕실 시조의 조각상을 나체상으로 만든 문화적 배경은 불교나 유교적 제례법의 영향력을 뛰어 넘는 사회적 기반이 있었던 것이라 하겠다.

---

24. 고려세계 설화의 계통에 대해서는 대체로 고구려계의 설화로 이해되고 있었던바, 신라계와 고구려계 설화 두 계통의 영향이 나타나는 것으로 보는 연구들도 있었다(하현강, 1988 <《編年通錄》과 고려왕실세계의 성격> 《韓國中世史硏究》 일조각; 이강옥, 1987 <고려국조신화 '고려세계'에 대한 신고찰> 《韓國學報》 48 일조각; 허인욱, 2003 <고려세계에 나타나는 신라계 설화와 《編年通錄》의 편찬의도> 《史叢》 56). 고려세계의 신라계요소로 지목된 것은 《삼국유사》의 太宗春秋公條에 보이는 旋溺夢, 買夢說話 등이었다. 여기서 이러한 설화소들이 신라 쪽 설화에 있었던 것은 인정할 수 있겠다. 그런데 그것을 신라계 설화 요소라고 보는 판단은 그 요소들이 신라계 설화에만 있었고, 고구려계 설화에는 없었다는 것을 전제로 할 때 성립된다. 삼국의 문화에는 각기 개성과 함께 공통적인 요소들도 있었고, 고구려 설화들이 현재 별로 남아 있지 않다. 따라서 지금으로서는 두 설화소들이 고구려계 설화에 없었다고 단정할 수는 없다.
    그러한 면에서 고려세계의 계통은 고대의 건국신화들과의 비교에 의거하는 것이 합당한 방법이라고 판단된다. 그렇게 보면 고려세계에서는 신라의 건국신화들과 연결되는 면을 찾기 어렵다. 그것에서는 삼국의 건국신화 중 오직 동명신화와 연결되는 면만이 나타난다. 作帝健을 '高麗人'(즉 고구려인)이라 한 것도 주목되지만, 神弓이라는 요소(하현강, 위 논문; 이강옥, 위 논문), 주인공이 아버지를 찾아 집을 떠나는 줄거리(이강옥, 위 논문) 등이 그것이다.
25. 노명호, 2004 <高麗太祖 王建 銅像의 流轉과 문화적 배경> 《韓國史論》 50; 노명호, 2006b <高麗太祖 王建銅像의 皇帝冠服과 造形 象徵> 《북녘의 문화유산》 국립중앙박물관.
26. 菊竹淳一, 2005 <高麗時代の裸形男子倚像> 《デアルテ》 21.

왕건 동상의 속옷과 겉옷을 입히는 나체상 양식은 불교나 유교 계통 조각상의 양식이 아닌 토속제례 조각상들의 양식이었다. 15세기에도 목격된 개성 송악산 성모당(聖母堂)의 여섯 여신상은 옷을 입히는 나체상 양식이었던 것으로 보인다.[27] 당시 중앙의 관리였던 목격자는 적극 제지하는 신당지기를 억압하여, 신상의 옷을 벗겨 햇볕을 쪼이던 상태에서 신당 안에 들어가 여신상을 보고는 팔선궁(八仙宮)의 선녀를 연상하였다. 한국 현대의 서낭당 신상 중에도 몸통의 세부적 묘사는 생략되었어도 기본적으로 나체 양식에 옷을 입히는 경우들이 발견된다.

1123년 송나라 서긍(徐兢)이 목격한 개경의 숭산신(崇山神)이나 동명왕(東明王)의 성모(聖母)인 유화(柳花)의 신상도 옷을 입히는 양식이었다.[28] 특히 고려시대에 국가적으로나 민간에서 신성시되어 '동명성제'(東明聖帝)로 불리며 숭배되던 동명왕의 신상도 옷을 입히는 양식이었다.[29] 동명왕상이나 유화상은 삼국시대 고구려 당시에도 존재하였던 것이 기록에서 확인되는데, 고구려가 망한 후에도 그 지역 유민들 사이에서는 동명왕이나 유화의 숭배가 이어져 내려와 고려시대에까지 이르고 있었다. 앞에서 보았듯이 동명숭배는 고려 당시 옛 고구려지역에서 중요한 토속신앙으로서 민간에 뿌리를 내리고 있었다. 동명숭배는 고려지배층에 의해 국가적 제도로 새로이 만들어진 것이 아니라, 그 반대로 민간의 폭넓은 토속신앙적 바탕에 입각하여 국가적 제례로서 성립하고 있었음을 보여 준다. 한반도 중북부에 바탕을 둔 고려가 고구려의 부흥국으로서 그 계승자를 표방한 것도 이러한 건국 지역주민의 문화적 배경과 정서와도 연결된 고구려유민의식에

---

27. 兪好仁, <遊松都錄>(《續東文選》 권21; 《濡谿集》 권7, 《한국문집총간 15》 pp. 181~187 수록).
28. 《高麗圖經》 권17 祠宇 崇山廟, 東神祠; 이에 대한 검토는 노명호, 2004 앞 논문 참조.
29. 이에 대해서는 《고려사》 등의 여러 기사가 있다. 노명호, 2004 앞 논문 참조.

입각한 것이었다. 그리고 그러한 문화적 배경의 중심에는 동명왕을 신성시하며 숭배하는 토속제례가 존재하였다.

이러한 고구려시대 이래의 동명숭배의 역사적 흐름을 고려하면 동명왕 신상의 옷을 입히는 양식의 연원은 고구려시대 이래의 제례문화전통에 입각한 것으로 추정된다. 고려의 건국세력이 고구려의 부흥국을 표방하고 있었고, 동명왕이 '동명성제'로 특별히 높여 불리며 건국지역주민들의 숭배의 대상이 되고 있었던 점을 고려하면, 제왕의 초상으로서는 파격적이라고도 할 수 있는 왕건상의 바탕을 이룬 착의형 나체상 양식은 민간의 토속신앙에서 높이 신성시되던 동명상의 양식을 따른 것이라고 생각된다. 그것은 그 당시 고려왕실을 포함한 고려건국지역 주민의 문화전통에 입각한 것이기도 하였다.

위에서 살펴본 옛 백제지역의 백제양식 석탑문화나 옛 고구려지역의 동명숭배와 연관된 문화는 앞으로 삼국지역문화들에 대한 연구가 진행된다면 보다 여러 분야에서 발견될 것으로 보인다. 이러한 삼국지역문화는 위 두 가지 문화에서만 보더라도 깊게 뿌리 내리고 오래 지속되는 끈질긴 힘이 있었다. 그리고 삼국지역 문화는 지역주민들의 공통적 정서의 배경이 되는 것이기도 하였다. 삼국유민들의 문화적 공통배경은 앞 절에서 살펴본 정치적 공통배경이 필연적으로 분립적 속성을 띠는 것과는 다른 속성을 가졌다. 각 삼국유민들의 공통적 문화는 그들 각각의 내부에서 동류의식의 기반이 되며 정서적 일체감을 줄 수도 있지만 국가사회 내에서 지역적 문화다양성으로 문화를 풍부하게 하는 것일 수도 있으며 반드시 분립성을 띠는 것은 아니다. 다만 그 문화에 입각한 공동의 정서와 동류의식이 삼국유민집단 간의 정치·사회적 모순과 대립이 심화될 경우 그 내부의 결속력을 보다 크게 해 주는 작용을 하는 것이었다.

2. 고려의 역사계승의식

1) 태조의 신라 인식과 국제적 형세

고려가 어느 나라를 계승한 것으로 인식했는지에 대한 기존의 연구는 크게 세 가지가 있으니, 고구려계승의식설, 신라계승의식설, 발해계승의식설이 그것이다.

우선 발해계승의식을 주장하는 견해를 보면, 1123년에 송나라 사절의 일원으로 고려에 다녀간 서긍(徐兢)이 고려인들의 진술을 듣고 《고려도경》(高麗圖經)에서 발해가 고구려의 계승자이며, 한정적 의미에서나마 발해를 고려의 전신으로 서술하였다고 한다. 즉, 고려에 발해를 계승하였다는 의식이 있었다는 주장이다.[30] 그러나 《고려도경》에서는 발해와 고려가 각각 고구려의 계승자로서 서술되었으며, 고려가 발해를 계승했다는 언급은 없다. 또한 고려가 발해를 계승했다는 의식을 가졌던 것을 보여 주는 다른 사료가 발견되지도 않으므로, 발해계승의식이 있었다는 주장은 현재로서는 인정되기 어렵다.

고려 초에 신라계승의식이 있었다는 설은 태조가 최응(崔凝)에게 명을 내리며 한 다음과 같은 말을 근거로 제기되었다.

> 옛날에 신라가 9층탑을 세워, 마침내 삼국을 통일하는 위업을 달성하였다. 이제 開京에 7층탑을 세우고, 西京에 9층탑을 세워, 큰 공덕을 빌려 추한 무리들을 제거하고 三韓을 합쳐 一家를 만들고자 하니, 卿은 나를 위하여 發願疏를 지으라.[31]

위에서 태조는 신라가 삼국통일을 이룩하였다고 언급하였다. 이를 근거로 고려 태조가 삼국이 통일신라로 이어지고, 다시 후삼국 중의 고려로 이어진다고 생각하였다고 보았다. 그리하여 태조가 발해사를

---

30. 박시형, 1962 앞 논문 p. 24.
31. 《高麗史》 列傳5 崔凝傳.

통일신라사보다 중요하게 여기거나 대등하게 여기지 않았으며, 고려 초에 이미 신라계승의식은 있었지만 발해계승의식은 없었다는 것이다.[32]

위 자료에 입각할 때, 고려 태조는 신라가 삼국을 통일했다는 관념을 어떤 의미에서건 받아들였다는 것을 알 수 있다. 다음 장에서 검토하겠지만, 삼한일통의식은 제한적으로나마 통일신라 이후 자리를 잡게 되었고, 그것이 후삼국의 통일에도 작용하고 있었던 만큼 고려 태조가 신라의 통일을 사실로서 받아들였다는 것은 인정될 수 있다. 그러나 그것은 삼국유민의식이나 그와 직결되어 있는 고려의 역사계승의식과 병존하고 있었던 것이다. 다시 말하면, 태조가 신라의 삼국통일을 사실로서 받아들였다 해도 그 의미는 제한적인 것이며, 그것이 반드시 신라계승의식을 가졌던 것을 의미하지는 않는다는 것이다.

신라의 통일에 대한 언급과 유사한 것으로는 왕건이 재위 11년(928) 정월에 견훤의 친서에 대한 답서에서 신라왕을 대상으로 '존왕'(尊王)의 명분을 언급한 것이 있다. 그는

> (전략) 나는 마음에 惡을 품지 않고, 뜻은 尊王에 간절하여, 장차 朝廷을 구원하고 邦國의 위태로움을 붙들어 세우려 하였다.(후략)[33]

라고 하였다. 이 답서에서 '존왕'은 신라왕을 높이는 것이고, '조정'은 신라정부이며, '방국'은 현실에서는 후삼국으로 나뉘어 관념상의 잔영만을 남기고 있는 단일 국가, 아직 국제무대에 옛 모습으로 알려진 신라국가를 말한다. 이 자료의 표면적 표현에 의거하여 당시 고려 태조가 신라왕을 군주로 받드는 군신관계를 가지고 있었다고 보는

---

32. 趙仁成, 1994 <高麗 初·中期의 歷史繼承意識과 渤海史 認識> 《李基白先生古稀紀念 韓國史學論叢》 上. 조인성은 '신라를 이은 나라'라는 표현을 쓰고 있는데, 이것은 한자 어휘의 '신라계승국'에 해당하는 말이다.

33. 《高麗史》 世家1 太祖 11년 정월, 《三國遺事》 紀異2 後百濟甄萱.

견해가 있다.[34] 그럴 경우 고려 건국세력의 역사계승의식에 대한 이해도 영향을 받으므로 검토가 필요하다. 고려와 신라의 관계를 파악하기 위해서는 위 태조 11년 답서와 관련된 당시의 외교적 배경을 깊이 고려할 필요도 있고, 무엇보다 《고려사》 등에 수십 건 이상 나타나는 직접적인 양국 사이의 접촉을 보여 주는 자료들을 주목해야 한다.

고려와 신라의 공식 접촉은 태조 3년 정월 신라에서 먼저 사신을 파견하여 '내빙'(來聘)함으로써 이루어졌다. 그해 10월 후백제의 침공을 받은 신라는 고려에 구원을 요청하고, 고려에서는 구원병을 파견해 주었다.[35] 양국의 접촉 형식은 군신관계가 아닌 대등한 국가 간의 관계인 '내빙'(來聘)이었다. 그것도 신라 쪽이 고려에 먼저 예를 갖춘 사절을 보냈다. 같은 해 고려에 구원을 요청한 것에서 보듯이 신라로서는 고려의 군사적 보호와 동맹을 바라는 약자의 입장이었다.

고려의 전신은 고구려계승국을 표방하고 신라를 '멸도'(滅都)로 지칭하며 적대했던 궁예의 나라였다. 고려 태조 왕건은 신라에 대한 적대는 유화-포섭으로 전환하였지만, 고구려계승국의 표방은 더 강화하고 있었다. 고구려계승국의 표방은 신라에 대해서는 정치적 독자성을 표방하는 것이었다. 신라로서는 고려에 동맹관계를 요청하는 사신을

---

34. 위 태조 11년 견훤에 보낸 답서나 답서의 계기가 된 견훤의 서신을 근거로 견훤이 비록 후백제왕을 칭했지만 신라의 왕과 비교하여 동등한 위치가 아니라 '신라의 지방관'으로 자신을 인식했고, 이것은 고려 왕건의 경우도 마찬가지였다고 보는 견해도 있다. 즉 "신라왕실과의 관계는 어디까지나 군신관계로 유지되고 있었고 견훤과 왕건 스스로도 그렇게 인식하고 있었다."라는 것이다. 이 군신관계는 왕건이 경주를 방문 후 931년 5월 계미일에 돌아갈 때 경순왕의 종제를 인질로 딸려 보내면서 무너지고 사실상 반대의 관계가 되었다고 한다(신호철, 1993 《후백제 견훤정권연구》, 일조각, p. 107, 124). 이와 유사한 견해는 다른 글에서도 표명된 바 있다(신호철, 2000 <후백제 견훤 왕의 역사적 평가와 그 의미: 고려 태조와의 정치 이념 및 호족·대외정책 등의 비교를 중심으로> 《후백제와 견훤》, 백제연구소 편, pp. 17~18; 신호철, 2008 <태봉의 대외관계>《궁예의 나라 태봉: 그 역사와 문화》 김용선 엮음, p. 107, 110).
35. 《高麗史》 世家1 太祖 3년 춘정월, 동10월.

'내빙'의 형식으로 파견하게 된 것만으로도 큰 소득이었으며, 형식적으로라도 군신관계에 따른 군림은 추구할 수 없는 처지였다.

태조 9년(926)에 신라 경애왕(景哀王)이 사신을 보내 전한 말 중에는 "만일 대왕이 한 번 북을 울려 위엄을 떨치면 견훤은 반드시 스스로 패망할 것입니다."라는 말이 있다.[36] 여기서 '대왕'은 경애왕이 보낸 서신에서 고려 태조를 지칭한 호칭일 가능성이 크다. 신라의 군주가 '왕'을 칭하고 있으므로 사신이 사용한 호칭이라 해도 군신관계 형식의 교섭이 아닌 대등한 국가 간의 관계에서나 사용될 호칭이다.

태조 10년 9월 후백제의 공격으로 위급함을 알려 온 신라를 구원할 것을 신료들에게 지시하며 왕건은 "신라는 우리와 동호(同好)를 맺은 지 오래이므로 구원하지 않을 수 없다."라고 하였다. 왕건의 표현에 따르면 군신관계가 아니라 대등한 국가 간의 '동호'의 관계라 하였다.

태조가 재위 14년(931)에 경주를 방문하여 양국군주가 처음 만날 때의 의전은 비교적 세부적인 모습이 기록되어 있다. 신라의 백관이 교외에 나와 태조를 영접하고, 신라 경순왕이 궁문 밖에서 영접하며 먼저 배하고 태조가 답배하였다. 그리고 서로 읍양(揖讓)하며 좌우에서 나란히 전(殿)에 올랐다. 전에 오른 경순왕은 자국을 일컬을 때 '소국'(小國)이라 하여 낮추어 말하였다.[37] 이러한 광경은 역시 군신관계가 아닌 두 국가 군주 간의 의전형태다. 비록 바로 전 해의 고창군(高昌郡)에서의 대승리로 후백제를 제압하게 되었지만, 아직 양국 간의 관계형식의 기본 틀은 변화되기 전이었다. 이때의 만남에서 대등한 관계로부터 변화된 것을 찾는다면, 경순왕이 신라를 '소국'이라고 지칭한 정도가 고려가 후삼국 최강자가 됨에 따라 신라를 낮추어 말한 변화로 보인다.

---

36. 《高麗史》 世家1 太祖 9년 하4월.
37. 위의 책 世家2 太祖 14년 2월 신해.

이상과 같이 양국 사이의 직접 접촉에서 양국 간의 관계를 보면, 군신관계와는 배치되는 대등한 빈례적(賓禮的) 관계를 보여 준다. 그렇다면 태조 11년(928) 견훤에 대한 답서에 신라왕을 대상으로 '존왕'의 명분을 언급한 것은 어떤 배경을 갖는 것인가?

결론부터 말하자면, 이와 관련하여 주목되는 것은 당시 동북아 국제관계 속에서 전개된 후삼국 간의 치열한 외교전이다. 태조 11년 답서를 작성할 당시까지도 고려는 주변 국가들로부터 국가로서의 승인을 받지 못한 상태였다. 대륙왕조를 대상으로 한 후삼국 간의 외교전에서 명분상으로 책잡히지 않기 위해서 국제적으로 인정되는 신라의 위치를 고려하여 외교문서상의 표현을 하였던 것으로 해석된다.

먼저 외교에 발빠르게 움직인 후백제 견훤의 경우를 보면, 칭왕(稱王) 후 일찍부터 오월(吳越)에서는 책봉을 받았다.[38] 후당(後唐)과의 공식적 외교관계는 조금 늦어서 925년에 사신을 파견하여 칭번(稱藩: 번병국으로 자처)하고, 백제왕으로 책봉을 받았다.[39] '사신을 보내 칭번하였다'는 것을 명시한 것은 공식적인 책봉관계가 이때 처음 이루어진 때문으로 보인다.

일본과의 외교관계는 끝내 성사되지 않았다. 후백제는 922년과 929년 두 차례에 걸쳐 일본에 사신을 파견하였으나, 사신의 접견과 외교문서, 방물(方物) 등의 접수가 거부되었다. 그 이유는 다른 나라(신라)의 배신(陪臣)과는 외교를 할 수 없다는 것이었다.[40] 후백제 사신에게 주어 보낸 일본 대재부(大宰府)의 문서도 서두의 제목에서 나

---

38. 909년에 후백제가 오월에 파견하는 사신의 선박을 왕건이 나포한 기록으로 보아 후백제와 오월의 외교관계는 그 이전부터 통하고 있었다(위의 책 世家1 太祖 즉위조 後梁 開平3년). 견훤이 무진주에서 처음 칭왕한 892년경부터 오월에 사신을 파견했을 것으로 보는 견해도 있다(신호철, 1993 앞의 책 p. 136).

39. 《三國史記》 列傳10 甄萱傳 同光3년 12월.

40. 《本朝文粹》 권12, <大宰答新羅返牒>; 《扶桑日記》 권24 醍醐天皇 延長7년 5월 21일. 김기섭 외, 2005 《일본 고중세 문헌 속의 한일관계사료집성》 p. 515, 517에서 재인용.

타나듯이 후백제에게 답하는 것이 아니라, '신라'에게 답하는 문서였다. 공식적 표명에서도 나타나지만 일본 대재부가 후백제의 사신을 받아들이지 않은 것은 신라와의 관계를 고려한 때문이었다고 해석된다. 일찍이 백제와 고구려를 멸망시키고 당군(唐軍)도 한반도에서 퇴각시킨 바 있는 신라는 아직도 주변국들에서 무시할 수 없는 존재로 인식되었다. 반란 세력의 정부를 받아들여 손잡는 것은 그러한 신라를 무시하고 적대하여 신라의 반감을 사는 일이다. 대재부는 답서도 '신라'에게 주는 형식을 취하여 불필요한 오해를 살 여지를 남겨 두지 않았다.

새로이 칭제(稱帝)를 하며 패권을 노리고 있던 오월로서는 오랜 세월 중원왕조와 책봉관계를 가지고 있는 신라와 달리 신생국인 후백제가 자신들을 찾은 것도 좋은 기회였다. 오월은 후백제를 바로 제후국으로 받아들임으로써 오월의 국제적 위상을 높이고 외교망을 넓히려 했던 것으로 보인다. 이에 비해 중원왕조인 후당(後唐)은 장래가 불투명한 신흥세력에 대한 검증이 되기 전에는 신라와의 관계를 쉽게 무시하기 어려웠을 것이다. 그것은 일본이 신라를 의식하지 않을 수 없었던 것과 유사한 것이다. 후당이 925년에야 후백제 견훤을 책봉한 것은 신흥세력을 외교의 대상으로 최종 확인하기까지 그만큼 시간이 걸린 것으로 해석된다.

일본에까지 굽히고 들어가며 약삭빠른 외교를 추구한 후백제와 달리 고려의 외교적 행보는 느렸다. 고려 역시 오월과의 통교는 중원왕조보다는 일찍 이루어졌던 것으로 보인다. 《자치통감》에는 919년 7월에 오월이 고려 사신의 입공(入貢)을 받은 것을 기록하였다.[41] 새로

41. "初 唐滅高麗 天祐初 高麗石窟寺眇僧躬乂 聚衆據開州稱王 號大封國 至是 遣佐良尉金立奇入貢于吳"(《資治通鑑》 권270 後粱紀 貞明5년 7월 병술). 이 기록은 '躬乂'(弓裔)의 건국사실을 말하고 중간의 변화에 대한 언급이 없이 정명5년(919)의 사실을 말하고 있다. 그 때문에 궁예가 실각하기 전에 보낸 사신의 시간을 잘못 기록한 것인지, 중간에 왕건의 고려건국 사실 기록을 누락한 것인지 애매한

이 칭제하며 중원왕조와 경쟁을 하는 입장인 오월은 자신들을 천자국으로 인정하는 조공국을 하나라도 더 늘려야 할 필요가 있었을 것이니, 고려의 경우도 후백제와 마찬가지로 쉽게 외교대상으로 받아들인 것으로 보인다.

신라와 전통적으로 국교관계가 있는 중원왕조는 후백제에 대해 그러했듯이 고려와도 쉽게 정식 외교관계를 맺지 않았다. 후당이 고려 태조를 고려국왕으로 책봉한 것은 932년이고, 실제로 후당의 책봉사가 고려에 도착한 것은 933년 3월이었다.[42] 후당의 책봉조서에도 언급되듯이 고려가 후백제를 제압하고 승기를 잡자 고려 군주를 책봉한 것이다. 이것은 고려와 후당의 정식외교관계가 일단락된 것을 의미한다. 그전에는 책봉 없이 외교문서를 교환하는 관계만을 맺고 있었는데, 그것은 928년부터였다.

후당은 928년 12월에 고려 군주 왕건이 보낸 국서에 처음으로 답하는 후당의 국서를 작성하였다. 후당의 한림원에서 고려의 국서에 답한 전례가 없어, 신라와 발해의 예에 따라 서한 형식의 조서 양식[書詔體樣]을 사용하기로 정했다는 것에서 그것은 잘 나타난다.[43] 이때부터 후당은 외교의 대상으로 '고려국'을 잠정적으로 인정한 것이다. 928년 전에는 고려는 후당으로부터 외교대상으로 인정받지 못한 속에서 사신을 파견하고 있었다.

면이 있다. 그러나 이때쯤에는 왕건도 사신을 파견하였을 것으로 보이는 점에서 후자 쪽의 가능성이 더 크다고 생각한다.

42. 《舊·新五代史》 등에는 후당이 932년 6월에 고려 태조 왕건을 '고려국왕'으로 책봉하였다고 하였고, 다시 《舊五代史》 권43 唐書 明宗紀9 長興3년 7월 戊子條에는 정전에서 사신을 보내 왕건을 책봉하게 하였다고 하였다. 이는 6월에 결정이 이루어지고 7월에 사신이 정전에서 임명된 것을 의미하는 것으로 보인다. 후당의 사신 王瓊과 楊昭業이 준비를 완료하고 실제로 고려에 도착하여 책봉의식을 거행하기까지는 시간이 걸렸던 것으로 보이는바, 933년 3월 辛巳일에 고려에서 책봉의식을 거행한 것이 《高麗史》 세가에 보인다.

43. 《五代會要》 권13 翰林院 天成3년 12월 2일. 《翰苑群書》 권8 蘇易簡續翰林志下 天成3년 12월 2일.

고려가 후당에 파견한 초기 사신으로는 《신오대사》에 923년의 사(使) 광평시랑(廣評侍郞) 한신일(韓申一), 부사(副使) 춘부소경(春部少卿) 박암(樸岩)이 나타난다.[44] 《고려사》에는 이 사신파견에 대한 기록은 없으나, 918년 8월에 견훤이 왕건의 즉위를 축하하는 사신을 보냈을 때 그 사신 일행을 영접한 관리로 광평시랑 한신일이 나타난다.[45] 연대, 관직, 성명 등으로 볼 때 동일인이 분명하다.

그 후 중국 측 기록에만 나오는 사신으로 925년의 것이 보인다.[46] 《신·구 오대사》와 《책부원구》의 기록은 월, 사신명의 기록 유무의 차이가 있어, 다른 근거자료에 의한 것으로 보이지만, 같은 사신파견에 대한 기록일 가능성이 있다.

《책부원구》 권972에는 926년 2월의 사신 장분과 4월의 사신 임언을 기록하였다.[47] 이들은 《신오대사》에는 927년 2월과 3월에 파견된 것으로 되어 있다.[48] 두 기록에서 이들은 신라 사신으로 되어 있지만, 고려의 사신이다.

사신 장분은 《고려사》의 926년에 파견된 장빈과 동일 인물이 분명하고, 연대도 926년이 맞는다고 본다.[49] 장분(장빈)은 929년에도 사신으로 후당에 파견되었던 것으로 보이는바, 929년 8월에 파견된 사신을 《신오대사》에는 장빈이라고 기록하였고, 《책부원구》에는 장분이라고 기록하고 있으며, 모두 고려사신으로 기록하였다.[50]

---

44. 同光元年(923) 遣使廣評侍郞韓申一 副使春部少卿樸岩來(《新五代史》 四夷附錄3 高麗).
45. 《高麗史》 世家1 太祖 원년 8월 신해.
46. 同光3년(925년 11월)丁未 高麗國遣使貢方物(《舊五代史》 唐書8 莊宗紀6; 《新五代史》 唐本紀5). 後唐 莊宗 同光3년(925년 10월) 高麗國遣使韋仲貢方物(《冊府元龜》 권972 外臣部 朝貢5).
47. 後唐明宗天成元年(926) 二月新羅國使兵部侍郞張芬等來朝貢 四月新羅國康州遣使林彦來朝貢(《冊府元龜》 권972).
48. 明宗天成2年(927) 二月壬午朔 新羅使張芬來 (중략) 三月壬子朔 新羅使林彦來(《新五代史》 唐本紀6).
49. 是歲(926) 遣張彬如唐(《高麗史》 世家1 太祖 9년).
50. 後唐明宗天成4年(929년 8월) 己未 高麗王建使張彬來(《新五代史》 唐本紀6). 後

사신 임언은 《책부원구》 권976에도 927년 파견으로 되어 있고, 《신오대사》와 《고려사》에도 역시 그렇다.[51] 그가 파견된 연대는 927년이고 장분과 마찬가지로 고려 사신을 신라 사신으로 기록한 것이다.

고려의 사신을 신라의 사신으로 기록한 것은 《신오대사》나 《책부원구》의 오류로 보는 해석이 있었다. 장분(장빈)과 임언의 사행(使行) 기록에서 연대에 일부 착오가 있는 것도 사실이다. 그러나 고려 사신을 신라 사신으로 기록한 것을 착오라고 해도 그 착오가 일어난 배경에 대해 생각해 볼 필요가 있다.

《신오대사》나 《책부원구》 모두 926년이나 927년에 앞서 고려 사신의 파견 사실을 기록하고 있어, 그 착오가 두 책 편자의 오해나 주관 등에 의한 것이라기보다는 두 책의 근거 자료에서 비롯된 것으로 생각된다. 당시 동아시아 국가 간에도 신생왕조와의 공식 외교관계가 열리기까지에는 일종의 상호승인 절차가 필요하였다. 이때는 후당이 신라와 전통적인 외교관계를 지속하고 있는 가운데 고려에 대해서는 국가로서의 외교적 인정을 하지 않은 상태였다. 앞에서 검토하였듯이 일본이 신라를 의식하여 후백제의 사절을 거부하며 답서에서도 신라라는 국호를 앞에 붙여 보냈던 사실을 주목할 필요가 있다. 그런 점을 고려하면 후당 측에서 고려 사신에 대해 기록할 때 고려국의 사신을 칭한 사절이 왔다는 사실을 기록한 서술과 외교적 관점이나 명분에서 신라만을 인정하여 정리한 서술 두 가지가 만들어질 수 있다. 《신오대사》 등에서 926년과 927년 고려 사신을 신라 사신이라고 기록한 착오는 양국 간 외교가 정상화되기 전 과도기에 후당이 신라만을 인정하고 고려를 인정하지 않는 데서 만들어진 자료를 무비판적으로 옮겨 놓은 데서 비롯된 것으로 보인다. 설사 그것이 단순 착오

唐明宗天成4年(929년 8월) 高麗國王王建遣使廣評侍郞張芬等52人來 朝貢 銀香獅子香爐金裝鈒鏤雲星刀劍馬突金銀鷹도(《冊府元龜》 권972 外臣部 朝貢5).

51. 是歲(927) 遣林彦如唐(《高麗史》 世家1 太祖 10년).

라 해도 《오대회요》와 《한원군서》의 928년 12월 2일의 기사는 후당이 그전까지 신라만을 인정하고 고려를 인정하지 않았던 것을 보여 준다.

이제 이상의 검토를 토대로 하면서 928년 정월에 고려 태조가 후백제에 보낸 국서의 문제로 돌아가 보자. 당시 고려는 후백제와의 군사력 대결과 외교전에서 최종 승패를 예측하기 어려운 절박한 상태에 있었다. 작은 힘이라도 어느 한 쪽으로 쏠리게 되면 그것은 백중지세의 대치를 무너뜨리는 결과로 연결될 수 있는 상황이었다. 지방호족들에게까지 '중폐비사'(重幣卑辭)로 지지를 얻으려 했던 왕건으로서는 고려를 인정하지 않는 후당 등의 대륙세력을 의식하지 않을 수 없었다. 고려가 국서에서 신라에 대해 '존왕'과 '조정'이라는 표현을 쓴 것은 당시의 국제적 상황에 대처하기 위해 거의 불가피한 일종의 외교적 수사였다. 고려의 신라에 대한 실제의 관계형식은 앞에서 검토한 양국간의 실제 의전에서 찾아야 할 것이다. 그것은 군신관계와는 거리가 먼 별개 국가로서의 대등한 빈례적 관계이며, 국력의 면에서 우위에 있었던 고려가 주도하는 위치에 있었다.

단, 고려가 신라를 대등한 빈례 관계의 별개 국가로 인식한 것은 신라를 '삼한일통의식'(三韓一統意識)이라는 우리의식 속에 포함시키는 것과 병행된 것이었다. 삼한일통의식이란 삼국의 후예들을 하나로 묶어 생각하는 일종의 우리의식이다. 고려의 입장에서 그 삼국의 후신들이란 신라, 후백제, 그리고 고구려의 후신을 표방한 고려와 발해였다. 이들은 문화적으로도 주변의 여진, 거란, 한족 등과 구분되는 동질적인 범위로 인식되었다.

삼한일통의식의 기반에서는 삼국의 후신 모두를 포괄하는 범위가 고려와 역사적 연계 관계를 갖는 것으로 관념되는 것이다. 그러나 삼한일통의식의 이면에서는 삼국 후예들인 후삼국의 통일이 다시 중요 과제가 된 것에서 보듯이 세 계열 후예들 사이의 벽이 아직도 남아 있는 속에 삼국 각각의 계승의식이 큰 호소력을 가졌다. 다시 말하면, 동아시아 세계의 타 종족들에 대해 삼국후예들을 한 범위로 묶는 삼한일통의식이 확대되고 있었지만, 그 내부에서는 삼국 후예들이 각기 삼국별 계승의식을 내세우고 각 계열별 일체성을 강조하며 주도적인 위치를 차지하려 경쟁하고 있었다.[52] 바로 그러한 삼국별 계승의식의 하나가 고려의 고구려 계승의식이었다.

무엇보다도 '고려'(高麗)라는 국호에서 잘 나타나듯이 왕건은 고려가 옛 고구려의 영역에서(실제로는 신라에 의해 통합된 고구려의 영역이겠으나) 그 유민들에 의해 건국되었다는 것을 표방하고 있었다. 그 옛 고구려 영역에 세워진 왕조는 궁예의 태봉까지도 합하면 반세기에 걸쳐 신라와 경쟁적으로 병존하였으며, 마침내 신라를 이어받은 것이 아니라 그 신라의 항복을 받아 통합하였다.

특히 앞에서 본 <최응전>(崔凝傳)의 신라통일과 9층탑에 대한 왕건의 언급은 후백제, 신라와 함께 고려가 경쟁하고 있는 시기에 나온 것이어서, 아직 태조나 다른 어느 누구라도 고려가 신라를 이어받은 나라라고 생각할 수 없는 시점이었다.[53] 다만 그가 신라가 삼국을 통일했다는 것을 부분적으로 인정하는 인식을 가졌다는 것은 <최응전>의 자료에서 나타나나, 그것은 신라 계승의식을 가졌다는 것과는 별개의 것이다. 고려는 신라통일로 망한 고구려의 부흥국을 자처했던 것으로 나타나는바, 신라통일을 비판적으로 인정한다는 것은 신라계승의식과는 별개이며, 고구려계승의식과도 연결될 수 있는 것이다. 그리고 혹자는 《삼국사기》의 역사의식을 고려 초까지 소급하여 신라계승의식을 말하는 경우가 있지만, 《삼국사기》의 역사의식은 고려 태조나 건국세력의 의식과는 크게 다른 것이다.(이에 대해서는 뒤에서 논함.)

---

52. 盧泰敦, 1998b <삼한에 대한 인식의 변천: 한국사에서 '우리의식'의 형성과 전개> 《한국사를 통해 본 우리와 세계에 대한 인식》.

53. 위의 사실은 崔凝이 사망한 932년 이전의 일이었다(《高麗史》 世家2 太祖 15년 11월 기축).

2) 고구려계승의식

태조나 건국세력의 주류가 신라계승의식이나 발해계승의식을 가졌다는 것을 보여 주는 자료는 없는 반면, 고구려계승의식을 가졌던 것을 보여 주는 자료는 여럿이 발견된다. 고구려계승의식을 보여 주는 자료는 대부분 기존연구들에서 이미 주목되어 소개된 바 있다. 여기서는 그 자료들의 해석과 관련하여 기존연구를 보완할 사항을 중심으로 검토하기로 한다.

고려의 고구려계승의식은 우선 ㉠ 국호를 '고려'라 한 것에서 나타난다. 고구려 당시에도 '고려'는 '고구려'의 약칭 내지는 이칭으로 사용된 바 있다. 고려시대에도 승려들이 불교사를 서술하는 가운데 고구려를 '고려'라 칭한 것이 보인다. 그리고 고구려가 직접 언급되지 않더라도 삼국시대부터 고려시대까지 아우르는 시대범위의 문제를 언급하는 속에서 당시의 고려는 앞 시기 고구려와 구분하여 '후고려'라 하였다.[54] '고려'라는 국호에는 고려국가가 고구려의 후신이라는

54. 義天, 《大覺國師文集》 권1 <新編諸宗敎藏總錄序>. 眞靜國師 《湖山錄》 권4, <興輪寺大鐘銘幷序>. '후고려'는 고구려계승의식을 보다 강조한 표현으로 보는 견해도 있다(허흥식, 1995 《眞靜國師와 湖山錄》, 민족사, p. 276). 그런데 《三國遺事》에(紀異2 天賜玉帶條 및 塔像4 皇龍寺九層塔條) "後高麗王이 장차 신라를 정벌할 것을 꾀하면서 이르기를, '신라에 三寶가 있어 범할 수 없다고 하는데 무엇을 이름인가?'라 하였다." 함에서 '후고려왕'을 《高麗史》 世家1 太祖 20년 하5월 계축조의 기사와 연결시켜 고려 태조(왕건)로 보는 견해는(박용운, 2006 앞의 책, pp. 17~18) 재고해야 할 것으로 보인다.
《고려사》 태조 20년의 기사는 金傅가 태조에게 옥대를 바친 사실과 그렇게 된 계기에 대한 서술이어서 '후고려왕'의 신라 정벌 모의를 중단시켰다는 《삼국유사》의 설화내용과는 다른 내용이다. 김부가 옥대를 바친 태조 20년의 기사는 <天賜玉帶>條의 서두 부분에 보이는데, 이 부분에서는 김부를 '正承'이라 하고 왕건은 국명을 붙이지 않고 오직 '太祖'라고 지칭하였다. 그런데 그 몇 행 뒤의 서술에서 고려 태조를 '후고려왕'이라고 지칭한다는 것은 납득하기 어렵다.
신라의 삼보가 신라 정벌모의를 중단시켰다는 《삼국유사》의 설화내용과 연결될 만한 '후고려왕'은 궁예가 아닌가 생각된다. 일연은 《삼국유사》 <王曆>에서 궁예가 초기에 국호를 '고려'라 했음을 명시하기도 하였다. 그리고 궁예는 실제 행동으로 옮기지는 못했으나 신라를 '滅都'로 부르게 하는 등 공개적인 신라정벌 의사

의미가 담긴 것이다.

고려가 고구려의 후신이라는 관념은 몇몇 권력층에 국한된 것이 아니라, 고려 건국지역민들의 역사적 자의식으로서의 지역집단의식에 토대를 둔 것이었다. 앞에서 검토한 바처럼 궁예도 건국초기에는 국호를 '고려' 또는 '후고려'라 하였으니, 이것은 고구려유민의식을 갖는 지역민의 인심을 얻기 위한 수단이었다. 궁예는 신라왕실의 서출 출신으로서 '고구려유민'이라는 집단의식·정서·고구려계승의식에 공감할 문화적 사회적 성장 기반을 가지고 있지 않았다.[55] 그러한 그가 건국초기에는 그 집단의식을 이용하고 있다는 것은 그만큼 고구려유민의식의 사회적 세력이 컸음을 보여 준다.

고구려건국에 성공한 궁예는 국호를 904년에 마진(摩震)으로 그리고 911년에는 태봉(泰封)으로 고쳤다. 궁예의 몰락에는 복합적인 요인들이 있지만, '(후)고려'라는 국호의 폐기는 그에 대한 민심의 지지를 약화시켜 반대파에 도움을 주었을 수 있다. 궁예를 몰아낸 왕건은 국호를 다시 '고려'로 확정하였다.

뿐만 아니라 왕건의 지지세력들은 왕건의 출신이 고구려계라는 사실을 그 건국의 정당성과 왕실의 존엄성을 드러내려 한 선대설화에 중요한 요소로 포함시켰다. ㉡ 고려왕실의 세계설화(世系說話)인 《고려사》 <고려세계>(高麗世系)에 인용된 김관의의 《편년통록》(編年通錄)에서 그 선조인 작제건(作帝建)이 '고려인(=고구려인)'이라 한 것이 그것이다. 뿌리 깊은 토호세력이었던 왕건의 집안이 옛 고구려계 주민이라는 것은 가능한 사실이다. 고려왕실의 세계설화의 최초 인물인 호경(虎景)의 출신 연원을 고구려 지역의 백두산이라 한 것도 그것

를 표명한 사실도 있다.

55. 신호철(<5장 태봉의 대외관계>《궁예의 나라 태봉》, 2008, 김용선 편, 일조각, p. 109)은 궁예가 곧 '후고구려'라는 국호를 버리고 마진·태봉으로 국호를 바꾼 것을 보더라도 그의 고구려 계승의식이 확고하지 못하고, 지배이념으로 확립한 것이 아니었다고 하였다.

이다. 호경의 사당(祠堂)이 있었고 그 제사가 행해졌다는 것을 보면, 호경은 지역민이 숭배하는 대상이기도 하였다. 호경은 오래전 과거에 왕건 집안이 속해 있었던 씨족 또는 종족(lineage)의 시조에 해당하는 인물로 보인다. 왕건의 시대에는 이미 그러한 씨족이나 종족들은 해체되었을 것이나, 친속(kindred)으로서의 혈연의식 속에서도 아직은 과도기적으로 먼 과거의 시조에 대한 인식은 잔존할 수 있는 때였다.

왕건의 가까운 선대의 시기에는 지방호족들을 비롯한 새로운 세력들이 흥기하며, 중국의 유명성씨인 망성(望姓)을 끌어다 칭성(稱姓)하는 것이 유행하였다.[56] 세계설화에서 그 선대에 '대당귀성'(大唐貴姓) 운운하거나, 심지어 잠저시(潛邸時) 당(唐) 숙종(肅宗) 운운하는 인물이 들어간 것은 그러한 전단계의 세계설화가 들어간 것이다. 그러나 그러한 세계설화를 구성하면서도 작제건은 '고려인'으로서 변함없이 인식되었다. 그것은 9세기 전후경부터 자리 잡기 시작한 총계적(總系的, cognatic) 또는 양측적(bilateral) 출계 인식에서는 충분히 가능한 것이다.

㉢ 《고려도경》 및 《신오대사》 등 중국의 사서(史書)에서 고려왕실의 선대를 '고려대족'(高麗大族), 즉 '고구려의 대족'이라 하였다. 이것은 《고려도경》이 고려에 대한 견문에 토대를 두었듯이, 고구려 유민이라는 고려왕실의 선대인식에 대한 고려인들의 언급이나 자료에 토대를 두고 서술한 것이다. 따라서 당시대의 고려왕실을 비롯한 고려인들이 고구려계 유민으로서의 인식이 있었음을 주목해야 한다.

'고구려의 대족'이란 표현은 《고려도경》에서 보듯이 중국 측 사신 등의 전문(轉聞)에 의한 것이다. <고려세계>의 세계설화는 김관의의 《편년통록》은 물론 민지(閔漬)의 《편년강목》(編年綱目)에도 약간씩의 표현을 달리하며 수록되고 있다. 그것은 고려시대 당시의 공식적

56. 이순근, 1980 <신라시대의 성씨취득과 그 의미> 《한국사론》 6(서울대); 이종서, 1997 <나말여초 성씨 사용의 확대와 그 배경> 《한국사론》 37(서울대).

인 역사서들에 서술되어 있었다. 그 왕실세계의 출발점인 호경(虎景)은 고구려계 출신으로 '평나산대왕신'(平那山大王神)이 된 신성한 인물로 서술되어 있다. 이 토속신앙과도 연결된 '고구려계 출신 신성한 시조'로 요약되는 내용을 중국사신 등에게 설명한 것이 '고구려의 대족'으로 받아들여진 것으로 해석된다.

<고려세계> 서두에서 《고려사》 찬자가 "고려의 선대(先代)는 사적(史籍)이 없어 알 수 없다."[高麗之先史闕未詳]라 함에서 '사'(史)는 '사적'(史籍) 또는 '기록'의 의미이며, 구전되는 또는 구전을 기록한 선대설화 등과 같은 선대 인식을 포괄하는 광의의 역사를 의미하는 것은 아니다.[57] 선대의 기록이 남아 있지 않다는[先史闕] 것은 선대 당시의 문자기록으로 전해오는 것이 없다는 의미다. 그리고 그것은 '성리학 단계의 합리성'을 추구하는 역사인식에 따라 호경설화 등을 포함한 고려왕실세계설화의 기록은 사료(史料)로 보지 않는 단순 논리로 배제시킨 것이다. 고려시대의 역사서들에 서술되어 왔으므로 불가피하게 세계설화를 《고려사》에 수록하면서도 당시의 역사학 수준으로서는 그 의미를 탐구할 수 없는 때문에 '알 수 없다'[未詳]고 한 것이다.

설화도 그 화자(話者)와 청자(聽者)들에게 의미를 담고 있고, 그 설화가 유통되는 사회 배경이 존재한다. 그러한 의미와 사회배경을 밝히는 것을 통해 그 설화자료도 사료가 된다. 그러한 관점에서 고려왕실 세계설화의 그 당시 의미와 사회배경에 대해서는 ㉡에서도 언급하였다.

㉣ 993년에 서희(徐熙)가 소손녕(蕭遜寧)과 담판하며 고려가 고구

57. 《高麗圖經》, 《新五代史》, 《高麗史》 <高麗世系>의 고려왕실의 선대와 관련된 고구려유민의식을 믿을 수 없다고 부정하는 중국학자들의 견해는 <고려세계>의 서두에 대한 이해에서부터 문제가 있다(楊保隆, 2001 <高氏高麗與王氏高麗无前後相承關係辨識> 《古代中國高句麗歷史論叢》, 黑龍江教育出版社; 孫進己, 1997 <關于高句麗歸屬問題的幾個爭議焦點> 《高句麗渤海硏究集成》, 哈尒濱出版社). 또한 그들의 견해는 설화자료도 역사성을 갖는 것에 대한 이해나 고려세계설화가 성립되는 사회적 배경에 대한 이해가 매우 부족하다.

려의 계승자임을 알리고 설득하였다.[58] 소손녕과 서희의 논쟁은 다음과 같이 전한다.

> 소손녕이 서희에게 말하였다. "그대의 나라는 신라의 땅에서 흥하였고, 고구려의 땅은 우리의 소유인데 너희가 침식하였다."(하략) 서희가 말하였다. "그렇지 않다. 우리나라가 곧 고구려의 舊(邦)이다. 그러므로 국호를 高麗라 하고, 平壤을 都로 삼았다."(하략)[59]

소손녕은 자신들이 고구려의 옛 땅을 소유한 것을 들어 고구려에 대한 연고권을 주장하였다. 이에 대해 서희는 고려가 고구려의 구방(舊邦) 즉 '오래 전해 내려오는 나라'로서 고구려의 총체적인 오랜 전승자(傳承者)임을 말하였다. 서희가 말한 '고려가 고구려의 구방'이라 함은 고구려의 옛 영토인 고려의 건국지역, 그 유민, 그 문화전통, 도읍 등이 총체적으로 계승된 것이 고려임을 말한 것이다. 이러한 서희의 주장을 거란도 받아들였던 것이니, 서희가 돌아와 성종에게 보고한 말이 다음과 같이 전한다.

> 서희가 돌아와 아뢰었다. "신과 손녕이 약조하기를 '여진을 평정하고 옛땅을 收復한 연후에 (거란에) 朝會를 가히 통할 것이다'고 하였습니다. 이제 겨우 강내(압록강 남쪽)만을 수복하였으니, 청컨대 강외를 (압록강 북쪽) 얻기를 기다린 후 사절을 보내도 늦지 않습니다."[60]

위와 같은 양국 간 합의에는 고려와 송의 관계를 단절시키고 고려와 거란의 통교를 실현시키려 한 거란의 의도도 작용했을 것이다. 그런데 고려의 압록강 남쪽 개척을 자신들의 강역을 침범했다고 주장

---

58. ㉠~㉣의 자료는 다음의 논문에서도 고려의 고구려계승의식을 보여 주는 자료로 인용된 바 있다. 朴漢卨, 1977 <高麗 王室의 起源: 高麗의 高句麗繼承理念과 관련하여> 《史叢》 11·12합집.
59. 《高麗史》 列傳7 徐熙傳.
60. 위의 책 徐熙傳.

하던 거란이 오히려 압록강 북쪽 지역에 대한 고려의 수복까지 인정한 것은 고려가 고구려의 후신이라는 것을 받아들이지 않고는 성립하기 어려운 일이다.

ⓜ 태조 16년에 후당이 고려 태조를 책봉하는 조서(詔書) 중에 다음과 같이 고구려를 계승한 국가라는 것을 의미하는 구절이 있다.

> 朱蒙이 나라를 연 祥瑞를 계승하여, 그 군장이 되었다(踵朱蒙啓土之禎 爲彼君長).[61]

이는 고려가 공식적으로 고구려 계승국을 표방함에 대해 후당이 외교문서로 공식적 인정을 한 것이다. 이 무렵 이후 한족(漢族) 왕조에서는 고려를 고구려의 계승자로 보는 인식이 광범하게 자리 잡게 되었다.

ⓑ 성종대에 최승로가 태조의 정치를 평하면서 다음과 같이 언급한 것을 볼 수 있다.

> 金雞(신라)가 스스로 멸망하는 때를 만나, 丙鹿(고구려)이 再興하는 運勢를 타고, 고향을 떠나지 않고 闕庭을 지었다(於是, 値金雞自滅之期, 乘丙鹿再興之運, 不離鄕井, 便作闕庭).[62]

위에서 '병록(丙鹿: 고구려)이 재흥(再興)하는 운세(運勢)'라는 언급은 고구려의 부흥을 말하는 것으로, 이는 고려가 당시에 고구려의 재흥국가, 고구려 계승국가를 표방했던 것을 보여 주는 것이다.[63] 이 자료는 고려조정 내부의 인식을 보여 주는 것으로 서희가 소손녕에게 고구려계승국을 표방한 것에 대해 일부 연구자들이 주장하는 바처럼 외교적인 필요에 의해 임기응변으로 한 말이 아니라는 것을 보

---

61. 위의 책 世家2 太祖 16년 춘3월 신사.
62. 위의 책 列傳6, 崔承老傳.
63. 趙仁成, 1994 앞 논문.

여 주는 자료다. 고려건국지역 세력은 물론 신라계출신인 최승로도 고려를 고구려의 재흥국으로 언급하고 있는 것을 주목해야 한다.

고려가 '고구려의 재흥'이라는 서술은 태조 왕건이 건국한 고려국가의 역사적 정체성을 규정하는 내용이다. 따라서 그것은 고려왕실과 왕권이 정치를 이끄는 상황에서 일개 신하인 최승로가 개인적 생각으로 할 수 있는 말이 아니다. 특히 신라계출신들이 후대에까지 끈질기게 신라를 내세우며 그 계승의식을 제기하는 경향을 감안하면 신라계출신 최승로가 개인적인 생각을 표출한 것으로 보기는 극히 어렵다. 위 자료의 고구려재흥국(高句麗再興國)으로서의 정체성의식은 당시 고려조정에 일반화된 공식적인 역사의식을 반영한다.

㉦ 태조 왕건대 이래로 서경에 정치-군사 면에서 개경에 버금가는 실질적 기능과 격을 부여했을 뿐만 아니라, 고구려 옛 수도의 전통을 되살리고 있었다. 왕건은 즉위한 918년 9월에 여러 신료들에게 유시하기를

> "평양이 '古都'(고구려의 옛 도읍)인데 황폐한 지 오래지만 (궁성의) 터가 아직도 남아 있다."(하략)

라고 하고, 대도호부(大都護府)를 설치하였다.[64] 그리고 직후 평양은 대도호부에서 서경으로 승격되었다. 6개월 후인 919년 3월에

> (전략) 兩京의 탑, (神)廟, 肖像의 피폐화되고 파손된 것을 모두 수리하게 하였다.[65]

라고 하여, 양경이 이미 설치된 것으로 나타난다. 양경은 개경과 서경을 일컫는 것이다. <지리지>에도 평양은 '얼마 안 있어 서경으로

64. 《高麗史》 世家1 太祖 원년 9월 병신.
65. 위의 책 世家1 太祖 2년 3월.

되었다'고 하였는데,[66] 도호부를 설치한 지 6개월 이내에 서경으로 바뀌어 개경과 함께 양경을 이룬 것이다.

여기서 한 가지 더 주목되는 것은 양경, 특히 서경의 탑, 신묘, 초상을 수리한 것이다. 평양이 고구려 멸망 후 폐허 상태로 내려오고 있었으므로 이때 수리된 평양의 신묘나 초상 등은 본래 고구려대로부터 내려온 것일 수밖에 없다. 그 실체로서 현종 2년(1011)에 훈호(勳號)를 가한 평양의 목멱(木覓), 교연(橋淵), 도지암(道知), 동명왕(東明王) 등의 신(神)이 발견된다.[67] 서경은 신설되는 도시가 아니라, 고구려의 전통을 잇는 옛 고구려 도읍의 부활을 지향하고 있었다.

옛 고구려의 도읍으로서 그 전통을 간직한 신묘들이 다시 중요시됨과 동시에 서경은 고려 초 당시에 유행하던 풍수지리사상에 따라서도 신성한 중심지로 부각되고 있었다. 왕건은 후세의 왕들에게 당부한 훈요(訓要)에서 서경은 수덕(水德)이 순조로운 국가 지맥(地脈)의 근본이며, 대업(大業)을 만대에 이어가게 할 땅이라 하였다.[68]

실제로 서경은 임금이 매년 또는 자주 순수하여 상당기간 머물며 정령(政令)을 포고하기도 하는 곳이 되었고, 궁성과 관부가 설치되고 서경기(西京畿)가 설치되었다. 국가단위의 대제전(大祭典)인 팔관회 역시 개경과 함께 서경에서 개최되었다.[69]

고구려의 부흥국가를 추구한 고려 건국세력은 고구려의 옛 도읍을 고려의 제2수도로 삼았을 뿐만 아니라, 서경을 제1수도로 삼는 천도(遷都)를 추진한 적도 있었다.[70] ㉣에서 보았듯이 993년에 서희가 소손녕을 설득하며 서경을 도(都)로 정했다고 한 것도 이와 같은 실제

---

66. 위의 책 志12 地理3 西京留守官平壤府.
67. 위의 책 世家4 顯宗 2년 5월 정해.
68. 위의 책 世家2 太祖 26년 4월 계묘 訓要 其五.
69. 고려 양경의 팔관회 의식에 대해서는 안지원, 2006 《고려의 국가 불교의례와 문화: 연등·팔관회와 제석도량을 중심으로》 제3장 참조.
70. 《高麗史》 世家2 定宗 4년 3월 병진.

적 사실들이 있기에 고구려계승의 근거로 제시된 것이었다.

고려의 고구려계승의식은 신라 계승의식과 배치되는 것이다. 그 고구려계승의식은 다음과 같은 점에서 현대인들에게 이상하게 보일 여지가 있다. 첫째 고려의 영토에 옛 고구려의 중심부를 포함한 그 영토 일부가 포함되나 통일신라의 영토범위를 주축으로 하였다는 점, 둘째 시간적으로도 고구려 멸망 이후 고려 건국까지 200년이 넘는 간격이 있다는 점이다. 뿐만 아니라 현대의 한국사개설들에서도 모두 통일신라에서 고려로 이어지는 역사로 서술하고 있으니, 고려의 고구려계승의식을 어떻게 이해해야 할까?

단일 사회로의 일체 의식이 삼국유민의식을 극복하는 단계에 이른 것은 고려중기 이후였다. 그리고 근대에 들어와 발달한 민족이념에 의해 더 한층 단일체로서의 인식을 강화한 과정을 거쳤으니, 현대 한국인들로서는 통일신라나 나아가서는 삼국 모두를 '우리'의 역사로 당연히 인식을 하게 된다. 그러나 고려전기 이전으로 올라가면, 옛 삼국주민들 간에는 고려중기 이후와 달리 단일체로서의 집단의식이 삼국유민의식을 누를 만큼 강하지 못하여, 고려전기까지도 정체성(正體性) 인식에 후자가 강하게 작용한 것이다.

앞의 1절에서 검토한 바처럼 삼국주민들 간에는 각기 다른 문화적 특색과 정서가 존재하였다. 그리고 무엇보다 골품제를 고집한 신라와의 관계에서 정복자와 피정복민의 관계가 해소된 융합이 제대로 이루어지지 못한 상태에서 신라국가 지배체제가 붕괴된 것이다. 고구려나 백제 지역의 주민들에게는 통일전쟁 당시의 적개심과 피정복민의 처지에서 쌓여 온 신라국가에 대한 반감이 상당히 존재했던 것이다.

신라에 대한 이러한 반감은 그만큼 옛 고구려지역주민들을 기반으로 건국한 고려의 역사적 정체성 인식을 신라와 연결 짓기 어렵게 하였다. 그리하여 패망한 고구려의 유민들에 의한 고려를 고구려의 부흥국으로서 자처하고, 고구려를 계승하는 역사인식을 성립시켰던 것이다. 고려사회에 삼국유민의식을 극복한 역사계승의식이 자리 잡기까지는 좀 더 오랜 세월이 필요하였다.

고려 초 이래의 고구려계승의식은 12세기부터는 큰 변화를 보게 되었다. 고려사회 안에서는 고구려유민의식에 기초하여 동류로서 받아들인 발해유민들이 그 흔적이 잘 드러나지 않을 정도로 동화되었다. 남만주지역에서는 발해유민의 현저한 감소로 인하여 12세기부터는 발해유민과의 접촉은 거의 과거사가 되어 버렸다. 이것도 고구려유민의식의 또 하나의 현실적 근원을 사라지게 하였다. 또한 삼국 후예들의 융합이 진전되면서 삼한일통의식이 더욱 확고하게 사회적으로 자리 잡아 갔다. 그에 따라 삼국별 계승의식의 분립적 이념은 사회적 공감을 받기 어렵게 되었다.[71] 삼국유민의식은 지방에서는 국가적 통일성과 공존하는 향토의식 수준으로 축소되며 전환되어 갔다.

이러한 삼한일통의식의 발달과정에는 김부식일파처럼 옆길로 빠지려는 움직임도 있었다. 12세기에는 고구려 계승의식과 연계되었던 북진정책은 국내외의 정치·외교적 상황의 변화에 따라 탈색되어 갔다. 강대국과의 사대주의적 평화공존을 표방하는 김부식류의 유학자 세력들이 득세하면서 신라에 의한 삼국통일이 강조되고, 그에 따른 신라계승의식이 지배층의 일부에서 정면으로 제기되기도 하였다.

묘청란 토벌의 군사통수권을 맡은 틈을 타서 정적들을 쿠데타적인 방식으로 제거하고 왕까지 그의 눈치를 보게 할 정도의 권력을 장악했던 김부식은 1145년에 《삼국사기》를 편찬하면서 고려의 역사적 정체성을 새로이 설정하였다. 그는 고구려의 영토와 주민의 대부분이 통합되지 못하여 발해가 건국되었지만, 신라가 삼국을 통일했다는 것

71. 閔賢九, 1989 <高麗中期 三國復興運動의 역사적 의미> 《한국사시민강좌》 5.

을 과장하는 신라인들의 관점에서 발해사를 무시하고 역사를 서술하였다. 더구나 그는 더 나아가 삼국 중에서 역사적 정통이 신라로 이어지는 것으로 보았으며, 그 정통이 고려로 이어지는 것으로 서술함으로써 고려가 신라를 계승한 것으로 설정하였다.

이것은 그의 역사서술에서 발해사가 배제되는 것으로 나타났다. 더구나 그는 유교의 사대 예법의 실행을 주장하였고, 큰 나라와 작은 나라가 유교의 예법에 기초한 국제질서 속에 평화롭게 공존해야만 한다는 믿음을 가지고 북진정책을 부정하는 입장을 견지하였다. 이것 역시 그가 고구려 계승 의식과 발해사를 한국사에 포함시키는 역사의식 모두를 거부하게 하는 것이었다. 《삼국사기》는 신라계승의식을 정면으로 대두시킨 면에서 고구려계승의식의 일방적인 주도에 제동을 걸고, 그와 병렬하는 신라사계승의식을 제기한 의미를 갖는다. 그러나 그 역시 삼국 중의 하나인 신라를 중심으로 한 역사의식을 탈피하지 못함으로써 삼국유민의식을 극복한 역사의식을 성립시키는 과제의 해결에는 미치지 못한 것이었다.

그러한 《삼국사기》의 한계는 《구삼국사》를 보다 발전적으로 해석하고, 고구려의 건국신화인 동명신화를 새롭게 해석한 이규보의 비판을 받는 계기가 되기도 하였다. 이규보의 <동명왕편>이 고려의 전통적인 고구려계승의식을 고구려 정통론 차원에서 다시 표명하고 확인한 의미를 갖는다는 것은 인정될 수 있다.[72] 그러나 그는 삼국 중 한 왕조인 고구려만의 정통론을 내세우는 것에 그치지 않고 신라사에 대해서도 보다 대등한 관점에서 이해하고 있었다.[73] 이규보의 문집 50여 권에 수록된 2,000편이 넘는 전체 글들 중에서 고구려를 유일하게 정통으로 파악한다거나 고구려를 삼국 중 다른 나라에 비

72. 朴菖熙, 1969 <李奎報의 東明王篇詩> 《歷史教育》 11・12합집; 박용운, 2006 앞의 책 p. 106.

73. 盧明鎬, 1997 <東明王篇과 李奎報의 多元的 天下觀> 《震檀學報》 83.

해 특별히 평가하는 글들은 발견되지 않는다. 신라와 백제에 대한 평도 주로 태조 왕건의 후삼국 통일과 관련된 사실들을 언급하는 선에 머물고 있어서, 삼국시대의 백제·신라를 폄하한 글은 발견되지 않는다. 오히려 이규보는 삼국시대의 신라에 대해서도 천년 왕업과 성왕(聖王)의 통치를 말하고 난생신화(卵生神話)를 말하여 신라의 역사적 전통이 신성함을 드러내는 글을 썼다.[74] 이규보는 삼국유민의식을 극복한 체계적인 역사의식을 제시하지는 못하였지만, 몇 가지 면에서 《삼국사기》보다 한 단계 앞선 가능성을 보여 주었다.

발해사와 관련하여서도 다음 Ⅳ장에서 보는 바처럼 《삼국사기》와 다른 역사인식들이 그 후 계속 제기되고 있었다.

3. 소결

삼국통일 전쟁이 남긴 피정복민의 상처와 정복자에 대한 반감은 백제유민과 고구려유민의 집단적 기억 속에 깊이 새겨져 옛 유적들의 내력과 함께 신라 말까지 전해 내려왔다. 신라의 사회통합 노력은 통합된 경제 관계망 등에서는 성과를 거두었으나, 골품제에 입각한 신라국가의 체제는 피정복 지역민을 권력의 중심부에서 배제하는 차별적인 체제여서 정복자와 피정복자 사이의 반감과 피해의식이 상당부분 지속되는 면을 남길 수밖에 없었다.

문화적으로도 옛 백제와 고구려지역에는 각각 고대로부터 내려오는 전통이 있었다. 백제시대의 석탑 양식이 백제 멸망 후 2세기 이상이 경과된 신라 말 이후 옛 백제지역에서 널리 조성되고 있었다. 옛

74. 이규보는 신라왕의 외손이라는 吳世文 등에게 준 300韻의 장편의 詩에서 신라의 역사를 칭송하는 내용을 길게 읊는 중에 '千年開際會 / 累聖享雍熙 / 肇制宮懸樂 / 初陳蕝纂儀'라 하였다(《東國李相國全集》 권5, 次韻吳東閣世文呈誥院諸學士三百韻詩 幷序). 또한 太子妃(후의 元宗妃 順敬太后 金氏)의 선대에 대해 언급하며 '享國千年 紫卵王孫之世家'라 하였다(위의 책 권33 太子嘉禮 敎書).

고구려의 동명숭배가 한반도 중북부권에 강한 세력을 가지고 지속되고 있었으며, 고려 태조 왕건의 동상양식도 동명상(東明像)의 양식을 따를 정도로 그 영향은 막강하였다. 두 지역에는 과거 백제와 고구려로부터 내려오는 유적과 전설, 토속신앙, 지방음악 등의 민속 예술들이 전해오고 있었다. 이러한 문화적 정서적 공통 기반은 반드시 분립성을 갖는 것이 아니라, 문화적 다양성으로 존재할 수도 있는 것이다. 그러나 그것은 삼국유민들이 정치·사회적으로 상호 대립하며 각각이 단합될 때에는 그 분립성에 큰 힘을 더해 줄 수 있는 것이었다.

889년경 신라국가의 통치력이 붕괴하여 무정부상태에 빠진 후 각지에 지역자위공동체들이 일차적인 생존 수단으로 대두하였으나, 한반도 전역을 휩쓰는 수많은 군웅들 간의 세력경쟁과 약탈전을 진정시키기 위해서는 보다 큰 정치적 단위가 필요했다. 이미 삼국시대 이후 오랜 기간 발달해 온 지역 간 경제망의 복구와 안정을 위해서도 그것은 필요하였다. 이러한 당시의 정치적 통합의 필요성에서 견훤, 궁예, 왕건과 같은 당시의 영웅들에게 옛 백제나 고구려의 지역민심이 쏠리게 되었다. 그리고 그 지역단위의 정치적 통합에서 그들을 규합하는 구심력이 된 '우리'의식이 삼국유민의식이었다.

견훤과 궁예는 각각 백제와 고구려의 구원(舊怨)을 갚고 그 부흥국을 세우겠다는 것을 표방하며 지역민심을 얻었다. 그러나 양인 모두는 그들이 신라인출신임이 알려졌을 때 각각 백제유민의식과 고구려유민의식에 호소하는 데 어려움을 겪을 수밖에 없었다. 특히 서출일지라도 신라왕실의 후예였던 궁예는 그러한 면에서 더 불리하였다. 역사서에서는 궁예의 신라에 대한 광망(狂妄)스러운 과장된 행동들이 그의 개인적 성품과 원한에 의한 패륜성으로 치부되고 있다. 그러한 면도 일부 있을지 모르나, 그것은 고구려유민출신 토착세력들이 잠재적 경쟁세력으로 온존하는 속에서 자신과 신라와의 단절성을 과시하려는 궁예의 힘든 몸짓을 그를 몰아낸 세력이 그 부정적인 일부만 부각시킨 결과였던 것으로 보인다. 왕건이 진무(鎭撫)한 나주일대, 옛 백제의 남부지역 주민들이 왕건의 후비(后妃)를 배출하며 고려와 연결되면서, 견훤의 후백제에 합류하지 않은 것에도 그러한 면이 엿보인다. 신라출신 견훤이 표방한 옛 백제를 부흥하자는 구호가 고려의 왕실과 외척관계로 연결된 나주일대 세력을 설득하기에는 호소력이 약할 수밖에 없었다.

삼국유민의식에 입각한 후삼국의 성립, 그리고 그 재통일 과정에서 빚어신 전쟁과 정쟁의 상처는 삼국유민의식의 생명력을 연장시켜 주었다. 고려국가 내에서도 삼국유민의식은 상당기간 존속하며 작용하고 있었다. 11세기 초 거란의 침입을 피해 몽진한 현종 일행은 후백제지역으로 행차하는 것을 꺼렸다.

고구려유민집단들이 주도하여 건국한 고려국가는 고려 초부터 고구려계승의식을 가지고 있었다. 고구려의 계승자를 표방한 발해에 대해서 고려는 고구려의 한 지파로 인정하며, 고려가 발해왕조의 정통계승자 집단을 통합했다는 인식을 가졌다. '고려'라는 국호를 비롯하여, 고려왕실의 선대를 고구려인이라 하였다. 이것은 송나라나 거란에도 그대로 표명되어 외국인들도 공식적으로 고려를 고구려의 계승국이라고 하였다. 고려 초의 고구려계승의식은 고려왕국의 공식적 역사의식으로 강력한 힘을 가지고 있어서, 10세기 말 신라계출신 최승로도 고려의 건국을 '금계(金鷄: 신라)가 스스로 멸망하고, 병록(丙鹿: 고구려)이 재흥한 것'이라 하여, 고려의 고구려계승의식을 그대로 표현하였다.

고려 영토의 상당부분이 통일기 신라의 영토였고, 고구려 멸망 후 200년이 넘는 간격을 뛰어넘은 고구려계승의식은 현대인들에게 이상하게 보일 수도 있다. 삼국유민의식의 소멸단계를 넘어 근대의 민족이념을 거친 현대 한국인들에게는 삼국 모두가 '우리'의 역사로 다가

올 수 있다. 하지만 삼국유민의식이 강하게 존재하였던 당시에 고구려유민들의 역사적 정체성 인식은 신라를 과거의 '우리'로서 인식하기 어려웠던 것이고, 고구려를 과거의 '우리'로 인식하는 것이 자연스러웠던 것이다. 물론 당시에도 한편으로는 삼국유민들을 하나의 통일체로 관념하는 삼한일통의식이 성장하고 있었지만, 정체성인식에서 아직 삼국유민의식을 누를 만큼 큰 힘을 갖지는 못하였던 것이다.

고려 초 이래의 고구려계승의식은 12세기 중엽에 사회 일각으로부터 큰 도전을 받았다. 김부식은 정적들을 쿠데타적인 방식으로 제거하고 왕까지 눈치를 보게 할 정도로 권력을 장악한 상태에서 《삼국사기》를 통해 신라를 정통으로 하며 고려의 신라계승을 표명하였다. 그리고 발해를 '우리'역사의 범위에서 제외시켰다. 《삼국사기》의 역사의식은 고구려유민계에서 주도된 고구려계승의식의 일방적 주도에 제동을 걸고, 그와 병렬하여 신라계승의식을 제기한 의미를 갖는다. 그러나 그 역시 삼국 중 하나인 신라를 중심으로 그에 편중된 역사의식에 머물러 삼국유민의식을 극복한 역사의식을 성립시키는 단계에는 미치지 못하였다. 그리하여 그 후 이규보 등의 비판을 받게 되며, 삼한일통의식의 진전이 이루어진 단계에서 신라에 편중된 것을 벗어난 역사인식은 그것과 크게 다른 체계를 가질 수밖에 없었다.

13세기 초까지도 지방민란들에서 삼국부흥이 표방된 것이 나타난다. 그러나 이때의 삼국부흥운동은 지방하층민들이 중앙정부와 연결된 지배층의 수탈에 저항하는 계급적 충돌로서의 민란의 성격을 띠었으며, 후삼국시대와 같은 삼국유민단위의 결집력을 갖기 어려웠다. 골품제에서와 달리 고려국가는 중앙관리층에 전국의 토호세력들이 참여할 제도적인 통로를 마련하고 그들의 참여를 활성화시켜 고려중앙관리층은 전국적인 지역출신을 포괄하였다. 또한 지방에 잔류한 토호세력도 호장층으로 편성하여 역시 지배층에 편입시켰다. 비록 중앙 관리층과 토호층 사이의 갈등관계도 있었지만, 그보다는 지배층으로서의 계급적 공동 이해관계가 훨씬 컸고, 그에 따른 결속력이 국가단위를 지속시키는 강력한 힘으로 성립되어 있었다.

이 시기 삼국부흥운동은 하층민들의 불만세력이 주축이었고, 그 지역 출신 관인을 포함한 지역 지배층들은 많은 수가 그들을 진압하는 편에 섰다. 삼국부흥의 표방은 그 내부의 계급적 이질성으로 인하여 큰 설득력을 갖기 어려웠다. 고려국가 단위의 사회통합이 진전됨에 따라 13세기 초 삼국부흥 표방의 실패를 끝으로 삼국유민의식은 사회적 집단의식으로서는 그 의미가 극히 축소되어 사실상 사라지게 되었고, 역사의식과 관련된 잔영만을 일부 남기게 되었다.

14세기 원나라의 압제를 거치며 중앙정부의 통치력이 극히 약화된 14세기 말의 정치적 혼란과 왕조가 바뀌는 과정에서도 후삼국시대와 같은 분열의 조짐은 없었다. 왕씨에서 이씨로 왕실이 바뀌고 정치사회적 일련의 발전적 전환은 있었지만, 지배층은 물론 피지배층 속에서도 국가사회의 단일성은 공고하였다.

20세기 후반 이후 현대에 북한은 고구려, 호남은 백제, 영남은 신라를 내세우는 역사의식은 역사적으로 연속되어 전해내려 온 것이 아니다. 삼국유민의식과 함께 그에 연결되는 분립적인 역사인식은 13세기 이후 무덤 속에 들어가 잠들었다. 현대에 나타난 삼국유민의식은 실체 없는 유령과도 같은 것이다. 그 망령을 다시 살려 내도록 불을 붙이고 기름을 붓고 있는 것은 20세기 후반 이후 한반도 정치지도자들의 권력욕에 따른 교묘한 책동과 지역이기주의에 입각한 제로섬게임에 점점 더 몰입하게 된 한국인들의 정치의식이다.

Ⅳ. 삼한일통의식과 고려국가

1. 고려건국세력의 삼한일통의식

신라통일기를 거치는 동안 국가 단위 영역 내의 사회적 통합이 점차 진전됨에 따라, 신라 중앙세력이 표방하기 시작한 삼한일통의식은 골품제의 제약 속에서나마 조금씩 뿌리내리게 되었다. 삼한(三韓)은 본래 마한, 진한, 변한을 의미하는 것이나 신라통일기에 들어와 삼국을 의미하는 말로 바뀌어 사용되기 시작하였다. '삼한일통의식'은 삼국이 통합되었다는 것이고, 나아가 삼국주민이 하나라는 의식이다. 고구려가 신라를 '동이'(東夷)로 지칭하는 바와 같은 삼국주민 간의 극심한 차별의식은 신라의 통일 후에는 지역사회들 간의 사회·경제적 관계망의 발달과 병행하여 삼한일통의식으로 조금씩 대치되어 갔다.[1] 그러나 신라시대 말기까지도 삼한일통의식이 삼국유민의식을 극복하지는 못하였다.

그 결과 신라정부 통치력의 와해를 계기로 후삼국으로 재분열됨으로써 삼국유민의식이 삼한일통의식을 압도하는 상황이 되었다. 그러

1. <中原 高句麗碑>에서 신라왕을 '東夷 寐錦'이라고 지칭하였다(한국고대사회연구소 편, 1992 《譯註 韓國古代金石文》 제1권 p. 44).

나 통일신라기에 발달한 사회·경제적 관계망의 붕괴에 따른 문제와 후삼국 간의 대립·전쟁이 초래하는 희생과 부담은 삼국유민들을 분립적 삼국유민 단위의 '우리'의식 속에 안주할 수 없게 하였다. 그에 따라 후삼국시대에도 삼한일통의식은 새로운 탄력을 받아 공감의 기반을 넓혀 가면서 새로운 통일의 당위성을 제기하는 바탕이 되었다. 후삼국이 성립된 후에도 후삼국 모두는 그 분열 상태를 그대로 고착시킨 안정을 당연한 것으로 받아들이지 않았으며, '삼한'의 재통합이 거듭 천명되었다. 그리고 그 삼한의 재통합은 고려에 의해 이루어지게 되었다. 고려국가의 국가단위 집단의식은 삼한일통의식에 뿌리를 두고 성립되어 있었다. 그러나 고려시대의 삼한일통의식은 몇 가지 면에서 유동성을 가졌다.

그 한 가지는 앞의 Ⅲ장에서 검토한 바처럼 삼국유민의식의 분립성이 고려시대에 들어와 점차 극복되어 가고 사회통합이 진전되어 가는 것에 따른 삼한일통의식의 시기별 발전이라는 유동성이다. 삼한일통의식의 진전과 함께 '삼한'의 의미는 '셋이 모인 하나'에서 내부의 셋의 존재에 대한 의미가 사라지고 그 자체로 '온전한 하나'의 통칭으로 바뀌게 되었다. 그리하여 삼한은 해동(海東), 동방(東方), 청구(靑丘), 진단(震檀)이라는 별칭과 동의어가 되기에 이르렀다.[2] 한편 시기별 발전과 다른 유동성도 있었으니, 그 한 가지는 서로 다른 내용을 갖는 삼한일통의식이 병존하며 대립하는 것에 따른 유동성이었다.

고려시대의 삼한일통의식은 단일성을 확립하지 못하고 서로 다른 내용을 갖는 삼한일통의식들이 대립하고 있었다. 그 대표적인 한 가지는 고려건국세력계열과 신라계열의 삼한일통의식의 대립이었다. 두 계열의 대립은 두 가지 면에서 상충되는 삼한일통의식을 가지고 있었다. 하나는 발해유민을 삼한일통의 범위에 포함시키는지의 여부 문

2. 노태돈, 1998b <삼한에 대한 인식의 변천: 한국사에서 '우리의식'의 형성과 전개> 《한국사를 통해 본 우리와 세계에 대한 인식》.

제였다. 그리고 다른 하나는 삼한일통을 인정하면서도 고려가 고구려를 계승한 것인가 신라를 계승한 것인가 하는 역사계승의식의 대립이었다.

고구려유민들에 바탕을 둔 고려건국세력계열은 고구려계승의식을 가지고 있었고, 역시 고구려계승의식을 갖는 또 하나의 집단인 발해유민들을 동류(同類)로 인식하며, 신라나 백제유민들에 준하여 삼한일통의 범위에 포함시키고 있었다.[3] 고려 지배층의 발해유민에 대한 동류의식은 몇 가지 사실들을 통해서 나타난다.

《자치통감》에 의하면 고려 태조는 승려 말라(襪囉)를 통해 후진(後晉) 고조(高祖)에게 거란을 협공할 것을 제의하면서 발해를 지칭하여 '아혼인'(我婚姻)이라 하였고, 그에 인용된 《속통감》에 의하면 '오친척지국'(吾親戚之國)이라고 하였다.[4] 이에 대해서는 몇 가지 해석이 있었지만, 양국 사이의 '동족의식'을 그렇게 표현한 것이라는 해석이 대체로 타당한 것으로 보인다.[5] 단, 동족의식을 넓은 의미에서 대략적으로 사용한다면 그대로 그렇게 보아도 무방할 것이나, 고려 내부의 고구려유민의식을 갖는 집단들과는 구분되는 의식도 병존한 면을 고려하여 여기서는 그것을 동류의식이라고 지칭하겠다. 태조는 몇 년 후인 942년에 거란 사신을 유배 보낸 사건에서도 발해에 대한 각별한 생각을 공표한 바 있다.

물론 말라(襪囉) 사건이나 거란사신 유배사건이 순전히 태조의 발해에 대한 동류의식이나 그에 따른 감정에서 비롯된 것은 아니다. 태조는 이 두 사건에서 정치외교적인 일련의 중대한 선택을 하였고, 그를 통해 주위의 여러 세력들과 거란에 공동 대처하는 연대를 이끌어 내려고 의도하였다(다음 Ⅴ장에서 상론함). 그런데 그러한 정치적 의

3. 노명호, 1998 <高麗 支配層의 渤海遺民에 대한 認識과 政策> 《汕耘史學》 8.
4. 《資治通鑑》 권285 開運2년, 10월조 및 그에 대한 注로 인용된 《續通鑑》의 기사.
5. 宋基豪, 1995 《渤海政治史硏究》, 일조각, pp. 200~203.

도가 있었다 해도, 두 사건에서 허위로 발해에 대한 동류의식을 내세운 것은 아니다. 뒤에서 보는 바처럼, 왕건은 당시 고려와 발해가 문화·종족·역사 등에서 실제의 공통적 기반을 갖는다는 사실에 기반을 두고 발해유민들을 비롯한 주변의 세력들에게 고려의 의지를 보이려고 한 것이었다.

고려 지배층의 발해유민에 대한 동류의식은 발해유민들과 말갈의 후신인 여진(女眞)에 대한 고려의 대응을 비교해 보아도 나타난다. 고구려계 주민과 말갈은 함께 발해를 구성했던 사람들이지만, 고려에서는 고구려계인 발해유민만을 '발해인'으로 부르고 여진과 엄격히 구분하며, 양자를 대하는 태도가 크게 달랐다.

태조 왕건의 경우도 발해를 '친척'으로 지칭하고 그 유민을 우대하여 무제한적으로 받아들이는 반면에, 여진인에 대해서는 그들을 위한 관(館)을 세우는 등 포섭 정책을 취하면서도 그들이 '인면수심'이니 경계하라고 하며 그들을 위한 관(館)을 성 밖에 세우게 하는 등 거리를 두었다.[6] 발해와 여진에 대한 이러한 인식은 후대에도 계속되었다. 《고려사》에는 고려 초부터 12세기 전반까지 발해인의 내투기사가 나타나는데, 거란족은 물론 여진족과 분명히 구분하여 기록하고 있다. 고려에서는 내투해 오는 여진 집단들의 경우는 내지(內地)의 군현에 정착하도록 받아들인 경우도 있기는 했으나 북방의 양계(兩界) 또는 국경지역에 자치적인 촌락이나 기미주(羈縻州)의 형태로 정착시키는 것이 대체적인 원칙이었다.[7]

---

6. 是歲 詔有司曰 北蕃之人 人面獸心 飢來飽去 見利忘恥 今雖服事 向背無常 宜令所過州鎭 築館城外 待之(《高麗史》 世家2 太祖 14년); 《高麗史節要》 권1 동년조
7. 내투여진에게 허용된 거주지역에 대해서는 주로 남부지방이었다는 견해도 있었다. (金庠基, 1959b <女眞關係의 始末과 尹瓘의 北征> 《國史上의 諸問題》, 《東方史論叢》 재수록; 羅滿洙, 1983 <高麗前期 對女眞政策과 尹瓘의 北征> 《軍史》 7; 李根花, 1988 <高麗前期의 女眞招諭政策> 《白山學報》 35). 그러나 대개 주로 북방의 양계지역 등 변경지대였다고 보아야 할 것으로 생각된다(南仁國, 1986 <高麗前期의 投化人과 그 同化政策> 《歷史敎育論集》 8; 金南奎, 1995a <高麗前期

왕건의 삼한일통의식에서 보는 바처럼 고려 지배층이 후삼국의 신라 및 후백제와 경쟁을 하면서도 문화적으로, 역사적으로 동류의식을 가졌다고 할 때, 후백제·신라에 대한 동류의식과 발해인에 대한 동류의식에는 큰 차이를 발견하기 어렵다. 왕건을 비롯한 고려초기 지배층의 발해유민에 대한 대응과 후삼국의 다른 두 나라 사람들에 대한 대응을 비교한다면 별 차이가 없었다.

발해세자 대광현(大光顯)이 대규모의 발해유민을 이끌고 고려에 내투하였을 때, 고려 태조는 그에게 왕족의 성인 왕씨를 사성하고, 왕족의 명부인 종적(宗籍)에 올리게 하여 왕족으로 대우하였다. 태조는 그를 왕경에 가까운 지역에 살게 하고, 발해의 종묘(宗廟) 제사를 계속 받들게 하였다. 또한 그를 따라온 문무 관리들과 군사들에게도 관직, 토지, 주택을 내려주었다.[8] 대광현은 고려 태조에게 내투한 한 왕국의 수장으로서 최상의 대우를 받은 3명의 인물 중 하나였다. 다른 두 사람은 신라의 왕이었던 김부(金傅)와 후백제의 전왕(前王)이었던 견훤(甄萱)이었다.

발해유민의 상층부에는 고려왕실과 통혼한 자도 있었던 것으로 보인다. 고려에서 죄를 짓고 거란으로 망명한 고모한(高模翰)의 경우 '왕(고려 태조)이 그 딸과 결혼시켰다'는 기사가 《요사》에 보인다.[9] 이에 대해서는 태조의 9명의 공주 중 배우자가 불분명한 순안왕대비(順安王大妃)나 김부에게 출가한 것으로 되어 있는 또 한 명의 공주(실명) 중 하나가 고모한의 처였을 것으로 보는 견해도 있다.[10]

고려의 지배층의 발해인들에 대해 동류의식은 여러 가지 문화적

兩界地方의 原住·來投女眞人> 《慶大史論》 8). 문종대 이후 많이 완화되었으나, 고려 舊制에서 이들 내투인의 內地 수용을 제한한 것이 이와 관련하여 주목된다.

8. 《高麗史》 世家2 太祖 17년 추7월.
9. 太祖平渤海 模翰避地高麗 王妻以女 因罪亡歸 坐使酒殺人下獄 太祖知其才貫之(《遼史》 列傳6 高模翰傳).
10. 朴玉杰, 1996 《高麗時代의 歸化人硏究》 pp. 114~116.

공통기반을 가지고 있었다. 그 한 가지는 고려와 발해 모두 고구려의 부흥왕조로서의 고구려의 계승자를 자처한 것에서 나타나는 역사 의식의 공통점이었다.[11] 이는 양자가 같은 뿌리를 갖는다는 의식의 기반이 되는 것이었다. 그리고 그 역사의식은 실제로 일어난 지역과 주민의 기반이 옛 고구려의 지역과 주민이라는 공통적 사실에 기반을 둔 것이었다. 단, 고려인들은 다종족 국가인 발해의 주민들 중에서 말갈-여진계로부터 고구려계를 구분하여, 후자만을 '발해인'이라 하였다. 여기서의 고구려계 발해인은 본래의 고구려 유민들과 문화적으로 고구려화되어 동화된 말갈계인들을 포함했던 것으로 보인다.[12]

양자 사이에서 동류의식의 또 다른 기반은 고구려에서 기원하는 공통의 문화 전통이었다. 첫째, 양자는 모두 농경민들이었으며, 그 기반 위에서 당시 동아시아의 선진 농경민 문화인 한족(漢族)의 문화를 수용하였다는 점이다. 농경문화를 바탕으로 한족의 문화를 정치·경제·사상 등에 걸쳐 광범하게 수용한 상태인 고려로서는 이 점에서도 여진과는 달리 발해인들과 문화적 공통성을 가지고 있었다.

둘째, 양자는 앞의 Ⅲ장에서 살펴본 바와 같은 동명신화 등의 토속 문화를 공유하였다. 또한 양자는 언어에서도 고구려에서 기원하는 공통적 기반을 어느 정도 유지했던 것으로 보인다. 고려에서는 만주 방면의 발해유민들과 연락 및 교섭을 지원하는 서리직(胥吏職)인 발해통사(渤海通事)를 설치하고, 거란이나 여진과의 교섭을 위한 거란통사나 여진통사도 설치하였다. 그런데 거란과 여진에 대해서는 통사와는 별도로 역관을 설치하여 고려의 관리와의 의사소통을 한 것이

---

11. 발해의 고구려 계승의식에 대해서는 찬반의 이설이 있으나, 이에 대해서는 다음의 연구들 참조. 盧泰敦, 1985a <高句麗·渤海人과 內陸아시아 住民과의 交涉에 관한 一考察> 《大東文化硏究》 23, pp. 237~238; 1985b <對渤海 日本國書에서 云謂한 '高麗舊記'에 대하여> 《邊太燮博士 華甲紀念 史學論叢》 p. 623; 宋基豪, 앞의 책 pp. 118~119, 145~147.

12. 盧泰敦, 1985c <渤海國의 住民構成과 渤海人의 族源> 《韓國古代의 國家와 社會》(역사학회 편).

나타나지만,[13] 발해인에 대해서는 역관을 설치하지도 않았고, 의사소통에 역관이 중개한 흔적이 나타나지 않는다. 고려인과 발해인의 언어에는 방언적인 차이가 컸을지는 모르나, 통역이 없이도 적어도 기본적인 의사소통이 가능했던 것으로 생각된다.

고려인과 발해인 사이의 언어소통과도 관련하여 주목되는 것은 거란에서 파견된 발해유민계 거란 사신들이다. 고려 현종부터 예종연간까지 양국 간의 사신 파견 횟수는 고려가 142회, 거란이 180회였다. 한규철은 이 시기에 거란이 고려에 파견한 사신단에는 현종 이후 발해유민계가 비록 주로 부사(副使)였지만 자주 포함되었다고 하였다. 그리고 이는 거란이 발해유민들의 문화적 능력을 이용한 의미도 있고, 발해유민과 고려의 '문화공동체 내지 운명공동체적 역사관계'를 거란이 이용한 것이라고 하였다.[14] 이 연구에서 발해계 거란 사신의 검출이나 '문화공동체'의 설정 등은 앞으로 더 검토해야 할 문제이나, 양사 간의 문화적 공통성이 거란이 발해계 사신들을 거듭 파견한 바탕이 되었다고 하는 것은 타당한 견해로 생각된다. 특히 발해유민과 고려인들 사이에 통역이 없이도 최소한 기본적인 의사소통이 가능했다면, 발해계 인물은 거란의 사신으로서 활용될 여지가 큰 것이다.

만주에 남아 있었던 발해유민들이 오랜 기간 거란족이나 여진족들과 동화되지 않고 발해 멸망 후에도 심지어 200~300년 이상 '발해인'으로 남아 있었던 것에 비하여, 고려에 들어온 발해유민들이 고려인들과 동류의식을 갖고 있었고, 쉽사리 빠른 속도로 동화되었

13. 발해의 通事에 대해서는 노명호, 1998 앞 논문 참조. 고려가 거란이나 여진과 접촉할 때의 역관의 사례는 다음과 같은 예가 보인다. "(徐)熙奉國書如遜寧營 使譯者問相見禮"(《高麗史》 列傳7 徐熙傳). "於是遣定州郎將文選 及將校譯語等 著蕃服 與那復其村都領霜昆下蕃軍 同發"(위의 책 世家9 文宗 27년 5월 정미). "丙午 制曰 黑水譯語加西老 諭東蕃爲州縣 可授監門衛散員 賜名高孟"(위의 책 동년 추7월).

14. 韓圭哲, 1984 <高麗來投·來往契丹人: 渤海遺民과 관련하여> 《韓國史硏究》 47.

던 배경에는 언어를 비롯한 문화적 공통 기반이 있었던 것이 아닌가 한다.

이에 비해 말갈의 후예인 여진인은 그 많은 수가 과거 발해국의 구성원이었지만, 고려에 내투한 경우 문화적 차이에 따라 적응에 어려움을 겪었다. 고려 지배층은 여진인들이 작은 이익에 따라 너무 자주 배신하고 떠나간다고 불만스러워하며 '인면수심'이라고까지 혹평하였다.[15] 그러나 사실은 심성이나 예의의 문제라기보다는 농경민인 고려인들과 달리 그 경제가 농경의 비중이 작고 목축이나 수렵에 의존하는 바가 컸던 여진인들로서는 생업경제를 비롯한 문화적 차이가 컸던 때문에 고려인들과 동화되기가 어려웠던 것이다. 이와 유사하게 강제로 거란의 영역에 이주한 많은 발해인들이 거란인과 동화되지 못하고 200년 이상 거란족과 다른 법을 적용받으면서 '발해인'으로 계속 남아 있었다. 고구려계 발해인과 말갈인들이 발해국의 울타리 내에서 수 세기를 함께 살고서도 '발해인'과 '여진'으로 구분되는 것도 같은 사실이다.

여진인들과 달리 발해인들은 몇 배 이상의 인원이 고려로 왔지만, 그들은 문화적 차이에 따른 곤란을 겪지 않고 쉽게 고려인들과 동화되었다. 고려에 통합된 발해인들은 적어도 10만 내지 20만 명이었고, 그것은 12세기 초의 고려 전 인구를 기준으로 해도 5%에서 10%에 달하는 비중이었다.[16] 고려인들은 이처럼 많은 수의 발해인들과 함께

---

15. 이에 대해서는 金南奎, 1995b <高麗前期의 女眞觀: 女眞懷柔政策과 관련하여> 《가라문화》 12(경남대 가라문화연구소)에서 자세히 다루어진 바 있다.

16. 고려에 내투한 발해인의 수는 논자에 따라 큰 차이가 있어, 한규철은 4만여 명; 王承禮는 10만여 명(《발해의 역사(渤海簡史)》 1984, 1987 송기호 역, p. 216. 박옥걸은 12만여 명(앞의 책, p. 101). 李鍾明은 수십만 명으로 추산하고 있다(1968 <高麗에 來投한 渤海人考> 《白山學報》 4). 大光顯과 함께 들어온 집단의 규모에 대해 《高麗史》 世家의 기록에 '數萬'이라고만 한 것을 人으로 해석하는 경우와 戶로 해석하는 것만으로도 5배 정도의 큰 차이를 갖는다. 그런데 단위에 대한 명백한 표시가 없는 世家의 기록과 달리 崔承老의 상서문에서는 '數萬戶'라고 단위를 표시하고 있으며(《高麗史》 列傳6 崔承老傳) 《益齋亂藁》 권9 하 史贊 成

살게 되었지만, 이들에 대해 어떠한 융합의 어려움도 토로하지 않았다. 고려에 들어온 발해인들은 문화적 차이에 의한 마찰이나 갈등의 흔적을 거의 남기지 않았다. 고려에 유입된 발해인들은 빠르게 고려인들과 융합하여 발해출신이라는 사실 자체가 별반 의미를 갖지 않았던 것으로 보인다. 많은 수의 발해인의 유입에도 불구하고 단지 그 중 소수만이 고려시대의 기록에서 발해유민의 후예로 기록되고 있다. 더구나 그렇게 알려진 자들도 대개 발해 왕족의 성인 대[大; 태(太)] 씨성을 가졌기에 알 수 있다. 이는 문화적 공통성에 힘입어 발해유민들이 고려인으로 빠르게 동화되어 간 결과로 설명될 수 있다고 본다.

이상에서 보는 발해인들의 문화적 공통기반을 보면, 왕건을 비롯한 고려건국세력이 발해인을 동류로 인식하며, 삼한일통의 범위에 그들을 포함시킨 것을 충분히 이해할 수 있다. 태조 왕건을 비롯한 고려건국세력이 북진정책에 적극적이었던 것도 고구려계승의식과 함께 발해인들을 삼한일통의 범위에 포함시켰던 사실과 깊은 관련을 갖는 것으로 보인다.

2. 신라계 삼한일통의식의 대두와 그 후의 추이

태조대 이래로 고려전기에는 고려건국세력의 삼한 일통의식이 큰 세력을 가져, 발해를 삼한일통의 범위에서 제외하며 고려의 신라계승을 주장하는 신라계의 삼한일통의식은 적어도 고려 중앙에서는 표면화되기 어려웠던 것으로 보인다. 그 후 신라계 출신들이 중앙에 관리로

王조에도 역시 '수만 호'라 하였다. 또한 《高麗史》 世家2 景宗 4년조에 그해에 발해인 수만이 내투했다는 한 차례의 기록이 있을 뿐, 많은 발해유민들의 내투가 있었을 10세기 후반에 그에 대한 기록이 공백상태로 되어 있다. 이는 학계의 기존 연구들에서도 많이 언급되고 있는 거란침입 시에 현종대 이전의 사료들이 소실됨에 따른 결과라고 보아야 할 것이니, 실제 내투 발해인구수는 기록에 남아 있는 것보다 컸을 것임에 틀림없다.

진출하는 것이 크게 증가하고, 드디어 조정을 좌우할 권력을 장악하기에 이르자 신라계의 삼한일통의식이 표면화되었다.

김부식은 1145년에 《삼국사기》를 편찬하면서 발해의 역사를 자국사에서 배제시켰다. 또한 그는 《삼국유사》 왕력(王曆)에서 보는 바와 같은 고구려 주몽을 '단군의 아들'이라 하여 고조선에서 고구려로 정통이 이어지는 것으로 보는 고구려계열의 역사인식을 배제하고, <신라본기> 박혁거세 즉위년 조에 (고)조선의 유민이 산곡(山谷) 사이에 나누어 산 것이 신라 6촌이라 하여, 삼국 중에서 고조선의 역사적 정통이 신라로 이어지는 것으로 서술하였다.[17] 그에 따라 고려의 역사적 정통은 신라로부터 계승될 수밖에 없는 것으로 설정을 한 것이다. 고려의 신라계승을 설정한 그의 역사서술은 <신라본기> 끝에 수록한 사론(史論)에서 경순왕이 고려에 귀순한 공덕을 칭송하고, 현종 이후가 신라왕실의 외손이라 함을 강조하며, 그것이 그 음덕이라 함으로써 끝맺고 있다. 또한 그는 고구려의 영토와 주민의 대부분을 통합하지 못한 불완전한 신라의 삼국통일을 그 자체로서 완전한 것으로 과장하는 신라인들의 관점에서 역사를 서술하였다. 신라의 통일 자체를 완전한 것으로 과장할 경우 발해사를 자국사에 포함시킬 여지는 사라지는 것이다.

김부식의 신라를 정통으로 하고 발해인을 배제하는 삼한일통의식은 기본적으로 통일신라의 삼한일통의식과 같은 것이다. 그러한 점에서 그의 삼한일통의식은 그가 새로이 만든 것이 아니라 옛 신라계 사람들에게 내려오는 신라계 삼한일통의식을 《삼국사기》라는 국가의 공식적 역사서에 반영한 것이다.

신라 말 인물 최치원(崔致遠)이 지은 외교문서들에서는 삼한일통에서 발해인을 배제시키는 것이 두 가지 논리로 제기된 바 있다. 우

---

17. 金哲埈, 1973 <高麗中期의 文化意識과 史學의 性格> 《韓國史研究》 9.

선 그는 마한을 고구려, 진한을 신라, 변한을 백제라 하였고,[18] 백제와 고구려 멸망 후의 신라를 '삼한'으로 지칭하였다.[19] 이는 신라가 삼한을 통일하였다는 삼한일통의식을 보여 준다. 그런데 발해의 건국 주체가 다음과 같이 소수의 고구려 유민이라는 것이다.

> 高句麗의 殘孽이 저희끼리 모여(類聚), 북쪽으로 太白山 아래에 의지하여 국호를 渤海라 하였다.[20]

> 날뛰던 고구려가 망하자, 얼마 안 되는 불탄 찌꺼기들이 별도로 모의한 邑에 모였다. 그리고 國名을 훔쳤으니, 옛날의 고구려가 바로 지금의 발해인 것입니다.[21]

발해는 '고구려의 찌꺼기'라는 식의 논리는 신라가 고구려를 비롯한 삼한을 통일했다는 것과 표리관계를 이루는 것으로 보인다. 그런데 고구려의 찌꺼기라는 식의 논리로는 강대해진 발해의 세력에 대한 설명으로 설득력이 적었을 것이니, 보다 강력하게 고구려와 발해를 분리시키는 논리를 채택한 것이 다음과 같은 주장이다.

> 渤海의 源流는 고구려가 망하기 전엔 본시 사마귀만한 部落으로 靺鞨의 족속입니다. 이들이 번성하여 무리를 이루자 粟末 小蕃이란 이름으로 일찍이 고구려를 좇아 찾아왔습니다. 그 수령 乞四羽 및 大祚榮 등이 武后가 집정할 때에 營州로부터 죄를 짓고 도망하여, 문득 荒丘를 점거하고 辰國이라 일컬었습니다. 그때 고구려의 타다 남은 찌꺼기인 勿吉의 雜流인 사악한 무리들이 白山에 모이고, 黑水 유역에 버젓이 자리 잡아 처음은 契丹과 行惡하고, 이어 돌궐과 通謀하여 만리 벌판에 곡식을 경작하면서 여러 번 遼水를 건너는 수레를 항거했으며, 10년이나 오디를 먹다가 늦게야 漢나라에 항복하는 旗를 들었습니다. 그들이 처음 邑을 세웠을 때에 [신라에] 찾아와 이웃으로서의 도움을 청하고, 그 酋長 조영은 신라의 제5품인 大阿餐을 받았습니다. 그 후 先天2년(713)에 이르

---

18. 《孤雲先生文集》 권1 <上太師侍中狀>.
19. 《東文選》 권47 <與禮部裵尙書瓚狀>.
20. 《孤雲先生文集》 권1 <上太師侍中狀>.
21. 《東文選》 권47 <與禮部裵尙書瓚狀>.

러 大朝[唐]의 은혜로운 命을 받아 渤海郡王으로 封해졌습니다.22

발해는 고구려의 지배를 받던 말갈 족속이 세운 나라라는 논리로 발해를 원천적으로 고구려와 분리한 것이다. 발해를 '사악한 무리'로 지목한 이러한 주장은 발해와 신라에 대한 당나라의 외교적 서열 매김과 관련된 경쟁의식을 바탕으로 한 것이다. 따라서 이 주장은 발해에 대한 정보들을 객관적이고 균형 잡힌 관점에서 파악한 결과를 표현한 것이라고 보기 어렵다. 오히려 발해에 관한 정보 중 발해를 깎아내리는 쪽으로 편중된 주장이다. 그러나 통일신라시대의 고구려유민 등을 제외한 본래의 신라인들 간에는 이러한 발해에 대한 인식이 확산되어 갔던 것으로 보인다.

지금은 남아 있지 않지만 신라대에 편찬된 역사서나 고기류 등은 이러한 신라계의 삼한일통의식을 담고 있었을 것이니, 《삼국유사》에 인용된 것에서도 그 흔적이 보인다(후술함). 그러나 적어도 고려시대에 들어와서 국가의 공식역사서에 신라계 삼한일통의식을 반영한 것은 김부식이 최초라고 보인다. 다시 말하자면, 그는 고구려계 건국세력의 삼한일통의식에 눌려 공식적 국가이념으로서 표면화되지 못한 채로 내려오던 신라계 삼한일통의식을 공식화하고 표면화시킨 것이다.

이러한 《삼국사기》의 서술은 고려 태조 이래의 고구려계승의식이나 발해를 포함하는 삼한일통의식을 정면으로 뒤엎는 것이었다. 그러함에도 그러한 서술이 가능했던 것은 그가 권력을 장악한 상태였기 때문이다. 김부식은 묘청란 토벌 임무를 맡자 그가 묘청일파로 지목한 조정의 대신인 정적들을 왕의 재가도 없이 쿠데타적인 방법으로 살해하고, 묘청란을 토벌하는 과정에서 권력을 장악하였다.

22. 위의 책 권33 <謝不許北國居上表>.

다음 V장에서 검토하겠지만, 그의 천하관은 화이론적(華夷論的) 천하관으로 유교의 사대(事大) 예법의 실행을 주장하였고, 큰 나라와 작은 나라가 유교의 예법에 기초한 국제질서 속에 평화롭게 공존해야만 한다는 믿음을 가지고 북진정책을 부정하는 입장을 견지하였다. 또한 그는 고려의 전통적인 칭제(稱帝)와 그에 따른 일련의 제도들을 부정하였다. 그에 따라 천하관에서 그 반대편 극단에 있는 자국중심(自國中心) 천하관을 갖는 묘청일파는 물론 양자의 중간에 위치하는 다원론적 천하관 계열의 윤언이(尹彦頤) 등의 인물들에 대해서도 묘청일파로 몰아 제거하였다. 정권을 장악한 김부식의 이러한 일련의 사상적 숙청작업이 달성되어 조정 내에 그에게 반대할 자가 사라진 상태에서 《삼국사기》가 편찬된 것이다.

고려 초 이래의 전통적 역사인식인 발해를 포함하는 삼한일통의식과 고구려계승의식이 비록 약화되기는 했으나, 아직도 사회적 저변을 이루고 있었다. 김부식의 정적이기도 했던 윤언이는 고려 군주가 황제를 칭하고 독자 연호를 사용해야 한다는 주장에 대한 근거를 신라와 발해의 역사로 전례(前例)를 들어 제시하였다.[23] 윤언이가 고려 전 시대의 역사적 전례에 대해 언급하며 신라와 발해를 언급한 것은 그가 생각하는 삼한일통의 범위 속에 발해가 포함되어 있었던 것이다.

권력을 장악한 상태에서 고려조정의 전통적인 삼한일통의식과 고구려계승의식을 뒤엎은 김부식의 《삼국사기》는 그의 세력이 사라진 후 곧 반격을 받았다. 그러나 다른 한편에서는 그의 뒤를 이어 신라계 출신들을 중심으로 발해를 제외한 삼한일통의식과 신라계승의식이 제기되며, 두 계열의 삼한일통의식은 병존하게 되었다.

김부식 사후, 그에 동조했던 계열의 세력들도 점차 약화되고 무신

23. "緊是立元之請 本乎尊主之誠 在我本朝 有太祖光宗之故事 稽其往牒 雖新羅渤海以得爲 大國未嘗加其兵 小國無敢議其失"(《高麗史》 列傳9 尹瓘傳 附 尹彦頤傳).

란의 발발로 기존 문신들의 다수가 숙청되는 집권층의 개벽이 이루어지게 되었다. 무신집권기인 13세기 중엽의 저작인 《보한집》에서는 다음과 같이 삼한일통 속에서의 발해유민의 위치를 다시 강조하고 있었다.

> 長興5년 甲午年(934)에 (후)百濟를 정벌하여 크게 이기고 河內의 30여 郡을 얻었으며, 渤海國人들이 모두 歸順함에 이르게 되었다. 이에 담당 관리에게 명하여 開泰寺를 창건하여 華嚴道場으로 삼고, 願文을 친히 지어 손수 쓰셨다. (중략) 淸泰2년(935)에 新羅 敬順王이 來朝하여 上書하였다. (중략) (청태)3년에 百濟王 甄萱이 入朝하였다.(하략)[24]

위에서 발해와 관련된 최자(崔滋)의 서술을 요약하면, 첫째 모든 발해인(유민)의 통합이 태조가 후백제와 신라까지도 통일하겠다는 원을 세우는 중요한 계기가 되었다는 것이다. 둘째 고려가 발해유민 전체와 후백제, 신라를 통일하였다는 것이다. 발해유민통합에 대한 과장이 있지만 최자의 삼한일통의식에는 발해가 포함되며, 그 통합은 후백제와 신라의 통합에 준하는 비중으로 언급되고 있다.

최자의 발해유민 통합에 대한 과장된 언급은 최자가 지어낸 것만은 아니고 고려 태조대 이래의 발해통합에 대한 인식이 과장되는 방향으로 굴절된 것이다. 《고려사》에는 이미 발해와 거란 사이의 전운이 짙어 가던 태조 8년(925) 3월에 궁성에서 두꺼비와 지렁이 떼의 이동이 목격되어 '발해국'이 내투해 올 것이라는 예언이 돌고 있었다는 기록이 보인다.[25] 여기서 특히 주의를 끄는 것은 단순히 '많은 발해유민'의 내투가 아니라, '발해국'의 내투라는 표현이다. 이것이 설사 설화적인 내용이라 해도 당시에 고려가 발해국을 통합한다는 관념이 존재했다는 것은 주목할 일이다.

---

24. 《補閑集》 권上(《高麗名賢集》 2, p. 106).
25. 太祖八年三月癸丑 蟾出宮城東魚堤 多不可限 丙辰 蚯蚓出宮城 長七十尺 時謂渤海國來投之應(《高麗史》 志9 五行3 土).

고려의 발해국 통합이라는 관념은 예언에서 그치지 않았으니, 태조는 그러한 관념에 연결되는 발해유민에 대한 조치를 단행하기도 하였다. 태조 17년(934)에 대광현이 수만 호(戶)를 이끌고 내투해 왔다 하는데, 그때 그와 그 일행에게 여러 가지 은전이 내려졌다. 은전 중에 특히 의미를 갖는 것은 '발해 세자' 대광현(大光顯)에게 선조들, 즉 발해왕실의 선대에 대한 제사를 받들게 한 것이다. 이는 대광현을 '발해국'의 정통적 계승자로 인정한다는 것이며, 그러한 대광현과 그 신료들이 자진 내투함으로써 통합된 것은 고려가 발해국의 정통계승자가 이끄는 대규모 발해유민집단의 귀부를 받아들여 흡수 통합했다는 상징적 의미를 설정하는 조처이었다.

발해의 정통계승자가 이끄는 대집단을 통합했다는 관념은 고려가 발해국을 통합했다는 것으로 과장되거나, 디 나아가 모든 발해유민을 통합했다는 것으로 과장되는 길을 밟았다. 앞에서 본 최자의 언급이 그것이다. 그리고 그것은 최자만이 아니라 뒤에서 보듯이 13세기 후반 이승휴(李承休)나, 14세기 후반 정몽주(鄭夢周)의 경우에서도 나타난다.

신라계의 삼한일통의식도 계속되었고, 때로는 약간의 변형을 보기도 하였다. 13세기 후반에 저술된 《삼국유사》에서 일연은 발해의 역사 중 주로 그 기원과 강역에 대한 것을 짧게 서술하였지만 발해사를 '말갈발해'(靺鞨渤海)라는 독립된 제목으로 포함하였다.[26] 이 부분에서도 《삼국유사》의 전반적인 서술이 그렇듯이 《통전》(通典), 《삼국사기》, 《신라고기》, 《지장도》(指掌圖), 《동명기》(東明記), 《후한서》(後漢書), 《동파지장도》(東坡指掌圖) 등의 자료들을 인용하고 있다. 일연은 발해를 말갈로 보는 《통전》과 고구려의 잔얼(殘孽)이 모인 것이라는 《삼국사기》에 인용된 최치원의 <상대사시중장>(上大

26. 《三國遺事》 紀異1 靺鞨渤海.

師侍中狀)[27] 및 대조영이 고구려의 구장(舊將)이라는 《신라고기》를 종합하며, 다음과 같은 견해를 피력하였다.

> 위의 여러 글들을 검토하건대, 발해는 말갈의 별종으로, 단지 개창하고 모임이(開合) 같지 않을 뿐이다.

여기서 일연이 발해가 '말갈의 별종'이라 함은 기본적으로 말갈 계열이지만 그에서 변화된 요소를 갖는다는 것을 표현한 것이다. '개창하고 모임[開合]이 같지 않다'고 함도 그러한 원래의 말갈에서 변화된 면을 지칭하는 것이다. 그 본래의 말갈에서 변화된 요소를 앞에 인용한 자료들에서 찾는다면, '고구려의 잔얼', '대조영이 고구려의 구장'이라는 등의 내용과 관련된 것이다. 이렇게 보면 그는 발해를 말갈을 주축으로 일부 고구려계가 혼합된 집단으로 이해한 것이라 판단된다. 발해 멸망 후 2세기에 달하도록 여진족과 구분하며 '발해인'으로 칭하였고, 고려 초 건국세력 이래로 '동류의식'의 대상이 된 고구려에 뿌리를 둔 집단들이 일연에게는 주목되지 않은 것이다.

이러한 '말갈발해'를 일연은 《삼국유사》의 서술에 포함시켰다. 그것은 삼국 및 그 전신과 후신이 된 상고사의 집단들을 포괄하려 한 《삼국유사》의 체제에 의한 것이지, 고구려의 후신으로서의 지위를 부여한 것은 아니었다. 그러한 점에서 일연의 삼한일통의식은 김부식의 그것에 근접한 면이 있다. 다만 그는 <왕력>에서 단군에서 주몽으로 이어지는 고구려정통론적인 자료도 수용한 면에서 김부식의 신라계승론을 그대로 따른 것은 아니라고 생각된다.

이승휴는 《제왕운기》에서 <발해기>를 <신라기>, <후고려기>, <후백제기> 등과 병렬시켜 발해사가 자국사 체계 속에 포함되는 것을 분명히 하였다. 그는 발해의 시조 대조영이 '전고구려 옛 장군'이

---

27. 《三國史記》 列傳6 崔致遠傳.

라는 《신라고기》 계열의 설을 따름으로써 발해가 고구려유민계 국가임을 드러내었다.

이승휴는 <고구려기>에 이어 <후고려기>를 배치하여 그 계승관계를 나타내고, 후고려의 궁예가 폭정으로 온 백성[蒼生]을 태조에게 몰아주었다고 하여, 고려가 고구려를 계승한 국가임을 나타내었다. 발해도 고구려계인 것으로 서술하였지만, <고구려기>의 뒤에 배치하지 않고 <백제기>에 이은 <후백제기>가 끝난 뒤에 <발해기>를 배치하였다. 이는 고려 초 이래의 전통적인 역사관에 따라 발해를 고구려의 다른 한 지파로 보면서도 고구려의 정통계승자는 고려임을 나타내기 위한 배치로 보인다. 그리고 신라의 귀순, 견훤의 귀순에 이은 후백제통합, 발해의 귀순으로 모두 고려에 의해 통일된 것으로 서술하였다. 특히 발해의 통합을

> 태조 8년에 온 나라가 서로 이끌고 왕경에 조회하였다(擧國相率 朝王京).[28]

라고 하여, 《보한집》과 마찬가지로 고려가 발해의 주민 모두를 통일한 것처럼 서술하였다.

14세기부터는 원나라 세력의 영향이 깊이 침투하면서 전통적인 북진정책의 잔영조차도 사라지게 되었다. 이 시기에는 고려 지배층이 원으로부터 성리학을 받아들였는데, 성리학의 수용이 심화될수록 지배층의 사상에서 사대(事大) 이념은 깊이 뿌리를 내렸고, 정통론적인 역사인식도 확대되어 갔다. 이러한 상황에서 신라계승의식은 더욱 강화되었으며, 발해사를 한국사에 포함시키는 역사의식은 약화되었다.

최해(崔瀣)는 고려시대 이전 중국 빈공과(賓貢科) 급제자를 말하며, 다음과 같이 발해를 '동방'에서 제외하였다.

---

28. 《帝王韻紀》 下 <渤海紀>.

발해인을 제외하면, 중국의 賓貢科에 합격한 사람은 모두 東方의 士이다.29

여기서 그는 신라를 '동방'(東方), 즉 '우리나라'로 보고, 발해를 동방에서 배제하면서, 신라를 고려와 직접 연결시켰다. 이러한 식의 역사인식은 14세기 후반에 급속히 확산되어 감으로써 조선 초에는 발해가 '우리'와 무슨 관계가 있느냐는 《동국통감》(東國通鑑)식의 이해가 일반화되어 갔다.

그러나 발해에 대한 전통적 인식은 성리학자인 지배층에서도 일부에서는 14세기 말까지 아직 잔존하고 있었다. 이색(李穡)은 명나라로부터 귀국하는 길에 과거 발해의 남해부(南海府)였던 중국의 해주(海州)를 지나며 자취 없이 사라진 발해를 회고하며 허망한 마음을 다음과 같이 읊었다.

渤海의 遺風은 소진하여 아득하고
외딴 성에서 비틀대는 말을 타고 석양을 바라보네.
촌로는 번화한 고장이라 자부하지만
京客은 첫눈에 적막함이 놀랍구나.
寒氣는 술잔에 어려 山色이 다가오고
氣 서린 城樓엔 물소리 길게 뻗네.
경관은 이로부터 더욱 奇絶한데
하늘 한 쪽은 푸른 봉우리와 흰구름일세.30

이색이 발해를 삼한일통 속에 포함시켰는지는 직접 표현하지 않았지만, 발해에 대한 동정을 느낀 것은 그가 발해에 대해 '우리'의식을 가졌을 가능성을 보여 준다. 그것은 정몽주의 경우도 마찬가지였으니, 정몽주(鄭夢周)는 1384년에 명나라로부터 돌아오는 길에 발해의

---

29. 《拙藁千百》 送奉使李中父還 朝序(《高麗名賢集》 2, p. 409).
30. "渤海遺風儘渺茫 孤城跋馬看斜陽 村翁自托繁華地 京客初驚寂寞鄉 寒入酒杯山色近 氣侵樓堞水聲長 游觀從此尤奇絶 青嶂白雲天一方"(《牧隱詩藁》 권4, 海州, 《高麗名賢集》 3, p. 268).

고성(古城)의 폐허를 지나며 발해에 대해 읊은 두 편의 시가 전한다. '발해고성'(渤海古城)이라는 시에서 그는 발해의 멸망을 슬퍼하고 거란의 무도한 발해 침입을 비난하였다. 그리고 그는 발해유민 '모두'가 고려에 스스로 와서(귀부) 통합된 것을 강조하였다.

渤海는 옛날에 나라였건만, 덧없이 遺址만 남았다.
唐도 그 相襲을 인정했거늘, 遼가 함부로 倂呑하였다.
모든 臣庶는 우리나라(고려)에 귀부하여
지금껏 그 子孫이 (고려에) 있다.
遺民은 어이하여 이곳에서 흩어졌는가.
歎息하며 귀향길 수레를 머무노라.31

그는 '발해회고'(渤海懷古)라는 시에서는 발해의 역사를 고구려와 함께 '해동'(海東)역사의 연속으로 언급하였다.

唐나라가 군대 몰아 海東 정벌했으나
大郎(大祚榮)이 일어나 王宮을 만들었다.
그대여 關邊策을 논하지 마소
예부터 그 누가 처음에서 끝까지 지켜냈던가.32

이 시에서 정몽주는 '해동'이라는 용어를 사용하였다. 여기서 해동은 일차적으로 고구려를 지칭하는 것이겠으나, 당시의 자국(自國)과 선대의 나라들을 포괄하는 것이다. 최해와 정몽주에서 보듯이 두 계열의 삼한일통의식은 고려 말까지도 병존하여 내려오고 있었다.

---

31. "渤海昔爲國 於焉遺址存 唐家許相襲 遼氏肆倂呑 附我全臣庶 于今有子孫 遺民那解此 歎息駐歸軒"(《圃隱先生集》 권1 詩 渤海古城, 《高麗名賢集》 4, p. 239).
32. "唐室勞師定海東 大郎隨起作王宮 請君莫說關邊策 自古伊誰保始終"(위의 책 권1 詩 渤海懷古, 《高麗名賢集》 4, p. 240).

3. 서로 다른 삼한일통의식의 병존과 고려국가

1) '당대의 우리'의식

앞 장에서 보았듯이 최해(崔瀣)의 글에서는 '동방'이, 정몽주의 글에서는 '해동'이라는 말이 쓰이고 있다. 셋을 내포한 하나라는 '삼한'의 본래의 의미와 달리 해동이나 동방은 사회융합의 진전에 따라 온전한 하나로서 고려와 그 전시대의 나라들을 지칭하는 말이다. 고려 말에는 이러한 어휘들이 널리 사용될 정도로 삼한일통의식의 진전이 이루어진 단계였다. 그러나 삼한일통에 발해를 포함하는지의 여부는 최해나 정몽주에서 보듯이 고려 말까지도 서로 다른 관점이 해소되지 않고 병존하고 있었다.

비록 신라계열의 삼한일통의식은 김부식 이전에는 공식적으로 표면화되지 않고 이면에 존재하고 있었지만, 후삼국의 하나였던 신라계의 삼한일통의식은 고려건국세력의 그것에 버금가는 세력을 가지고 있었다. 김부식이 정적을 몰아내고 정권을 잡은 상태에서 행한 것이긴 하나, 성조(聖祖)로 떠받드는 태조가 공개적으로 천명했던 삼한일통의식을 뒤엎고 신라계의 삼한일통의식을 공식화하고 표면화시킨 것은 신라계 삼한일통의식이 그만큼 큰 세력기반을 가졌기 때문에 가능하였다.

앞에서 언급하였듯이 삼한일통의식은 후삼국 재통일의 이념적 기반이었고, 그 때문에 고려국가 단위의 집단의식과도 직결되는 것이었다. 삼한일통의식은 기본적으로 고려국가 차원의 '우리'라는 집단의식, '우리'의식이었다. 서로 다른 삼한일통의식들이 병존한다고 하는 것은 고려국가의 '우리'의식의 범위가 내부 집단별로 서로 다른 부분을 갖는 것을 의미한다.

이 '우리'의식은 시간적으로 '과거의 우리'의식과 '당대의 우리'의식으로 구성된다. 삼한일통의식은 '과거의 우리'에 대하여 '우리' 역사의 범위를 설정하고, 역사계승의식을 결정하는 것이었다. 발해의 역사를 '우리' 역사 속에 포함시킬지 말지, 고구려계승인지 신라계승인지가 이것에 따라 달라지고 있었다.

그것은 국가의 역사적, 문화적 전통에 입각한 권위와 판단의 기준이 될 수 있는 역사적 정통성과 계승의식의 문제였다. 즉, 삼국의 정통성을 어디에 둘 것인지, 그리고 고구려계승의식과 신라계승의식의 어느 쪽에 서는지의 문제는 단지 과거사에 대한 인식에 불과한 것이 아니라, 고려국가의 역사적 정체성을 달라지게 하는 것이고, 역사와 문화적 전통에 입각한 판단기준이 달라지게 하는 것이었다.

예를 들면, 고려 초부터 간헐적으로 조정에서 쟁점이 되었던 황제국의 제도 시행과 제후국제도 시행에 대한 논쟁이 김부식과 윤언이 대에 다시 일어났을 때에, 논쟁의 근거로 제기된 '과거의 우리'의식 내에서의 역사적 전례는 그러한 면을 잘 보여 준다. 고려의 국체를 황제국과 제후국의 제도 어느 쪽으로 할 것인지는 국가적 정체성과도 관련된 것이었으므로 '우리' 역사에 해당하는 전례가 매우 중요한 의미를 가질 수 있는 것이었다. 당시 윤언이는 그 전례를 신라의 역사만이 아닌 발해의 역사에서 찾아 황제국 제도 시행의 근거로 제기하였다. 이는 발해를 제외하고 신라계승을 주장한 김부식의 전례(前例) 참조 대상범위와는 근본적으로 다른 것이었으니, 김부식으로서는 윤언이의 전례를 받아들일 수 없는 것이었다. 결국 김부식이 권력을 장악한 상황에서 '신성제왕'(神聖帝王)을 칭하는 것이 금지되었다.[33] 그리고 김부식이 근본적으로 서로 다른 정치성향을 갖는 자들이 포함된 황제국 제도 사용을 지지하는 자들을 모두 묘청일파로 몰아 정적들을 제거하는 속에 천하다원론자인 윤언이도 숙청될 수밖에 없었

33. 《高麗史》 世家16 仁宗 16년 2월 임오.

다(자국중심천하관과 천하다원론의 근본적인 사상적 차이에 대해서는 다음 장에서 논함).

삼한일통의식에 의해 고려 '당대의 우리'의식에 포괄되는 범위는 첫째로 후삼국의 주민들이 그렇듯이 고려국가에 당연히 통합되야 한다고 여겨지는 범위이었다. 그리고 둘째로 국가단위에 통합되기 전에도 예비적 통합대상으로 그 집단의 사람들을 고려국가가 내국인에 준하여 대우해 주는 범위가 되었다.

고려건국세력의 삼한일통의식과 신라계의 삼한일통의식, 양자는 후삼국주민은 모두 포괄하였지만, 만주지역의 발해유민인 '발해인'에 대해서는 포괄과 배제로 상반되었다. 이러한 삼한일통의 '우리'의식에서 발해인과 유사한 경우는 탐라인도 있었다.

탐라에는 이미 신석기시대부터 한반도와 연결되는 문화들이 존재하였음이 유물을 통해 알려지고 있다. 고려시대에도 탐라인과 내륙인의 많은 접촉이 사료에 보이나, 통역을 두거나 한 흔적이 없음을 보면, 내륙인과 언어적으로 서로 통하는 공통적 문화기반을 가졌던 것으로 보인다. 현대의 내륙언어와 매우 다른 제주방언도 실은 제주도의 경우 내륙과 달리 조선시대의 고어를 그대로 유지한 것이 많았던 때문으로 알려지고 있다.

탐라가 내륙과 정치적 연결을 갖는 것은 백제 때부터다. 탐라는 476년부터는 백제에 복속하여 조공하고 관작을 받으며 독자적인 대외교역권이나 외교권을 갖지 못하였다. 백제 멸망 시에도 탐라사자는 백제의 잔여세력을 따라 당군(唐軍)에 항복하였다. 백제 멸망 후 30여 년 정도 탐라는 신라와의 관계를 갖는 것과 병행하여 왕을 칭하기도 하며 독자적으로 일본과 중국에 사신을 보내기도 하였으나, 곧 신라에 복속되어 다시 외교권과 대외교역권을 상실하였다. 신라 말에는 잠시 신라로부터 이탈하여 독자적 세력을 구축하였으나, 다시 고려 태조 8년 이후에는 고려에 복속되었다. 단 고려에 복속되었다고는 하나 탐라가 고려의 군현으로 편입된 것은 숙종 10년(1105)이며, 그 전에는 탐라국으로 칭하며 고려국가의 영역 밖에 위치하였다.[34]

그런데 탐라가 아직 고려의 영토로 편입되기 오래전인 목종대의 기록에는 탐라를 고려의 내지와 같이 관념한 흔적이 나타난다. 《고려사》 <오행지>(五行志)에는 목종 5년(1002) 탐라산의 용암분출이 기록되고, 목종 10년(1007) 해중 화산활동의 결과가 기록되었다. 특히 후자는 '서산'(瑞山)이라 하여 태학박사 전공지(田拱之)가 파견되어 관찰 후 그림을 그려 보고한 사실이 기록되어 있다.[35] 여기서의 '서산'은 《고려사》 <오행지>의 바탕에 존재하는 인간, 특히 군주의 행위와 관련하여 자연에 이변으로 구징(咎徵)과 상서(祥瑞)가 나타난다는 관념 중, 상서에 해당하는 것이다. 이러한 상서는 흔히 군주의 덕치(德治)의 소산으로 생각되었다.[36] 그런데 <오행지>에 그러한 자연의 이변을 기록한 지역은 기본적으로 고려의 내지에 해당하는 지역들이다. 물론 이러한 구징설이나 상서설은 정치적 선전에 자연현상을 이용하는 것이지만, 그렇다 해도 여기서 주목하고자 하는 것은 고려 군주와 관련된 상서가 나타난다고 여기는 지역적 범위에 탐라가 포함되었다는 사실이다.

고려정부는 아직 탐라국으로 칭하기도 하는 탐라를 고려의 내지 군현에 준하는 것으로 인식한 것이다. 이러한 속에 탐라인은 고려도성을 방문하는 인원이 여진과 달리 대규모로 허용되고, 국내외 상인과의 거래가 허용되었다. 또한 체류기간의 제약도 적었던 것으로 보인다.[37] 탐라는 고려국가의 범위 밖에 있는 상태이면서 그 범위 안에

34. 노명호, 2005 <10~12세기 탐라와 고려국가> 《제주도연구》 28.
35. 《高麗史》 志9 五行3 穆宗 5년 6월; 穆宗 10년.
36. 李熙德, 1978 <高麗時代 五行說에 대한 硏究: 《高麗史》 五行志를 中心으로> 《歷史學報》 79.
37. 김일우, 2000 《고려시대 탐라사연구》, 신서원, p. 141.

있는 것에 준하는 존재로 인식되고 대우를 받았다고 할 수 있겠다. 그것은 고려건국세력의 삼한일통의 대상이 만주지역의 발해유민들에게도 적용되었던 것과 유사한 면이다.

고려정부의 탐라에 대한 태도와 달리 고려 내부에는 탐라를 고려국가 내지 삼한일통의 범위에서 제외한 인식도 나타난다. 《삼국유사》 <기이>(紀異)에 인용된 《해동안홍기》(海東安弘記)는 탐라를 '구한'(九韓)의 하나로 열거하였다. '1. 일본(日本), 2. 중화(中華), 3. 오월(吳越), 4. 탁라(乇羅), 5. 응유(鷹遊), 6. 말갈(靺鞨), 7. 단국(丹國), 8. 여진(女眞), 9. 예맥(穢貊)'이라 함이 그것이다.[38] 이 기사는 《삼국유사》의 <탑상>(塔像)에 인용된 다음 기사와 동일한 내용으로 보인다.

> 海東 名賢 安弘이 撰한 《東都成立記》에 이르기를 "新羅[羅의 誤로 보임]는 제27대에 이르러 女王이 주인이 되니, 비록 道는 있으나 威가 없어 九韓이 侵勞한다. 만일 龍宮의 南쪽 黃[皇의 誤]龍寺에 九層塔을 세운다면, 隣國이 침로하는 재앙을 누를 수 있을 것이다. 1층은 日本, 2층은 中華, 3층은 吳越, 4층은 托羅[乇羅], 5층은 鷹遊, 6층은 靺鞨, 7층은 丹國, 8층은 女狄[女眞으로 보임], 9층은 穢貊[을 누르는 것]이다."[39](※[ ] 속은 저자의 註임)

이 <탑상>의 기사를 보면, <기이>의 것과 구한이 순서까지 동일하며, 서명도 양자의 것이 상통하여, 《해동안홍기》는 '해동 명현 안홍이 찬한 《동도성립기》'와 동일한 책으로 보인다. 安弘은 7세기 초에 수나라에서 불법을 구해 온 신라 승려다.[40]

<탑상>에 인용된 부분은 도참서류(圖讖書類)의 예언적 서술이며, 후대의 저술임에도 선덕여왕 이전에 안홍이 저술한 것처럼 설정을

38. 《三國遺事》 紀異1 馬韓.
39. 위의 책 4塔像 皇龍寺九層塔.
40. 《三國史記》 新羅本紀4 眞興王 37년; 《海東高僧傳》 권2 安含傳. 안홍과 《동도성립기》에 대해서는 李丙燾, 1980 《개정판 高麗時代의 研究》 p. 44의 검토가 있다.

한 것이다. 그리고 그 내용은 황룡사구층탑의 자장(慈藏)과 관련된 연기설화와[41] 흡사하다.

그 연기설화를 간추리면 이렇다. 자장이 중국 대화지(大和池)에서 신인(神人)을 만나, 신라가 북의 말갈, 남의 왜국과 접하였고, 고구려와 백제가 침입하여, 종횡으로 이웃의 침입을 받고 있는 어려움을 호소하였다. 신인은 신라가 '여자로 왕을 삼아 덕(德)은 있으나 위(威)가 없어' 이웃 나라가 침입하니, 속히 돌아가 황룡사에 구층탑을 세우면 '이웃 나라[隣國]가 항복하고 구한(九韓)이 와서 조공할 것이며', 왕업이 영구히 평안할 것이라 하였다(이하는 생략함).

《해동안홍기》의 내용은 황룡사구층탑 연기설화에서 그 골격을 가져오고 구층탑과 관련된 인접세력들에 대해 덧붙이고 일부 바꾼 것이다. 《해동안홍기》는 일종의 비기류(秘記類)의 위서(僞書)다. 그런데 위서들에서 그 내용 자체는 신뢰성이 없지만, 그 서술된 용어 등을 통해 지각 시점이 추적될 수 있고, 지은이의 사고나 관점이 검출될 수 있다. 이 책의 내용에서도 대략의 저술시점과 지은이의 탁라(乇羅: 탐라의 이칭)에 대한 '우리'의식과 관련된 사고와 관점의 일단이 검출된다.

《해동안홍기》의 '구한'(九韓)은 신라 선덕여왕대를 예언하는 구성을 가지고 있으나, 그에 동원된 용어는 후대의 것들이다. 적지 않은 위서들이 그렇듯이 이 책 역시 세부적인 역사적 사실에서 맹점을 드러내는 것이다. 즉 '구한'에 오월(吳越), 단국(丹國: 거란)을 넣었고, 말갈과 여진을 함께 기록하였는데, 이는 대체로 그 저술 시기의 상한선이 후삼국시대 이후임을 드러내는 것이다. 또한 서명의 '동도'(東都)에 주목하면, 경주를 동경(東京)으로 바꾼 성종(成宗) 6년(987) 이후까지 상한선이 내려온다. 그리고 그 저술시기의 하한은 《삼국유사》의

41. 위와 같음.

저술시점 이전이다.

다음으로 구한의 내용을 주목하면, 삼국 또는 '삼한'이 그에 포함되지 않은 것이 주목된다. 아홉 번째의 예맥은 《삼국사기》에 백제나 고구려와 별도로 나타나는 예맥(穢貊)이다. 다섯 번째 응유(鷹遊)에 대해서는 전혀 알려진 바가 없다. 탐라 및 고려와도 관계를 가지고 있었던 유구국(琉球國)이 '구한' 중에서 보이지 않는데, 양자가 같은 것인지도 알 수 없다. 다만 이 응유가 삼한에는 해당하지 않는 것임은 분명하다. 황룡사구층탑 연기설화에서도 '이웃 나라[隣國]가 항복하고 구한이 와서 조공할 것'이라 하여 신라는 물론 백제나 고구려를 구한에 포함시키지 않았다.

구한은 삼한에 해당하지 않는 그 외부의 존재들을 지목한 것이다. 그런데 그러한 구한에 탐라를 포함시켰으니, 이 책의 저자는 탐라를 완전히 삼한의 범위에서 제외한 것이다. 지은이의 '우리'의식에서 배제된 탁라는 일본, 중화, 오월, 말갈 등과 같은 선상에 배열되었다.

후삼국을 통일한 고려국가의 '당대의 우리'의식이 포괄하는 범위의 중심부는 옛 신라영역의 삼국유민들로 그 윤곽이 잡히고 그 내부의 융합력이 증대되어 갔다. 그러나 '당대의 우리'의 외연은 아직 고정되지 못하고 유동성을 띠고 있었다. 만주지역의 발해유민이나 고려군현으로 편입되기 전의 탐라인에 대한 것에서 그러한 면이 잘 드러난다. 그 유동성은 고려국가의 내부와 외부 모두에 존재하였다. 고려내부에서는 고려건국세력계나 신라계 등의 집단에 따라 발해유민과 탐라인에 대해 '우리'의식의 범위에 포용하거나 배제하는 관점의 차이가 존재하였다. 외부에서는 고려국가의 주민들과 문화적 공동기반을 가지면서 고려국가와 관계를 형성하고 있고, 때로는 새로이 고려국가의 일원으로 통합될 가능성을 갖는 집단들이 고려국가의 남과 북 외곽에 존재하였다는 사실이다. 그리고 발해유민이나 탐라인만이 아니라, 그들에 대한 '당대의 우리'의식에는 미치지 못하지만 다음

Ⅴ장에서 보듯이 여진집단에 대해서도 유대의식이 존재하였고 이들도 적지 않은 수가 만주지역의 정치·군사적 파동에 따라 고려국가에 내투해 오고 있어, 고려국가의 외연의 유동성 범위는 매우 컸다. 이러한 '당대의 우리'의식의 유동성은 고려국가의 구조가 근대의 국민국가와 큰 차이를 갖는 것임을 보여 준다.

단, 10세기부터 12세기 초까지는 고려국가의 '당대의 우리'의식 범위의 유동성에 따른 문제는 있었으나 대체로 고려건국세력계의 삼한일통의식이 고려국가의 정책을 주도하였다. 그 결과 고려국가의 외부에 존재한 발해유민, 탐라인 등에 대해 적극적인 대응을 하였고, 그들에 대해 내국인에 준한 대우를 해 주었다.

고려전기에는 발해유민들에 대한 대우는 '우리'의식에 기반을 두고 이루어졌다. 그러한 면은 우선 발해유민의 내투(來投)가 여진족 등의 내투와 달리 취급된 것에서 나타난다. 고려는 국외로부터 고려의 백성이 되기를 원하여 들어오는 자들에 대하여 다음에서 보는 바처럼 법에 정한 바에 따라 처리하였다.

> (문종 35년) 8월 己未에 西女眞 漫豆 등 17인이 가족을 이끌고 내투하였다. 禮賓省이 아뢰기를 "舊制에는 本國의 邊民이 蕃賊의 포로가 되었다가 고국을 그려 스스로 돌아온 자와 宋나라 사람으로 才藝가 있는 자만에 한정하고, 黑水人이나 女眞人은 모두 받아들이지 않았다. 지금 漫豆도 역시 舊制에 의해 돌려보내야 할 것입니다."라고 하였다. 禮部尙書 盧旦이 아뢰기를 "만두 등은 비록 習俗은 無知하지만 義를 사모하여 왔으니 거절할 수 없습니다. 마땅히 山南 州縣에 거처하게 하여 編戶로 만들 것입니다." 하니, 그를 따랐다.[42]

위의 구제(舊制)는 문종 이전에 정해진 법제다. 그에 의하면, 여진인 등 외국인이 고려에 귀순하기를 원할 경우 내지의 군현에 받아들이지 않는 것이 원칙이었으며, 선진문명을 가진 송나라의 한족은 여

42. 《高麗史》 世家9 文宗 35년 8월 기미.

진인보다 융통성을 두어 재능이 있는 자라면 받아들였다. 물론 위의 여진인 만두 사례에서 보듯이 이 제도의 실제 운영에서는 여진인들을 내지로 받아들인 경우도 있었다. 특히 문종대 쪽으로 내려오면서 그 허용 사례도 증가하고 있다. 그러나 기본적으로 이들 여진족이나 한족의 경우는 받아들이기에 앞서 그 적합성 여부가 고려조정에서 검토되었던 점을 주목해야 한다.

여진족이나 한족과 달리, 포로가 되었다가 돌아온 고려인들은 조건 없이 받아들였다. 포로가 되었던 고려인들은 고려인으로서 취급되어 다른 종족들과 달리 고려에 정착하는 데 제한을 두지 않았다.

《고려사》에는 발해인의 내투기사가 많지만, 그를 받아들일지의 가부문제가 제기된 흔적은 전혀 나타나지 않는다. 그것은 기록의 누락이 아니라 원래 재능의 유무 등에 대한 아무런 조건이 없이 그리고 그 수용여부에 대한 검토과정이 없이 그들을 수용하는 것이 원칙이었다는 것을 의미한다. 그것은 사실상 국외로 잡혀갔다가 탈출 등으로 돌아온 고려인처럼 대우를 해 준 것이었다. 1절에서 보았듯이, 고려 태조가 발해인에 대해 '우리의 혼인', '우리의 친척'이라 하여 표명한 우리의식은 실제로 발해인들을 내국인에 준하여 대우하는 것으로 나타난다.

11세기부터 고려 지배층이 발해유민들을 우대하는 것을 중단하고 차별하였다는 견해도 있다.[43] 10세기에 고려에 온 발해인들에 비해 후대의 발해인들이 정부로부터 높은 관직을 받지 못했다는 것은 사실이다. 그러나 적어도 그들의 내투를 받아들일지가 심사의 대상이 되지 않는 것은 변화가 없었다. 그리고 관직의 수여 여부도 그 요인은 여러 가지가 존재하는 것이다. 발해인에 대한 차별 외에도, 발해유민 집단

---

43. 韓圭哲, 1984 앞 논문; 朴玉杰, 1996 앞의 책 pp. 114~122.

규모의 대소나 특별히 관직을 제수할 만한 사람의 유무 등도 관련된다. 11세기 이후에 내투한 발해유민들은 앞시기의 내투 발해유민들보다 규모도 매우 적었고 발해유민들에 대해 큰 영향력을 갖는 사람이 없었다. 10세기에 관직에 기용되는 등의 우대를 받은 발해유민들은 대규모 집단을 이끌고 온 인물이거나, 발해국에서의 고위의 인물들이었다. 정치적으로 중요한 의미를 갖지 않는 발해유민들에 대해서는 앞 시기에도 관직을 주거나 하는 특별한 우대를 한 적이 없었다. 특히 1030년대 흥요국의 멸망 이후에는 거란(契丹)·해(奚) 등 타종족과 함께 내투하는 대개 10~50명 단위의 소규모 발해인들이 나타나며, 관직자라 해도 대개 거란지배체제 하의 하위관직자였다.[44]

12세기 초 만주에 금나라가 건국됨에 따라 만주에 남아 있던 발해유민도 금(金)의 통제 하에 들어가고, 많은 수가 천사(遷徙)되어 고려와의 접촉이 끊어진다. 탐라 역시 12세기 초에 고려의 군현으로 편입되었다. 삼한일통의식의 유동성을 구성하는 외부적 요소가 사실상 해소된 것이다. 이로써 고려국가 및 그 '우리'의식의 범위의 윤곽이 결정되는 데에 고려 초에 그어진 한 획에 이어 또 하나의 획이 그어졌다.

12세기에 형성되는 '당대의 우리'에 대한 의식은 기본적으로 고려 말까지 지속된 것이며, 한국사에서 '민족'의 형성에 중요한 한 단계가 된다. 물론 14세기 몽고세력의 침투로 탐라의 귀속이 유동적 상태에 빠지기도 하였고, 14세기 말 원명(元明) 교체기에 만주지역 주민이 대규모로 유입되는 등의 변화가 있었다. 그러나 그러한 사실들이 당대의 우리의식에 근본적인 변화를 초래한 것은 아니었다.

---

44. 고려에 들어와 정착한 발해인에 대한 차별여부에 대한 검토는 노명호, 1998 앞 논문을 참조할 것.

2) '과거의 우리'의식

12세기 이후 삼한일통의식에서 유동성의 외부적 구성요소가 사라지고, 내부적 요소만이 남은 삼한일통의식은 삼국유민의식에 제약받는 정도도 크게 약화되어 고려국가 내의 체제와 관련된 이념적 문제로 바뀌어 갔다. 앞에서 보았듯이 김부식의 《삼국사기》의 삼한일통의식은 역사계승의식과 관련된 정통성이나 대륙의 강대세력들과의 공존방식과 관련된 체제의 문제에서 쟁점을 제기하는 것이었다. 발해사를 제외한 것도 큰 문제이나, 그것은 12세기 초 이전처럼 현실의 문제가 아닌 과거와 관련된 정통성 문제가 된 것이다.

김부식은 《삼국사기》 <신라본기>에서 신라가 '조선'의 유민에서 일어난 것이라 하여, 삼국 중 신라를 정통으로 서술하였다.[45] 또한 같은 책 <연표> 서문에서 '해동'에 나라[國]가 존재한 지 오래라 하고, 기자(箕子)가 주(周)나라로부터 수봉(受封)한 것에서부터 시원을 잡았으니, 그 정통의 시원은 단군(檀君)이 아닌 기자의 '조선'이었다.[46]

기자를 자체 문화 속에 도입한 것은 김부식보다 앞서 고구려에서도 있었던 일로 보인다. 고구려 후-말기 상황을 전하는 《구당서》의 기록에는

> 그 풍속이 淫祀가 많다. 靈星神·日神·可汗神·箕子神을 섬긴다. 國城의 동쪽에 大穴이 있는데 神隧라 부르며 모두 10월에 왕이 몸소 제사지낸다.

라고 하였다.[47] 유교문화 도입의 한 척도인 유교교육기관의 설립에서 고구려의 대학(大學)이 372년, 신라의 국학(國學)이 682년으로 310년

---

45. 본서 pp. 121~125 참조.
46. 《三國史記》 年表 上.
47. 《舊唐書》 列傳149上 高麗傳.

의 차이가 보여 주듯이 고구려는 신라보다 크게 앞서고 있었다. 따라서 고구려에서는 적어도 삼국시대 말에는 후대의 기자묘(箕子廟) 제사(祭祀)에 해당하는 토속제례(土俗祭禮)가 성립되어 있어, 중국인들은 기자신을 다른 토속신들과 함께 일련의 제례대상의 하나로 파악한 것이다. 고구려 후-말기의 기자신 제사는 고려시대 이후 기자묘 제사의 선구가 되는 것으로서, 당시 고구려의 유교문화 수용층이 중국인들의 기자동래설을 받아들여 자체의 유교문화전통의 유구성을 내세울 정도로 사회적 세력확대를 추구하던 결과로 보인다. 그러나 그것은 기자의 문화적 영향이라는 쪽에 비중을 둔 것이지 김부식의 경우처럼 정통성 등과 관련하여 역사적으로 기자조선설 자체를 받아들인 것은 아니었다.

고구려 지역에서는 기자보다 단군과 단군조선이 보다 오래전부터 토착적인 뿌리를 두고 전승되었다. 《삼국유사》와 《제왕운기》에는 부분적으로 약간 다른 내용의 단군신화가 기록되어 있지만, 양자에 등장하는 태백산(太白山)·아사달(阿斯達)·평양성(平壤城) 등 '단군조선'의 중심지역 내지 성소가 모두 고구려지역으로 주석이 달려 있고, 특히 평양성은 고구려의 수도이기도 하였다. 단군은 고조선을 통치한 후 아사달의 산신이 되었다고 하여, 지역 민간신앙과 결합된 구조를 가지고 있다. 실제로 단군은 그 지역의 민간신앙과 결합되어 있었음이 《세종실록》 지리지나 《동국여지승람》의 해당 지역들에 나타나고, 근대까지도 평안도, 황해도, 강화도, 강원도, 함경도 등의 민간신앙이나 민속과 관련하여 조사되었다.[48] 이는 고조선 당시의 건국신화인 단군신화가 후대의 고구려지역을 중심으로 토속신앙과도 결부되어 구전되어 오면서, 후대에 고기류(古記類) 형태로 기록되기도 한 것임을 보여 준다. 그것은 고구려건국신화인 동명신화가 고려시대

48. 서영대, 1999 <전통시대 단군 인식> 《단군학연구》 1(노태돈 편저 《단군과 고조선사》 수록).

까지도 민간신앙의 확고한 기반을 가져 모르는 이가 없었고, 근대의 한반도 중북부 무가(巫歌)에까지 그 흔적을 남긴 것과 매우 유사한 현상이다. 두 건국신화 모두는 지역적 민간신앙에 깊이 뿌리를 내려 강인한 생명력을 가지고 전승되어 왔던 것이다.

단군신화가 문자로 정착되기 전단계는 물론 그 이후에도 전승된 기반은 고구려시대의 평양이나 황해도, 강화도, 강원도 등을 중심으로 한 지역의 민간신앙이었음에 틀림없다. 그리고 단군이 고구려 후-말기에는 국가제례의 대상이었을 가능성도 있으니, 고구려 후-말기의 상황을 전하는 《구당서》에 기자신(箕子神)보다 앞서 열거된 가한신(可汗神)이 주목된다. 가한이란 대군장(大君長)을 의미하는 토착용어인데, '음사'(淫祀)의 하나로 지목된 것을 보면 고구려의 시조나 기타 조상신일 가능성은 상대적으로 적다. 그렇다면 고구려 후-말기에 국가적 제사대상에 편입되고, 토속용어로 지칭되는 대군장은 당시에도 민간에서 숭배되어 내려오던 단군을 지칭한 것일지도 모른다.

단군과 주몽은 모두 고구려지역 민간에서도 신성시되던 대상이다. 양자를 연결시켜 《삼국유사》 왕력(王曆)에서처럼 주몽이 단군의 아들이라는 설정은 단군조선과 고구려로 이어지는 역사적 정통의 계승을 주장하는 새로운 의미를 갖는 것이니, 이러한 주장은 고구려지역 민들에 의한 것임에 틀림없다. 다만 이러한 설정은 고구려 당시이기는 어렵다. 고구려 당시에는 동명신화에 의해 왕실이 신들의 자손이라는 신성족 의식이 보다 중요한 기능을 하였고, 역사적 정통의 계승 관념이 큰 의미를 갖지 않았기 때문이다. 역사적 정통의 계승 관념이 중요해지는 것은 삼국유민의 통합이 문제되는 단계이며, 그중에서도 고구려의 역사적 정통성을 내세우게 되는 것은 고구려유민들이 주도권을 갖게 된 고려건국 후가 될 것이다.

단군조선이 옛 고구려지역을 중심으로 한 민간신앙과도 결부되어 전승되어 오고, 고려건국세력에 의해 고구려가 단군조선을 계승한 것으로 보는 고구려정통론적 역사인식으로 발전해 갔다고 할 때, 단군조선은 신라유민계열에게는 상대적으로 거리가 있게 된다. 그렇다면 초기의 신라정통론을 추구한 신라유민계열에서 단군보다 기자를 내세우게 되는 것은 자연스러운 것이다.

기자(箕子)가 동이족(東夷族) 지역으로 와서 교화시켰다는 기자동래설(箕子東來說) 또는 기자가 조선을 다스렸다는 기자조선설(箕子朝鮮說)은 선진문헌(先秦文獻)에 나타나지 않고 한대(漢代) 이후에 나타난다. 그리고 주로 한족(漢族)과 관련된 단편적인 역사적 사실들이 이념적 요인 등에 의해 과장되고 왜곡되는 과정을 거쳐 기자조선이 존재했다는 인식이 출현하게 되었다고 보는 것이 대개 학계의 일반적인 이해다.[49] 외부적으로는 한족들의 중화주의가 작용하기도 하였다. 하지만 고대와 중세 한국사회에서 그것을 조장한 세력들이 있었다. 유교문화를 중심으로 한 중국문화에 심취한 세력들이 자체 사회의 유교문화 전통이 유구성을 내세우며 자신들의 이념을 역사인식과 결부시키는 과정에서 기자동래설 내지 기자조선설을 정착시킨 것이다.

화이론자이자 화풍파인 김부식이 한국상고 국가의 시원을 기자조선이라 하고 신라가 그 정통을 계승했다는 것은 이미 신라시기에 그쪽으로 접근해 가는 이해가 형성되고 있었다. 최치원은 《한서》 지리지의 기자동래설을 수용하여 '팔조법금'(八條法禁)의 전통을 신라가 가지고 있다고 하였다.[50] 최치원의 기자에 대한 인식은 기자동래설의 수용이 신라국가의 외교문서에서 표방될 정도로 세력을 갖게 된 것을 보여 준다. 그러나 그것은 문화전통에 기자의 영향을 언급함에 치중한 것이고, 아직 장기간에 걸친 왕조로서의 기자조선에 대한 주장

---

49. 箕子朝鮮에 대한 연구동향은 노태돈, 1998a <기자동래설의 사실성 여부> 《한국사를 통해 본 우리와 세계에 대한 인식》 참조.

50. 《東文選》 권43 讓位表; 같은 책 권47 奏淸宿衛學生還蕃狀에도 유사한 내용이 있다.

을 받아들인 것으로 보기는 어렵다.[51] 최치원이 신라역사를 중심으로 역사를 정리한 것으로 보이는 《제왕연대력》(帝王年代曆)은 《삼국사기》나 《삼국유사》에도 인용되고 있다. 이 책에서 최치원이 기자조선에 대해 《삼국사기》 <연표>의 그것과 유사하게 짧게라도 언급했다면 그 의미의 중요성에 비추어 볼 때 반드시 인용될 여지가 매우 크지만 인용된 것이 없다. 이를 보면, 최치원이 아직 역사서에까지 기자조선으로 한 시대를 설정하는 언급을 하지는 못했던 것으로 판단된다.

최고의 신성함을 내세우는 천강설화(天降說話)를 갖는 시조들의 후예인 진골귀족의 전통적 역사인식이 아직 강력한 세력을 갖는 상황은 그러한 역사서술의 출현을 어렵게 하는 요인이었다. 이 같은 최치원의 단계에서 더 나아가 김부식은 단군조선을 부인하는 한편 '기자조선'을 자국사(自國史)에서 최초의 국가라 하고, 신라가 그 정통을 계승한 것으로 설정한 것이다. 물론 그는 '신라가 정통이다'라거나, '신라가 기자조선을 계승했다'는 말을 직접 하지는 않았다. 그러나 《삼국사기》 <신라본기>의 첫머리에서 조선의 유민이 신라 육촌민이고 <연표>에서 최초의 국가는 기자조선이라는 몇 글자 안 되는 표현을 함으로써 그는 역사가 그렇게 진행했다고 단정하는 효과를 거두었다.

그가 이러한 주장을 하게 된 배경으로 몇 가지 중요한 것이 있다. 첫째는 태조 왕건 이래로 전통적으로 내려오는 고구려계승과 고구려정통론을 그가 감히 뒤집고 신라계승과 신라정통론을 내세울 수 있었던 정치적 상황이다. 그것은 앞에서도 언급하였듯이 김부식 일파가 권력을 잡아 왕도 그 눈치를 보는 정치적 상황에서 가능하였다.

둘째, 신라정통론은 고려의 신라계승을 설정할 수 있는 중요한 출발점이 되는 것이었다. 물론 신라정통론은 고려건국계열의 대외정책

51. 노태돈, 1998 앞의 책 p. 291에서도 최치원은 기자가 동으로 와서 교화를 베푼 것은 단기간이라고 보았고, 기자조선이라는 한 시대를 인정하지는 않았다고 하였다.

등을 부인함은 물론 신라유민계열의 정치적 주도를 당연시하는 역사인식을 만드는 의미를 가졌다.

셋째, 둘째의 주장의 논리적 전제를 위해서는 단군조선-고구려의 정통계승을 부정해야 했다. 그것은 단군조선과 고구려의 계승관계를 부정하고 그것을 신라에 연결시키는 방법도 있으나, 이것은 현실적으로 당시에 단군조선이 옛 고구려지역을 중심으로 한 민간에 뿌리를 두고 전승되고 있는 상황에서 어려운 일이었다. 그것보다는 핵심 화풍론자였던 그에게는 우선 단군조선을 원천적으로 부정함으로써 단군조선에서 고구려로 이어지는 정통론의 성립기반 자체를 부정하는 것이 그의 사고방식에 부합하였다. 그는 자국 고대의 건국신화는 믿을 수 없는 황탄한 것으로 보는 반면 중국의 그것들은 신성한 것으로 보고 있었다.[52] 중국의 사서들에 언급되고 있는 기자설화는 그에게 큰 신빙성을 갖는 것이었다. 황탄하다고 믿는 자국의 신화 중에서도 단군신화는 삼국의 건국신화와도 달리 그에 이어지는 후대의 역사적 기록을 가지고 있지 않고 설화 자체로서만 구성되어 있다. 따라서 단군신화는 그의 사고방식에 의하면 《삼국사기》의 동명신화에서처럼 부득이 표현을 바꾸어 재구성해 놓을 필요도 없이, 아예 전면 부정하기도 쉬운 것이었다. 그는 단군조선을 없었던 것으로 무시하고, 기자조선을 최초의 국가로 내세우며, 신라에 정통성을 연결시켜 놓았다.

고려건국세력 계열의 고구려가 단군조선을 계승했다는 주장은 고구려에서 고려로 이어지는 역사적 정통성 주장과 연결된다. 그러한 주장이 출현한 시기는 김부식의 신라가 기자조선을 계승한 정통이라는 주장보다 앞선 것일 가능성도 있으나, 그렇다 해도 고려건국 이후일 것으로 생각된다. 한 가지 분명한 것은 역사적 정통성의 주장에서

52. 노명호, 1997 <東明王篇과 李奎報의 多元的 天下觀> 《震檀學報》 83.

고구려유민계와 신라유민계가 서로 다른 주장을 하고 있었다는 사실이다.

'과거의 우리'의식과 관련된 이러한 두 집단의 역사인식의 이질성과 정통성 경쟁은 아직도 삼한일통의식에서 두 집단의 대립성이 잔존한 것을 나타낸다. 그러나 다른 한편으로 그 이질성의 중심인 정통성 경쟁은 삼한일통을 대전제로 성립되는 것이고, 더구나 삼국 이전 시대로 소급하면서까지 역사적 단일시원(單一始原)을 모색하는 것이다. 따라서 그것은 삼국유민집단 간의 분립성을 추구하는 속에서의 경쟁이라기보다는 사회융합의 진전을 받아들이고 그것을 더욱 강화하는 것과 병행된 내부 집단 간의 일종의 주도권 경쟁이다.

삼국의 단일시원 모색 자체는 12세기에 들어와 삼한일통의식의 한 단계 더 진전된 내용이다. 그 이면에는 당시 고려국가의 '우리'의식을 고취시키는 국제적 요인이 있었다. 고려를 부모의 나라로 섬기던 여진족이 11세기 말에는 완안부(完顔部)를 중심으로 고려에 도전해 오고, 1115년에 금나라를 세운 후에는 역으로 고려에 사대를 요구해 왔다. 예종대부터 시작된 오랜 외교적 줄다리기 끝에 정치적 정당성이 취약한 이자겸 일파는 적지 않은 대가를 얻어내기는 했으나 금에 대한 사대를 받아들였다. 이 사건은 국수적인 묘청일파가 득세하게 되는 계기가 되리 만큼 고려사회를 자극하였다.

묘청일파를 꺾고 권력을 잡은 김부식이 기자조선을 삼국의 단일시원으로 잡은 것은 당시 사회의 고취된 '우리'의식에 영향을 받은 것이기는 하지만, 화이론자이자 화풍론자로서의 면모를 보여 준다. 그는 대국 황제의 명을 어긴 백제가 망한 것은 마땅하다고 하리 만큼 현실과는 거리가 있는 단순하고 당위론적 사대주의에 철저하였다.[53] 그의 아우 김부의(金富儀)는 금(金)이 사대를 요구해 온 초기에 외교

53. 《三國史記》 百濟本紀6 義慈王本紀 史論.

적 현안을 위한 협상도 없이 서둘러 한(漢)과 흉노, 당(唐)과 돌궐의 예를 들며 사대하는 것이 성인(聖人)의 권도(權道)라고 당위론적으로 주장하였다.[54] 김부식이 기자조선을 내세워 유교적이고 화풍적인 문화의 오랜 전통을 강조하며 당위론적 사대주의를 신봉한 것은 그의 아우 김부의의 현실과 유리된 사대주의와 일맥상통하는 바가 있다. 《삼국사기》에서는 삼국의 토속적인 예속(禮俗) 역시 유교적인 것으로 서술하고, 신이(神異)의 부정을 표방했지만 중국의 신화들은 신성한 것으로 보면서도 자국의 고대 선국신화들은 부정적으로 보았다.[55] 유교문화를 중심으로 화풍(華風)에 경도된 그는 단군조선을 무시하고, 중국의 현인인 기자가 세웠다는 나라를 자국 역사의 시원으로 삼았다.[56] 김부식의 역사인식은 기본적으로 고려전기의 고구려정통론을 신라정통론으로 바꾸고, 화풍론에 따라 단군 대신 기자를 강조한 것이다. 그의 역사인식은 이 점에서 고려전기보다 삼한일통의식에서 진전된 것이 없었다.

김부식의 역사인식은 Ⅲ장 2절에서 논한 바처럼 그 일파가 몰락한 후 곧 비판을 받는다. 고구려정통론과 고구려계승론은 대체로 고려시대 전반에 걸쳐 주류를 형성하였던 것이다.

단군조선에 대한 인식은 그 후 고려 전체로 확산되며 확고한 위치를 갖게 되었다. 원래 기자설화는 중국의 설화가 이입되며 소수의 지배층 내에서 몇 단계 부풀리고 창작되는 과정을 거친 것으로 실체가

54. 《高麗史》 列傳10 金富佾傳 附 金富儀傳.

55. 노명호, 1997 앞 논문.

56. 김부식은 기자조선 시원론과 기자조선시대의 단초를 신라정통론과 함께 매우 절제된 짧은 서술로 《三國史記》의 <신라본기> 서두와 <연표>, 두 곳에 분산하여 끼워 넣었다. 그의 일파가 큰 세력을 가진 속에서 행한 것이지만, 기존 고려건국세력이 도출한 고구려정통론과 단군조선 시원론의 반발을 의식하지 않을 수 없었을 것이다. 화풍론적 관점에 선 김부식의 기자조선 시원론은 그 후 별다른 공감을 받지 못하고 단군조선 시원론이 대세를 이루었다. 다만 그가 자국사에 끼워 넣은 기자조선시대는 그 후의 사서들에서도 나타난다.

미미한 것이다. 그와 달리 단군신화는 상고 역사가 한반도 중북부 주민들을 중심으로 토속신앙과도 결합되어 구비전승을 통해 내려오는 한편 그것이 문자로도 서술된 것이다. 따라서 그 역사적 실체가 있고, 사회적 세력을 갖는 것이다. 김부식의 주장으로 단군조선을 지울 수는 없었다.

13세기 후반 이후 《삼국유사》, 《제왕운기》 등의 사서에서는 자국사를 단군부터 서술하였다. 13세기 후반에 대륙의 초강대세력인 몽고의 침입에 대항하여 30여 년 간의 전쟁을 치른 것도 고려국가의 우리의식이 강화되는 계기가 되었다. 삼한일통의식과 연결된 역사계승에서는 단군과 고조선의 존재가 강조됨으로써 삼국의 분립에 앞선 근원의 단일성이 강조되었다.

삼한일통의식의 외부적 유동성의 해소와 내부적 유동성의 삼국유민의식적 요소의 약화는 전반적으로 삼한일통의식의 진전을 가져왔다. 고려국가의 우리의식의 현저한 강화는 14세기 원나라의 압제하에서 고려왕국의 명맥을 끊고 원나라의 한 지방으로 만들려는 입성책동(立省策動)을 극복하는 힘이 되었다. 그리고 그러한 국가단위의 우리의식의 강화는 오랜 기간 누적되어 온 고려의 사회경제적 변동의 여파로 14세기 말에 고려에서 조선으로 왕조 교체가 이루어지는 속에서도 국가 자체는 분열되지 않고 연속되는 중요한 바탕이 되었다.

4. 소결

신라통일기에는 고구려가 신라를 '동이'(東夷)라 지칭한 바와 같은 삼국주민 간의 극심한 차별의식은 극복되었지만, 삼국유민의식을 충분히 극복하는 단계에는 도달하지 못하였다. 그 결과 신라정부의 통제력이 붕괴되자, 후삼국으로 재분열되며 삼국유민의식이 삼한일통의식을 압도하는 상황이 되었다. 그러나 신라통일기에 발달한 사회·경제적 관계망의 붕괴에 따른 문제와 후삼국 간의 대립과 전쟁에 따른 희생은 후삼국주민들을 분립적인 우리의식 속에 안주할 수 없게 하였다. 그에 따라 후삼국시대에도 삼한일통의식은 새로운 통일의 당위성을 제기하는 바탕이 되었고, 그 기반 위에서 고려가 후삼국을 통일하였다.

따라서 고려국가의 국가단위 집단의식은 삼한일통의식에 뿌리를 두고 있었다. 그런데 그 삼한일동의식은 아직 큰 유동성을 가지고 있었다. 하나는 고려국가의 사회통합이 진전되어감에 따른 시기별 유동성이며, 다른 하나는 서로 다른 내용을 갖는 삼한일통의식들이 병존하는 데 따른 유동성이었다. 후자의 면에서 고려시대의 삼한일통의식은 단일성을 확립하지 못하고 서로 다른 삼한일통의식들이 대립하고 있었다.

그 대표적인 한 가지는 고구려유민계열의 삼한일통의식이고 다른 한 가지는 신라계열의 삼한일통의식이었다. '당대의 우리'의식으로서의 삼한일통의식에서 전자는 발해유민을 포함하고 있었고, 후자는 배제시키고 있었다. 탐라와 관련해서도 고려정부 쪽에서는 '당대의 우리'에 포함하는 경향을 보이는 반면, 신라계에서는 그를 배제하는 의식이 드러난다. '과거의 우리'의식에서 전자는 고구려계승의식을, 후자는 신라계승의식을 가지고 대립하였다.

이러한 국가단위의 우리의식의 유동성은 고려의 국가단위 집단의식이 근대의 확고한 민족의식에 기반을 둔 국가단위 집단의식과 크게 다른 점을 드러내준다. 단지 집단의식의 차원에서만이 아니라 당시 고려의 국경 밖의 상태도 근대국가의 그것과는 달랐다. 고려국가의 국경 밖에는 삼한일통의식의 우리의식의 대상으로서 발해유민이 대개 안정된 국가 조직을 갖지 못한 상태로 존재하였고, 탐라의 주민들도 존재하였다. 삼한일통의 우리의식의 대상은 아니었지만 역시 적지 않은 인구가 간헐적으로 고려로 유입되고 있었던 여진집단들도 유사한 상태로 존재하였다.

이러한 국경 밖의 상황은 고려 내부의 서로 다른 삼한일통의식에 의해 영향을 받을 소지가 있었으나, 12세기 전반까지는 고구려유민 계열의 삼한일통의식이 신라계열의 그것을 압도하며 국가를 주도하여, 그에 따른 정책이 추구되었다. 당시 고려가 발해유민의 통합에 적극적이었고, 내국인에 준하여 그들의 내투(來投)를 받아들인 것은 그러한 고구려계열의 삼한일통의식에 따른 것이었다.

외부 상황에 큰 변화가 온 것은 12세기 초였다. 1115년 금나라의 건국으로 만주지역의 발해유민들과의 관계가 단절되었다. 그리고 거란시대를 경과하면서도 남아 있었던 발해유민을 금나라가 옮겨 흩어 놓음으로써 고려가 접촉할 발해유민은 사라지게 되었다. 따라서 12세기 중엽에 김부식에 의해 신라계의 삼한일통의식이 대두되어 고구려계의 삼한일통의식과 대립하게 되었을 때는 삼한일통의식은 '과거의 우리'의식으로서만 의미를 갖게 되었다.

'과거의 우리'의식에서의 두 계열의 대립은 고려국가의 역사적 정체성에 대한 대립이었고, 역사와 문화적 전통에 입각한 판단기준의 설정에 대한 대립이기도 하였다. 고려 초 이래의 제도이기도 했던 황제국의 제도와 관련하여 김부식과 윤언이가 논쟁을 하면서, 윤언이가 발해까지를 포함하여 '과거의 우리'의 전례를 제시한 것은 김부식으로서는 받아들일 수 없는 것이었다.

고려후기 이후 발해에 대한 역사의식은 두 계열로 나뉘어 고려 말까지도 평행선을 달렸다. 또한 고구려와 신라에 대한 정통론적 역사의식이나 역사계승의식도 마찬가지였다.

김부식이 죽은 후 그 세력이 점차 약화되고, 무신란의 발발로 문신층 전체가 큰 타격을 입어 지배층의 분위기가 크게 달라졌다. 13세기 중엽의 저작인 《보한집》에서는 삼한일통 속에서의 발해유민의 위치를 다시 강조하였다. 발해국인들이 모두 고려에 귀순했다는 최자(崔滋)의 언급에는 과장된 측면까지도 있다. 이러한 과장된 인식은 고려 태조 8년의 발해국이 내투해 올 것이라는 예언이나 태조의 발해세자 대광현에 대한 정책이 상징하는 발해국의 정통계승자가 귀부하여 통합했다는 것 등이 굴절된 형태로 다시 부활한 의미를 갖는 것이었다. 최자와 같은 발해유민에 대한 인식은 13세기 후반 이승휴(李承休)의 《제왕운기》에도 나타나며, 이승휴는 대조영을 '고구려의 구장(舊將)'이라 하여 고구려에 뿌리를 둔 집단으로 파악하였다. 발해에 대한 동류의식은 14세기 후반 정몽주의 시에서도 나타난다. 고려 초 이래 고구려계승의식을 토대로 하며 발해를 고구려의 한 지파로서 '우리의식' 속에 포함시키는 삼한일통의식은 고려 말까지 지속된 것이다.

한편, 고려중기에 표면에 떠오른 신라계의 삼한일통의식도 계속되었고, 때로는 약간의 변형을 보이기도 하였다. 13세기 후반에 저술된 《삼국유사》에서 일연(一然)은 발해의 역사 중 주로 그 기원과 강역에 대한 것을 짧게 서술하였지만 발해가 '말갈의 별종'이라 하여, 고구려계의 발해유민을 여진-말갈계와 구분하는 고려의 전통적 인식과는 다른 입장을 취하였다.

14세기에 원나라 세력의 침투와 함께 고려의 고구려계승의식과 연결된 전통적 북진정책은 크게 약화되었다. 그리고 그 반면에 원으로부터 성리학의 수용이 진행되자, 지배층의 사상에서 사대이념과 정통론적인 역사인식이 확산되고 심화되어 갔다. 이러한 상황에서 신라계승의식은 더욱 강화되었으며, 발해사를 한국사에 포함시키는 역사의식은 약화되었다. 최해(崔瀣)는 중국 빈공과 급제자를 말하면서, 발해를 '동방'에서 제외하였다. 이러한 인식은 조선 초에 이르면 《동국통감》식의 발해가 우리와 무슨 관계가 있느냐는 이해로 연결되게 된다. 이러한 신라계 삼한일통의식에 편향된 발해사인식에서 벗어나 발해사에 다시 주목하게 되는 것은 이념적 역사인식을 완화하고 고증적 연구에 보다 비중을 두게 된 조선후기 실학단계에 들어가서의 일이었다.

비록 '과거의 우리'의식에서 경쟁적인 두 계열로 나뉘어 지속되었지만, 그 다른 한편에서는 통일성을 강조하는 '과거의 우리'의식이 발달하여 양자를 한 지붕 밑에 묶어 두고 있었다. 당시 고려국가 단위의 '우리'의식을 고취시키는 국제적 요인들이 발생하고 있었다. 12세기에는 고려를 부모의 나라로 섬기던 여진족이 금나라를 세운 후 고려에 사대를 요구해 오고 이자겸 일파가 그것을 받아들인 것이 그 하나다. 이 사건은 국수적인 묘청일파가 득세하게 되는 계기가 되리만큼 고려사회를 자극하였다. 13세기 후반에 대륙의 초강대세력인 몽고의 침입에 대항하여 30여 년 간의 전쟁을 치른 것도 고려국가의 우리의식이 강화되는 계기가 되었다. 삼한일통의식의 역사계승에서는 단군과 고조선의 존재가 강조됨으로써 삼국의 분립에 앞선 근원의 단일성이 강조되었다. 김부식도 신라의 정통성과 관련하여 《삼국사기》에서 고조선의 유민에서 신라가 건국된 것이라 하였다. 《삼국유사》나 《제왕운기》도 삼국에 앞선 자국사의 시원을 고조선으로부터 서술하였다.

삼한일통의식의 외부적 유동성의 해소와 내부적 유동성의 삼국유민의식적 요소의 약화는 전반적으로 삼한일통의식의 진전을 가져왔다. 12세기는 이미 각 지방의 토호세력들을 포괄하는 고려의 지배층 편성이 확고한 단계에 들어선 지 오랜 시간이 경과된 때였다. 1170년에 무신의 난이 일어난 후 왕실은 무력화되고 기존의 고려를 이끌던 문벌세력을 비롯한 많은 문신들을 대치하여 새로운 지배세력이 들어섰어도 고려국가의 통일성은 유지되고 보호되었다. 무신집정 이의민(李義旼)이 왕위를 노려 신라부흥운동을 표방한 반란에 관여한다는 의심을 받기도 했으나 일반 지배층의 입장은 확고한 것이었다. 무신집권기의 정치적 혼란 속에 생계를 위협받은 지방하층민들의 삼국부흥을 표방한 반란은 지방 지배층과도 계급적 입장을 달리하는 것으로서 지방사회 내에서도 단합을 보기 어려운 것이었으며 결국 모두 무신정권에 의해 평정되었다.

고려국가의 우리의식의 현저한 강화는 14세기 원나라의 압제하에서 고려왕국의 명맥을 끊고 원나라의 한 지방으로 만들려는 입성책동(立省策動)을 극복하는 힘이 되었다. 그리고 국가단위 우리의식의 강화는 큰 사회경제적 변동을 수반한 14세기 말 고려에서 조선으로 왕조 교체가 이루어지는 속에서도 국가사회 자체는 연속되는 중요한 바탕이 되었다.

삼국시대에서 통일신라와 발해의 성립으로, 통일신라와 발해에서 후삼국으로, 후삼국에서 고려로의 변화는 모두 왕조의 변화와 함께 국가사회 자체의 외연에 큰 변화가 있었다. 그러한 면에서 14세기 말 왕조의 교체에서는 국가사회가 연속되는 상태가 된 것은 한국사에서 중요한 의미를 갖는 사실이다.

V. 해동천자의 '천하'와 번(藩)

1. 해동천자와 그 '천하'의 관념

《고려사》 등 고려시대의 자료, 특히 13세기까지의 자료에서 보이는 천자(天子), 황제(皇帝), 제후(諸侯), 번(藩: 蕃), 천하(天下) 등의 용어는 이중적 상황에서 이중적 의미로 사용되었다. 원래 이 용어들은 중국의 고대 정치문화에서 기원한 것이다.

그 정치문화에서는 천명(天命)을 받았다고 자부하는 강대국의 군주인 천자(天子)가 다스리는 국가가 중심이 되어 국제관계의 질서를 주도하였다. 교역상의 필요나 군사력에 눌리는 등의 이유로 천자국이 주도하는 국제관계의 질서를 인정하고 받아들인 그 주변의 국가나 종족집단들은 번(藩)으로 지칭되며, 그 군주는 천자국 내부의 신하에 준하는 서열관념에 의해 제후라 하였다. 천자국과 제후국 사이의 공식적 관계는 책봉(冊封)과 조공(朝貢) 관계로 구현되었다. 이러한 중심의 천자국과 그 주변의 여러 번들이 구성하는 국제적 세계는 대개 '천하'로 지칭되었다. 그런데 책봉-조공관계를 바탕으로 한 천하는 중심국의 영향력이 미치는 '실제적 천하'이고, 종교적 성격을 띠는 사고와 연관되기도 하는 '관념적 천하'는 그보다 훨씬 큰 범위를 향해 열려 있는 실제성이 적은 범위였다. 이처럼 중국고대문화에서 기원한 동아시아의 전근대 국제관계형식은 천자국과 제후국 사이의 의전 형식을 '사대례'(事大禮)라 하였다. 그것은 군신관계에 준하는 상하관계 형식의 의례였으며, 당나라의 《개원례》(開元禮)를 비롯하여 천자국과 제후국 사이에는 대개 사대례에 따른 각종 의례들이 정해져 있었다.

고려가 건국된 10세기 초에는 당시 동아시아에서 선진문화였던 이러한 한족(漢族)의 정치문화가 이미 동아시아의 여러 나라들에 널리 확산되어 있었다. 그리고 당나라가 오대(五代)의 왕조들로 분열하고, 송(宋)이 오대의 왕조들을 통일한 후에는 북방에 요(遼), 금(金), 몽고로 이어지는 북방왕조들이 일어나, 13세기 말 남송(南宋)이 멸망하기까지 강대 세력이 남북으로 대치하였다. 동아시아 세계를 주도하는 단일 절대강자가 사라지고 양대 세력이 대치하는 속에 중소 국가들에 대한 견제는 약화되었다. 동아시아 세계에는 남북의 강대국 외에도 천자(황제)국을 칭하는 여러 나라들이 대두하였고, 그 국가가 주도하는 소천하를 형성하기도 하였다. 송, 요, 금, 몽고 이외에도 고려, 서하(西夏), 월남(越南) 등이 천자(황제)국을 칭하였으며, 군주가 천황(天皇)을 칭한 일본도 같은 경우로 볼 수 있다.

동아시아는 하나의 중심을 갖는 하나의 천하가 아니라, 각기 다른 중심을 갖는 몇 개의 천하들로 나누어졌고, 이러한 천하의 범위들은 겹치기도 하였다. 양대 세력 사이의 천하 범위가 중첩되는 공간에서 고려는 송과 요, 송과 금 사이에서 때로 동시에 양자와의 관계를 가졌다. 11세기 전반에 보주(保州) 지역의 반환요청을 들어주지 않는 거란과의 관계를 끊고 송과의 관계를 추구하려 한 것도 그러한 양대 세력의 세력권이 중첩된 공간에 위치하여 가능한 일이었다.

양대 세력의 천하와 고려의 천하가 중첩되는 것은 서두에서 언급한 용어들이 이중적 상황에서 이중적 의미로 사용되는 요인이 되었다. 송 · 요 등과의 관계에서 고려는 이들을 천자국으로 하는 제후국(諸侯國)이고, 번방(藩邦)이 되는 국제관계의 질서를 대체로 받아들였다. 한편 고려가 주도하는 '천하' 내의 세력들과의 관계에서 고려는 천자국이 되어 그들을 번(藩)이라 하였다.[1] 물론 각 소천하들의 범위는 동아시아 세계의 각국들의 세력관계의 변화에 따라 시기별 변동이 있었고, 소천하들 사이의 중첩관계도 상호 평화 공존과 경쟁 대립을 반복하곤 하였다. 남북의 양대 세력과 고려 사이의 관계도 이러한 시기별 변화를 하며, 외교의전상의 형식이나 격이 바뀌고 있었다.

고려전기의 군주는 송 · 요와의 관계에서는 국왕을 칭하였으나, 자체의 세력권 내에서는 천자나 황제를 칭하였다. 당시 고려 군주의 복식도 송 · 요로부터는 제후의 복식을 받고 있었으나, 자체 내에서는 황제의 복식을 사용하였다. 1992년에 출토된 고려 태조 왕건의 동상이 쓰고 있는 관(冠)은 제후들이 쓰는 원유관(遠遊冠)이 아닌 천자가 쓰는 통천관(通天冠)이었다.[2] 고려 군주를 부르는 호칭은 폐하(陛下)였으며, 전하(殿下)는 왕후와 태자를 부르는 호칭이었다. 고려는 관제(官制)와 공문서식(公文書式)에서도 황제국의 제도들을 채택하고 있었다.

고려의 황제국 제도들은 조선시대에 들어가 유교적 관점에서 명분

---

1. 이와 관련된 연구로는 다음과 같은 것들이 있다.
   하현강, 1965 <高麗食邑考> 《歷史學報》 26.
   황용운, 1974 <高麗諸王考> 《정중환박사환력기념논총》.
   진영일, 1996 <高麗前期 耽羅國 硏究> 《탐라문화》 16.
   노명호, 1997 <東明王篇과 李奎報의 多元的 天下觀> 《震檀學報》 83.
   김기덕, 1997 <高麗의 諸王制와 皇帝國體制> 《국사관논총》 78.
   노명호, 1999 <高麗時代의 多元的 天下觀과 海東天子> 《韓國史硏究》 105.
   추명엽, 2002 <고려전기 '蕃'인식과 '동서번'의 형성> 《역사와 현실》 43.
   ______, 2005 <고려시기 '海東'인식과 海東天下> 《한국사연구》 129.
2. 노명호, 2006a <고려태조 왕건동상의 황제관복과 조형 상징> 《북녘의 문화유산》, 국립중앙박물관.

에 어긋나는 것으로 맹렬히 비판되었다. 그리하여 《고려사》의 편찬에서는 제후국의 제도로 개서(改書)하자는 주장과 사실은 사실대로 기록하자는 주장이 맞서 오랜 시간 대립하며 시간을 끌었다. 최종적으로는 세종이 후자 쪽으로 결론을 짓되 범례에서 고려의 제도들을 참람한 것으로 비판하는 서술을 붙이도록 하였다. 고려의 황제국 제도와 관련된 자료들은 많은 편이나, 소수의 연구자들 이외에는 그에 대한 관심을 기울이지 않아, 비교적 근래에 학계에서 논의가 확대되는 추세다.

고려시대 당시의 자료에 보이는 고려의 황제국 제도와 관련된 용어들은 다음과 같은 《고려사》 악지(樂志)에 실린 궁중의례용 악곡인 풍입송(風入松)이라는 속악(俗樂)에 종합적으로 나타난다.

> 海東天子이신 지금의 皇帝에 이르러
> 부처와 하늘이 도우시니 敎化가 널리 퍼져
> 세상 다스려지도다.
> 은혜가 깊어, 遠近과 古今에 드물어라.
> 外國이 직접 찾아와 모두 歸依함에,
> 四境이 편안하고 깨끗하여 무기를 버리니,
> 盛德이 堯 임금, 湯 임금으로도 견주기 어려워라.
> (중략)
> 四海가 昇平하고 有德하여 모두 堯임금 때보다 낫도다.
> 邊庭에 아무 일도 없어
> 將軍의 寶劍은 휘두를 일 없네.
> 南蠻과 北狄이 스스로 來朝하여
> 百 가지 寶를 우리 天子 섬돌 아래 드리네.
> 金階玉殿에서 萬歲를 부르니
> 우리 주상 오래 寶位에 계시라.
> 이 太平時節을 대하여
> 악기와 歌謠 소리 아름답도다.
> 主上의 聖스러움과 臣들의 어지심이 만나
> 강물도 맑고 바다도 편안하네.
> 梨園弟子가 霓裳(羽儀曲)을 白玉簫로 우리 皇帝 앞에 연주하니
> 仙樂이 궁정에 가득하여 모두들 音律에 젖네.

君臣이 함께 太平筵에 취하고
皇帝의 마음 크게 기쁘시니
이날 銀漏刻은 자주 전해 재촉치 말라.
(하략)3

이 노래는 조선시대에도 자주 연주되었다고 하는데, 조선시대의 악곡집인 《시용향악보》(時用鄕樂譜)나 《악장가사》(樂章歌詞)에서는 '해동천자'가 '성스러운 명의 천자'[聖明天子]로 바뀌어 명나라 황제의 성덕을 노래하는 곡으로 바뀌었다.

위의 풍입송을 보면, 고려의 군주를 '해동천자' 또는 '황제'라 시칭하고, 국가의 변경을 '사경'(四境)이라 함이 보인다. 그 사경 밖에는 '남만(南蠻)과 북적(北狄)', 그리고 '외국'이 존재한다. 그리고 해동천자인 고려 황제의 '성덕'(盛德)에 의해 평화와 번영을 누리는 세계인 '사해'(四海), 즉 천하가 나타난다. 풍입송에는 고려중심주의의 과장과 미화가 다분히 가미되어 있는 것도 사실이다. 그러나 이러한 용어들과 그에 수반된 관념들은 단순한 허구가 아니라, 당시 고려의 실제 정치상황이나 대외상황의 자료들에서도 자주 나타나는 것들로서 실제적 기반도 갖는다.

해동천자는 단지 '사경' 내의 고려국가만을 다스리는 군주가 아니라, '사해'와 불가분의 관계에 있다. 고려 황제의 '성덕'이 미치는 '사해'는 곧 고려의 영향력이 미치는 고려국가 밖의 범위다. '실제적 천하'로서의 사해에 포함되는 대상이 '남만과 북적'이다. 이들은 고려에 '내조하여 백 가지 보(寶)를 바치는', 즉 고려와 조공 형식의 관계를 갖는 존재들이다.

고려에 귀의한다는 '외국'은 고려에 조공하는 존재가 아니다. '외국'으로 지칭한 것은 기본적으로 고려와 대등한 관계의 국가로 인식한 것이다. 그와 관련하여 한안인(韓安仁)은 예종대에 송나라에 대해,

---

3. 風入松의 해석에 대해서는 盧明鎬, 1997 앞 논문 참조.

"서쪽 송나라는 인(仁)을 친(親)히 여겨 화친을 맺었다."라는 표현을 하였다.[4] "중하(中夏: 중국)가 화친을 통한다[通和]"는 표현은 인종대의 임종비(林宗庇)의 글을[5] 비롯하여 여러 곳에서 보이는 표현이다. 인종대에 이지저(李之氐)는 다음과 같은 표현을 하고 있다.

> 삼가 생각컨대 皇上께서는 밝은 지혜가 뛰어나시며, 기미를 앎이 神같습니다. (중략) 마침내 平壤의 지경에 大花의 형세를 점쳐 얻으니, 단지 魏國 山河의 寶일뿐 아니라, 바로 洛邑으로 天地의 중심을 삼는 것과 같습니다. (중략) 慶事는 夷와 夏에 고르게 미칩니다. 이미 舜임금의 덕을 펴서 干과 羽의 춤을 東西 兩階에서 추게 하시고, 塗山의 모임에 玉帛을 가지고 오는 자 萬國임을 보겠나이다. 离(易의 괘)의 비춤이 中에 當함은 사방의 나라가 찾아옴(四國賓)입니다.(하략)6

위에서 이(夷)는 풍입송의 '남만 북적'에 해당하는 존재인데, 이와는 별도로 '사국빈'(四國賓), 즉 대등한 국가 간의 의례인 빈례(賓禮)로 만나는 나라들을 언급하였다. 이들은 풍입송의 '외국'에 대응하는 존재다.

실제의 교섭에서는 사대관계에서 상위에 섰던 송나라 등을 화친의 대상이고 빈례의 대상으로 보는 것은 인식의 객관성이 문제될 수 있다. 이러한 표현들이 사실관계에서 과장과 자기중심적인 면이 있는 것도 사실이다. 그러나 모두 허구가 아니라 일면 당시의 사실에 근거한 부분이 있고, 단순한 사실의 문제만이 아닌 당시대 사람들의 관점의 문제가 있었다.

당시 강대국들과의 관계를 보면, 11세기 중엽 송나라는 고려와의 국교가 정상화되자 고려 사신을 다른 제번(諸蕃)들과 같은 조공사(朝貢使)가 아닌 등급을 올려 대등한 국가의 사신인 국신사(國信使)라

4. 《東文選》 권104 咸寧節御宴致語.
5. 위의 책 八關致語.
6. 위의 책 권104 西京大花宮大宴致語.

하였다.[7] 1115년에는 송(宋)의 예부에서 사신접대를 하는 다른 번국들과 달리 고려의 사신 접대를 특별히 '대요국'(大遼國)의 예에 따라 추밀원(樞密院)에서 관장하게 하기도 하였다.[8] 이는 당시 송나라가 고려에 대해 최고 등급의 외교적 예우를 하였던 것을 의미한다. 당시 송나라의 구법당 계열 신료들 간에 고려 사절의 접대에 지나치게 많은 비용과 인력이 들어가 송나라의 백성들에 과중한 부담이 된다는 불평이 높았다.[9] 심지어 고려 사신도 송나라의 접대가 대단히 융숭하여 화려함과 사치함이 지나치다고 탄식하는 경우가 있었다.[10] 고려에서 요(遼)에 보내는 소공에 해당하는 물품들도 '국신물'(國信物)로 언급되곤 하였고, 당(唐)의 황제 생신을 칭절(稱節)한 예와 같이 절일(節日)로 칭하는 고려 군주의 생신에 요(遼)에서 축하 사절을 보낸 기록들이 나타난다. 또한 금(金)은 초기에 고려 군주를 황제로 지칭한 국서를 보내 온 바 있다.[11]

무엇보다도 고려에서 송이나 요의 사신들을 맞이할 때의 의례형

---

7. 《宋史》 外國傳3 高麗傳에 "政和中에 그 사신의 등급을 올려 國信(使)라 하고, 禮는 夏國의 위에 있게 하였다."라고 하였다. 강대국의 자국중심주의 사고가 극대화된 《開元禮》가 전형이 되는 전근대 동아시아 국가 간의 의례는 수직적 상하관계인 事大關係가 발달하였다. 다만, 10세기부터 13세기까지 宋과 遼·金이 남북으로 대치하던 시기에는 대등한 수평적 관계의 의례가 발달하였다. 그리고 원래는 국가 간의 信書, 國書를 의미하는 단어인 '國信'이 그러한 관계를 나타내는 용례를 갖게 되었다. 朝貢使, 勅使, 詔使 등이 상하 관계를 내포한 사신 명칭인 것과 달리 國信使는 상하관계를 내포하지 않음은 물론 대등한 관계를 전제로 하는 송과 요, 송과 금의 관계를 중심으로 사용되었다(김성규, 2000a <宋代 東아시아에서 賓禮의 성립과 그 성격> 《동양사학연구》 72 참조). 뿐만 아니라 《宋史》, 《宋會要》, 《通鑑續編》 등에는 遼, 金과의 교섭을 담당하는 기관으로 설치된 國信司, 國信所에 대한 기록들이 보인다(이에 대해서는 김성규, 2000b <宋代迎賓機關의 성격을 중심으로 본 唐宋變革의 一面> 《中國學報》 41도 참고가 된다). 이러한 수평적 국가 간의 관계는 國信關係라 불러도 좋을 것으로 생각된다.
8. 《宋大詔令集》 권237 高麗依大遼例隸樞密院御筆手詔. 이러한 麗宋關係에 대해서는 金庠基, 1985 《新編 高麗時代史》 p. 183에서도 언급된 바 있다.
9. 李範鶴, 1992 <蘇軾의 高麗排斥論과 그 背景> 《韓國學論叢》 15(국민대한국학연구소).
10. 《高麗史》 列傳9 金仁存傳.
11. 《帝王韻紀》 권上 金國.

식을 보면, 국신관계(國信關係)와 사대관계(事大關係)의 의례(儀禮)가 절충된 형식이다.[12] 《고려사》에 수록된 거란 및 금나라의 사신에 대한 의례형식인 <영북조사의>(迎北朝使儀) 및 <영북조기복고칙사의>(迎北朝起復告勅使儀)는[13] 그러한 면을 잘 보여 준다. 《고려도경》에 보이는 송나라 사신을 맞을 때의 의례형식도 거의 같다. 이러한 국신관계와 사대관계 의례가 절충된 송이나 요와의 국교상의 의전형식은 당나라의 《개원례》나 후대의 명나라와의 사대례(事大禮)에서의 의례형식과는 매우 큰 차이를 갖는 것이었다.

대륙의 강대국들과의 관계를 화친과 빈례의 관계라고 표현한 것은 국신관계와 사대관계가 복합된 실제의 관계에서 한 쪽 면만을 확대 과장한 것이다. 그런데 이러한 표현은 강대국들에 대응하는 고려의 태도와 관점이라는 또 다른 실제의 면을 내포하고 있었다.

고려시대에는 당시의 세계관과 연관되면서, 대륙의 강대국들에 대한 세 가지 관점과 태도가 존재하였다.[14] 하나는 당나라와 송나라 등 한족의 국가를 진정하고 유일한 천자국인 중화(中華)로 여기며, 고려를 이(夷) 또는 그중의 소중화적(小中華的) 존재로 보는 화이론적(華夷論的) 천하관이었다. 화이론자들은 대개 선진문화인 당송의 문화에 심취하였고, 그 방면에서 당대의 문화적 엘리트들이었다. 이들은 중화의 문화를 가능하면 전적으로 수용해야 할 절대적 선진문화로 여기고 있었다. 대외관계에서는 송에 대해 실질적 관점보다는 소국의 대국에 대한 명분론적이고 당위론적 관점에서 사대를 주장하였다. 따라서 고려는 절대로 천자(황제)국의 제도를 채택해서는 안 되며, 반드시 제후국의 제도를 채택해야만 한다고 보았다. 실제로 이 계열의

---

12. 奧村周司는 이것을 '臣禮의 기피', 전형적 사대와는 다른 '國信關係'형태의 '傾斜的 關係'라고 하였다(奧村周司, 1984 <使節迎接禮より見た高麗の外交姿勢: 十一,二世紀における對中關係の一面> 《史觀》 110, 早稻田大學史學會).
13. 《高麗史》 志19 賓禮 迎北朝使儀 및 迎北朝起復告勅使儀.
14. 이에 대해서는 노명호, 1999 앞 논문 참조.

인물들인 최승로(崔承老)가 정치를 주도하던 10세기 말 성종대나 김부식이 주도하던 12세기 중엽에는 고려 초 이래의 황제국 제도들이 많이 혁파되거나 억제되고 제후국의 제도들이 새로이 도입되었다. 그리고 대외관계의 정책도 그에 따라 추구되었다.

이와는 정반대의 천하관은 고대로부터의 오랜 전통을 갖기도 하는 자국중심(自國中心) 천하관이었다. 이들은 고려만이 진정한 천자국이며, 현실 세계의 강대국들을 포함한 모든 나라들도 언젠가는 고려국의 번방(蕃邦)이 되고 조공을 바치게 되어야 할 운세를 가지고 있다고 보았다. 고려시대에는 이러한 관념에 입각한 여러 가지 도참서(圖讖書)들이 만들어졌고, 그러한 것을 신봉하는 자들이 고려조정에도 있었다. 이들은 동아시아의 국제적인 동향이나 선진문화에 대해서도 대개 개방적인 태도가 부족하였고, 그에 대한 정보에 밝지도 못하였다. 강대세력들과의 관계에서도 이들은 고려의 자존성을 살리는 강경한 대처로 편향되는 경향이 있었다. 12세기 중엽 인종대에 잠깐 정국을 주도한 묘청일파는 고려조정을 주도한 이 계열의 대표적 세력이다. 자국중심 천하관은 화이론적 천하관과 여러 가지 면에서 양 극단에 서는 차이를 가지고 있었으나, 천하와 그 중심을 대륙의 강대세력이나 자국인 고려 중 하나로만 인식하는 일원론적인 천하라는 점에서 공통의 사고방식을 가졌다.

위의 두 천하관이 일원론적인 천하관인 것과 달리, 천하의 구성이 다원적인 것으로 보는 천하다원론(天下多元論)이 고려시대에 발달하였다. 천하다원론에서는 천하의 중심이 하나만 있는 것이 아니고, 각기 다른 특성과 중심을 갖는 몇 개의 소천하들이 병렬적으로 존재한다고 인식하였다. 송이나 거란이 각기 천자국이듯이 고려도 나름의 소천하를 갖는 천자국이라고 생각하였다. 천하다원론자들은 국제적 선진문화인 당송의 문화인 '당풍'(唐風)에 대해서도 개방적이고 그에 대해 깊은 소양을 갖는 자들이 많았다. 그러나 그들은 당풍의 적극적인 수용을 추구하는 한편 고려의 전통적인 문화인 '국풍'(國風)에 대해서도 소홀히 하지 않고, 양자의 조화를 추구하였다. 대외관계에서는 실제의 세력관계와 실리관계를 중시하여 강대국과의 형식적인 사대를 받아들이는 정책을 추구하되 국익을 지키는 데는 강온 양면책을 구사하였다.

세 천하관은 고려시대를 통해 병존하였다. 다원적 천하관은 양 극단의 두 천하관계열의 새로운 움직임에 자극을 받으면서 발달하였다. 다원적 천하관은 초기 이래로 대부분의 시기에 주도적 위치에 있었다. 고려 태조 왕건 역시 천하다원론자였다. 고려 태조는 후대의 왕들에게 남긴 훈요(訓要)에서 다음과 같이 훈시하였다.

> 네 번째로 이르노니, 우리 東方은 오래전부터 唐風을 따라 文物 禮樂이 모두 그 제도를 준수하고 있지만, 지역이 다르고(殊方) 풍토가 다르며(異土) 사람들의 성품도 각기 다르므로(人性各異) 굳이 같을 필요가 없다(不必苟同). 契丹은 禽獸之國이라서 풍속이 다르며 언어 또한 다르니 衣冠制度는 삼가하여 본받지 말라.[15]

태조는 당풍(唐風) 즉 당의 문물예악이 훌륭하지만 동방은 당나라와 지역·풍토가 다르며, 사람들의 성품도 각기 다르므로, 굳이 같게 할 필요가 없다고 하였다. 즉 선진문화라도 고려에 맞게 받아들여야 하며, 고려 나름의 문물도 유지할 것은 유지하여야 한다는 것이다. 이는 지역·풍토·인성에 따라 문화는 부분적으로라도 달라질 수밖에 없다는 별개의 세계들을 설정하는 관념이며, 당과 달리 나쁘게 평가한 거란도 그러한 세계의 하나로 이해되고 있는 것이다.

다원적 천하관은 13세기 말 이후 원세력의 압박으로 고려가 천자국을 자처할 수 없게 된 때에도 고려사회 일각에서 계속되었다. 그 한 예로, 이승휴는 《제왕운기》에서 별도의 천하에 대해 다음과 같이 서술하였다.

---

15. 《高麗史》 世家2 太祖 26년 하4월.

遼河 동쪽에 별도의 한 天地 있으니 / 天文(斗; 북두성, 여기서는 轉하여 천문을 일컬음)도 中朝와는 그 地境이 나뉘이네.[16]

중조(中朝)와는 관측되는 천문의 위상(位相)이 다르듯이 요하(遼河)의 동쪽에는 별도의 한 천지, 즉 천하가 있다는 것이다. 이승휴는 금나라의 역사 서술 끝에 금나라 사람들이 고려를 '부모향'이라고 일컬었음을 언급하였다.[17] 그리고 중조의 요·순과 같은 때에 시작되는 요하 동쪽 천하의 유구한 역사 전통을 서술하였다. 여기서 요하 동쪽의 천지란 고려만을 의미하기보다는 그 주위 지역을 아우르는 범위로서 고려전기에 고려가 중심이 되어 영향력을 가졌던 실제적인 소천하의 범위보다도 훨씬 넓은 관념적인 천하의 범위다. 그 관념적인 천하는 고조선과 고구려의 영토였고, 고려에서 '친척'이라 했던 발해의 영역이었다는 역사적 기억에 입각한 관념적인 천하의 범위였다.

빈례와 사대례가 절충된 고려와 송·요·금 등과의 외교적 의례형식에서 빈례를 강조한 표현의 문제로 다시 돌아가 보자. 명분론적이고 상위론적 사대를 주장한 화이론자들은 그와는 정반대의 입장에서서 사대적 위치를 강조하는 표현을 사용하고 있었다. 이를테면, 화이론자인 최승로(崔承老)는 태조의 치적을 평하며 사대를 제일 첫째로 꼽았다.[18] 그의 화이론적 천하관은 그만큼 철저하였으니, 다음의 글은 그러한 면을 잘 보여 준다.

중국 皇帝께서 동방에 깊은 관심 기울이시어, 우리 임금 事大하는 마음 어여삐 여기셨네. 八方 호령하는 詔書가 天上에서 내리니, 지극히 높은 곳의 使臣이 해 뜨는 동쪽 변방에 임하였네.(하략)[19]

---

16. "遼東別有一乾坤 / 斗與中朝 區以分"(《帝王韻紀》 권下 東國君王開國年代 地理記幷序).
17. 《帝王韻紀》 권上.
18. "自成一統以來 勤政八年 事大以禮 交隣以道 居安無逸 接下思恭 貴道德崇節儉 卑宮室 而期於粗庇風雨(하략)"(《高麗史》 列傳6 崔承老傳).
19. 《東文選》 권12 奉賀聖上受太尉冊命初襲王封. 이 詩의 제목에 보이는 太尉冊

최승로는 중국을 '천상'(天上)과 '지극히 높은 곳'이라 하여, 중국 천자의 조서(詔書)와 사신이 '동쪽 변방' 고려에 '강림하였다'고 하였다. 중국과 고려는 하늘과 땅의 차이였고, 사대하는 고려의 군주와 그를 어여삐 여기는 중국 천자 사이의 차이 역시 마찬가지였다. 이것은 송나라에 보낸 외교적인 글이 아니라, 고려 내에서 성종에게 책봉을 경하하며 쓴 글이다. 책봉에 이렇게 큰 의미를 둔 것 자체도 화이론적 천하관의 한 특징이었다. 당송의 문화를 궁극적인 최상의 선진문화로 여긴 화이론자들에게 사대는 마땅한 명분이자 당위적인 것이었다.

천하다원론자들에게 강대국에 대한 사대는 강대국과의 정면충돌을 피하며 그들과의 필요한 교섭관계를 갖는 형식을 받아들인 전략적인 성격을 띠는 것이었다. 따라서 형식적인 사대를 받아들여도 가급적 최소한에 국한하며 자국이 천자국이라는 관점을 견지하였다. 고려시대의 강대국과의 교섭의례가 사대례와 국신관계의 절충형식인 것도 천하다원론자들의 노력이 크게 작용한 결과로 보인다. 이들이 앞에서 본 글 등에서 사대례와 국신관계가 절충된 송·요 등과의 관계에서 국신관계적 요소를 확대하여 강조한 것은 그들의 희망에 따른 사실의 과장이기도 했지만, 그들이 보는 고려국의 실리에 필요한 당위적 요소를 강조한 것이었다.

그렇다면 천하다원론자들이 고려를 천자국으로 보며, 대륙의 강대국과의 관계에서 자국의 대등성을 확보하려는 것은 당시에 어떤 의미를 갖는 것이었을까? 그것은 자기만족을 위한 추상적이고 주관적인 자국의 자존성을 주장하는 것이 아니라, 고려 나름의 소천하의 존립기반을 이념적으로 확보하는 의미를 가졌다.

고려 군주의 칭제(稱帝)는 대외적으로 사실상 공공연하게 표명된

封 사실은 成宗 7년에 성종이 宋으로부터 檢校太尉로 책봉된 것을 말한 것으로 보인다(위의 책 世家3 成宗 7년 동10월).

것이었고, 그 때문에 대외 지향적인 실리를 추구하는 데 의미를 가지고 있었다. 송·거란·금 등과의 공식적 관계에서 고려 군주는 '왕'을 칭하였지만, 이들과의 공식적 관계 이외에서 고려 군주가 칭제한 것은 이들 강대세력들에게도 공공연하게 알려진 사실이었으며, 이들 중 어느 누구도 그것을 문제 삼거나 저지하려 한 적이 없다. 금나라는 초기에 고려에 보낸 국서에서 '고려국황제'를 칭했다고 한다.[20] 송제(宋帝)가 귀국한 송나라 상인을 통해 김부일(金富佾)이 지은 팔관회치어구호(八關會致語口號)의 문장을 본 송나라 황제가 뒤에 고려의 사신 이자량(李資諒)을 만나자, 그 문장 속에 칭제 등과 관련된 '참어'(僭語)가 있지만 훌륭한 문장이라고 칭찬했다고 한다.[21] 송나라 항주 승천사(承天寺) 승려인 법원(法圓)은 의천(義天)을 '진제(眞帝)의 아들'이라고 지칭한 송별시를 의천에게 준 바 있다.[22] 송·거란·금 등이 고려와의 국교상의 의전 형식을 사대례와 국신관계의 절충형식으로 한 것은 이러한 고려의 칭제 사실을 받아들여, 타협적으로 인정한 것이었다. 그리고 그것은 고려가 중심이 되는 소천하의 설정에도 중요한 것이었다.

풍입송에서 보는 '해동'을 앞에 붙인 '해동'천자는 '송'천자, '거란'천자와 병존하는 소천하의 천자를 표방하는 것이었다. 그 해동천자의 영향력이 미치는 '사해'(四海), 즉 소천하에는 '남만'(南蠻)과 '북적'(北狄)이라고 지칭한 집단들이 나타난다. 남만과 북적은 고려국가가 중심이 되는 소천하의 남북에 위치한 정치적 독자성을 갖는 집단들을 총칭하는 말이다. 특히 '북적'이라는 용어는 《고려사》의 태조대의 기사에서 여진(女眞), 말갈(靺鞨) 계통을 총칭하는 데에 '북번'(北

20. "大金國皇帝寄書于高麗國皇帝云云"(《帝王韻紀》 권上).
21. 《高麗史》 列傳10 金富佾傳.
22. 《大覺國師文集》 外集 권11 大宋沙門法圓詩.

蕃)과 동의어로 사용되었다. 유금필전(庾黔弼傳)의 기사를 보면, 태조가 골암진(鶻岩鎭)이 여러 차례 '북적'의 침략을 받자 '북적이 가히 근심된다' 하고 유금필을 파견하니, 그는 '북번추장삼백여인'(北蕃酋長三百餘人)을 불러모은 다음 '위세로 협박'하여 그 제부(諸部)를 내복(來服)하게 만들었다고 한다.[23] 그리고 태조 19년(936)에 후백제를 원정할 때에 유금필 등은 흑수(黑水)·달고(達姑)·철륵(鐵勒), 제번(諸蕃)의 경기(勁騎) 9,500을 지휘하고 있었다.[24] 유금필이 내복하게 만든 '북적', 즉 '북번'은 곧 흑수·달고·철륵의 제번이었던 것이다.

고려 천하의 집단들과 고려 군주의 관계는 번(藩)과 천자의 관계 형식을 가졌던 것으로 보인다. 만주지역 여진 부족 중 '국'(國)을 칭했던 것으로 보이는 철리부(鐵利部)의 지배자도 고려의 군주에게 천자에게 올리는 서장(書狀)을 의미하는 '표'(表)를 올리기도 하였다.[25] 발해유민들이 세운 흥요국(興遼國)도 고려에 칭신(稱臣)하고 '표'를 올려 구원을 요청한 바 있다.[26] 이들이 표문을 올린 사실에 대한 기록은 《고려사》 등에 조선시대 역사편찬의 특성상 적게 남아 있다. 그런데 이들이 표문을 올리게 된 것은 고려 군주가 천자(황제)로서 일반 여진 집단들을 번으로 하는 영향력을 갖는 상황에서 이루어진 것이다.

이러한 집단들에 대한 영향력을 확보함에서 고려는 대륙의 강대세력들과 경쟁관계에 있었다. 그 세력경쟁은 전쟁기간이 아닌 때에도

---

23. 《高麗史》 列傳5 庾黔弼傳.
24. 위의 책, 世家2 太祖 19년 9월.
25. 鐵利國의 朝貢 기사는 顯宗 년간부터 德宗 년간에 걸쳐 보이는데, 현종 12년에는 "鐵利國遣使 表請歸附如舊"(위의 책 世家4 顯宗 12년 3월 계사)라 하여 表를 올려 예전처럼 귀부하기를 청했다 함이 보인다.
26. 짧은 기간 존속한 흥요국이 고려에 사신을 파견한 것에 대한 기록들 중에서 表를 올렸음을 보여 주는 기사는 두 차례 나타난다. "(顯宗 21년 춘정월)丙寅 興遼國又遣水部員外郎高吉德 上表乞師"(위의 책 世家5). "(顯宗 21년 추7월) 乙丑 興遼國行營都部署劉忠正遣寧州刺史大慶翰 齎表來 乞援"(위와 같음).

군사력을 배경으로 한 치열한 외교전으로 전개되었다(이에 대해서는 다음 절에서 보기로 한다). 세력경쟁에서 이기기 위해서는 군사적 경쟁에서도 이겨야 하나, 그것 외에도 자기 세력권을 관리할 제도와 이념이 필요하였다. 당시 동아시아의 정치문화에서는 한 국가가 그 국경 밖의 세력권을 통솔하기 위해서는 천자국과 번(蕃)의 관계를 맺으며, 번의 지배자들에 대한 관작의 수여, 조공, 조하(朝賀), 사신을 통한 의사소통 등의 제도적 틀을 마련하는 것이 확산되고 있었다. 해동천자의 표방은 해동천자의 소천하의 '남만·북적'의 여러 번을 통솔하는 데 필요한 제도의 핵심이었다.

2. 해동천자 천하의 집단의식

'해동천자'와 '번'의 이념은 고려의 인근세력에 대한 주노권을 뒷받침하는 것이지만, 그 이면에는 '해동천자의 천하'에 포함되는 집단들과 고려 사이에 상통하는 매우 완만하고 느슨한 동류의식이 존재하였던 흔적이 나타난다. 해동천자의 천하에 포함되는 집단들 중 발해유민에 대한 동류의식 내지는 '우리'의식은 앞 Ⅳ장에서 검토하였다. 그런데 그보다는 약하지만 그와 유사한 완만한 '우리'의식이 나타난다. 그에 대한 자료로는 완안부(完顔部) 여진족의 기원과도 관련된 다음과 같은 것들이 주목된다.

① 《금사》 본기에 나오는 금(金)의 시조전설의 내용은 이렇게 간추려진다. 금의 시조는 함보(函普)인데, 60여 세의 나이로 고려에서 여진 완안부에 와서 살다가, 여진족 내부에서 보복 살상이 거듭되는 분쟁에 대한 해결 방식을 제시해 분쟁 쌍방의 합의를 도출해 준 것을 계기로 완안부 여인과 결혼을 하고 그 부 사람이 되었다는 것이다.27

② 예종 4년(1109)에 여진 요불(褭弗) 등이 고려에 와서 아뢴 말에 포함된 이른 시기 영가(盈歌)의 말과 1109년 당시의 생각을 드러낸 아래와 같은 자료다.

> 옛 우리 太師 盈歌가 일찍이 말하기를 '우리 祖宗은 大邦[高麗]에서 나왔으니 子孫들도 [고려에] 歸附하는 것이 義에 합당하다.' 하였고 지금의 太師 烏雅束도 역시 大邦이 '父母之國'이라 합니다.(중략) 만일 9성을 돌려주시어 생업에 안정하게 해 주신다면, 저희들은 하늘에 맹세하고 世世로 자손이 世貢을 닦고, 또한 감히 돌조각 하나도 境上에 던지지 않도록 하겠습니다.[28](※[ ] 속은 저자의 역주 및 보충)

③ 예종 12년(1117) 3월에 금 태조 아골타(阿骨打)가 형제맹약을 요구하며 고려에 보낸 국서의 아래와 같은 부분이다.

> 우리의 祖考는 一方에 끼어 契丹을 大國이라 하고 高麗를 父母之邦이라 하여 공손히 섬겼었다.[29]

④ 예종 14년(1119)에 고려가 중서주사(中書主事) 조순거(曹舜擧)를 파견하여 금나라에 보낸 국서에 포함된 아래와 같은 구절로, 금주(金主)가 국서 접수를 거부한 원인이 된 구절이다.

> 하물며 彼[대등한 국가 간에 상대측을 지칭하는 말]의 根源이 우리 땅에서 발함이랴.[30](※[ ] 속은 저자의 역주)

⑤ 1129년에 금나라에 파견된 송나라 홍호(洪皓)의 견문록인 《송막기문》(松漠紀文)에는 다음과 같이 금의 시조가 신라인이라는 서술

---

27. 《金史》 本紀1 世紀.
28. 《高麗史》 世家13 睿宗년 6월 경자.
29. 위의 책 世家14 睿宗 12년 3월 계축.
30. 위의 책 世家14 睿宗 14년 8월 정축.

이 있다.

女眞酋長은 新羅人인데 完顔氏라 號하였다.(중략) 형제가 세 사람인데, 하나는 熟女眞의 酋長이 되어 萬戶라 불렀으며, 또 하나는 他國으로 갔다.31

⑥ 금의 시조가 삼한 진한(辰韓)의 후예라는 설을 소개한 자료도 있으니, 남송대의 인물 진준(陳准)의 지은 《북풍양사록》(北風揚沙錄)에 다음과 같은 서술이 있다.

金國은 본래 이름이 朱里眞인데, 蕃語에서 舌音이 와전되어 '女眞' 또는 '慮眞'이라 하였고, 契丹 興宗의 이름 宗眞을 피휘하여 '女直'이라 하였다. 肅愼氏의 遺種으로 西[《金志》에는 渤로 되어 있다.]海의 別族이다. 혹자는 이르기를 三韓 辰韓의 후예라 한다.(하략)32(※[ ]는 夾註)

⑦ 《제왕운기》의 금국(金國)에 대한 기술부분에는 다른 자료들의 내용과도 부합되면서 매우 구체적인 다음과 같은 것들이 나타난다.

<u>그 선조는 太史 烏古剌인데</u>
<u>山水는 平州의 뛰어난 氣를 모았다네</u>
<u>그 까닭에 우리(高麗)를 일컬어 父母鄕이라 하고</u>
[金나라 사람의 詩에 "燕地는 神仙窟이요, 三韓은 父母鄕이네"라 한 것은 대개 그 근본을 잊지 않은 것이다.]
兄弟의 의를 맺고 信使를 통하였네.
[臣이 일찍이 式目都監의 執事가 되어 都監의 文書를 검열하다 우연히 金國의 詔書 2통을 보게 되었는데 그 書에 모두 이르기를 '大金國皇帝가 高麗國皇帝에 書를 보냄 云云'하였으니, 이는 結兄弟의 증거다.]33(※[ ]는 夾註, ( )는 저

---

31. 《松漠紀文》 권1.
32. 《北風揚沙錄》. 元代에 宇文懋昭가 撰한 《金志》 <初興本末>에도 인용부분과 동일한 내용이 기록되어 있는바, '西海'가 '渤海'로 되어 있다. 서해는 발해의 오기로 보인다.
33. "金國 其先太史烏古剌 山水平州鍾秀氣 故應謂我父母鄕 [金人詩云 燕地神仙窟 三韓父母鄕 盖不忘本也] 結爲兄弟通信使 [臣嘗爲式目執事 閱都監文書 偶得金國詔書二通 其書皆云 大金國皇帝寄書于高麗國皇帝云云 此結兄弟之訂

자 譯註)

⑧ 위의 금나라 시조 고려 평주출신설은 다음과 같이 보다 구체적인 내용의 자료도 전한다.

(춘정월) 生女眞의 完顔阿骨打가 황제를 칭하고 이름을 旻이라 고쳤으며, 국호를 金이라 하였다. 혹자는 말하기를, "옛날 우리나라 平州의 중 今俊이 도망하여 여진으로 들어가서 阿之古村에 살았는데, 이가 금나라의 시조라 한다."라고 한다. 혹자는 말하기를, "평주의 중 今幸의 아들 克守가 처음으로 여진에 들어가 아지고촌에 살면서 여진 여자에게 장가들어 아들을 낳으니 古乙太師이다. 고을이 活羅太師를 낳았는데, 활라는 아들이 많았다. 장자는 劾里鉢, 막내는 盈歌라 하였는데, 영가가 가장 영웅호걸스러워 무리의 마음을 얻었다. 영가가 죽으니 핵리발의 장자 烏雅束이 지위를 계승하고 오아속이 죽으니 아우 아골타가 섰다."라고 한다.[34]

위의 자료들은 논자에 따라 그 일부를 검토하고 있는바, 금 시조전설은 정확히 말하면 금 황실시조전설이며, 이에 대한 기존연구는 크게 네 가지로 나누어 볼 수 있다.

ⓐ 금의 시조전설이 후대에 꾸며낸 것으로 실제의 선대의 역사와 무관한 것으로 본 설.[35]

ⓑ 금의 시조전설이 그 선대의 고려 또는 고구려와 여진의 가까운 역사적 관계가 반영된 것이라는 점은 긍정하면서, 그 시조가 고려에서 왔다는 것은 부정적으로 보는 설.[36]

也]"(《帝王韻紀》 권上).

34. 《高麗史節要》 권8 睿宗 10년 춘정월.

35. 池內宏(1926 <金史世紀の硏究> 《滿鮮地理歷史硏究報告》 11권)은 금 시조전설의 분쟁해결방식은 여진족의 오랜 습속으로 函普代에 만들어졌다는 서술은 허위라 하고, 시조전설은 1116년에 내투한 자의 말을 근거로 꾸며내어 조작된 것이라 하였다. 田坂興道(1938 <完顔氏の三祖傳說について> 《歷史學硏究》 8권 6호)는 금 시조전설의 성립이 金나라와 고려와의 외교교섭의 결과라고 보았다.

36. 小川裕人(1937 <三十部女眞に就いて> 《東洋學報》 24권 4호)은 금 시조전설은 후대에 조작된 것이 아니라, 完顔氏 固有의 오래된 것이나, 완안부의 선대가 고려에 근접하여 살고 있을 때, 고려에 대한 事大를 하는 속에서 만들어진 것이라 하

ⓒ 금 선대 역사의 반영이라는 점을 긍정하면서, 고려와의 관련성을 조금 더 긍정하여, 금 시조가 고려인 자체는 아니지만, 고려에서 살던 숙신의 후예가 고려에서 완안부로 다시 들어와 살게 된 것이라는 설.[37]

ⓓ 금 선대 역사의 반영이라는 점도 긍정하고, 금 시조가 고려인이라는 것을 긍정하는 설.[38]

이 네 가지 설 중에서 가장 설득력이 적은 것은 ⓐ이다. ⓐ의 설에는 일찍부터 ⓑ, ⓓ계열의 연구에서 비판된 바와 같은 논리적 모순도 있고, 설화자료를 해석하는 관점이 지나치게 단순하고, 관련 다른 자료를 활용한 그와 연관된 검토도 부족하다.

ⓑ, ⓒ, ⓓ의 세 가지 설에서는 현재로서는 어느 하나가 사실이라고 단정하기는 어렵다. 다만 상대적으로 당시의 상황과 관련된 자료들을 포괄한 이해라는 측면에서 보다 상대적으로 설득력을 더 갖는 것은 ⓓ이다. ⓑ, ⓒ의 경우 우선 전근대의 종족과 국가인 여진족이

였다. 三上次男(1941 <金室完顔家の始祖說話について> 《史學雜誌》 52편 11호)은 金室完顔氏는 고구려인의 후예로서 高句麗 尊崇思想에서 그 시조가 고려에서 왔다고 하는 설화를 만든 것이며, 설화의 '고려'는 고구려의 이칭으로 보았다.

37. 何光岳(2004 《中華民族源流史叢書: 女眞源流史》, 江西敎育出版社 深圳市, pp. 34~37)과 그의 저서에서 소개된 薛虹, 李澍田 등의 중국학자들은 고려에서 여진을 東蕃으로 칭하며 野蠻視한 것으로 보아 여진을 동족으로 여기지 않았으니, 函普는 고려나 신라인일 수 없으며, 원래 肅愼人의 후예로 고려지역에서 黑水靺鞨에 추가로 들어온 존재라고 보았다.

38. 일찍이 1778년에 乾隆帝의 命에 따라 편찬된 《欽定滿洲源流考》(권7, 部族7 完顔)에서는 금나라 시조가 고려에서 왔다는 사실을 인정하고, 특히 자료에 따라 '고려인'이 '신라인'으로도 되어 있는 것에 대해서는 註記를 달기를 "생각하건대 신라와 고려의 옛 땅이 서로 섞이어 《金史》에서 두 나라의 호칭이 분별되지 않았다."라고 하였다. 金庠基(1959a <金의 始祖에 대하여> 《國史上의 諸問題》 5; 《東方史論叢》 1974)는 池內宏의 1116년 조작설은 당시의 고려와 금 사이의 세력상황과도 모순되고, 1109년에 온 여진 裹弗 등이 자신들의 선대 추장인 太師 盈歌의 말을 인용하고 있는 것에서 그 시기가 오래전으로 올라가며, 그 시조전설의 실체도 인정될 수 있는 것이라 하였다. 李東馥(1981 <金의 시조전설에 대한 일고찰> 《동국사학》 15·16합집)도 삼형제 移住傳說 등과 같은 후대의 윤색과 수식이 가해진 부분도 있지만, 기본적으로 시조전설은 긍정적으로 해석할 수 있다고 하였다.

나 고려를 보는 관점이 근대의 국민국가 개념에 의거하는 제약이 큰 것으로 보인다. ⓒ의 경우 여진족과 고려국가의 관계를 동족인지 아닌지의 단순화된 이분법적 개념으로 접근하고 있다. 이 점은 ⓑ의 경우도 기본적으로 마찬가지다. 이러한 이분법적으로 단순화된 관점이 당시의 중요한 관련자료들을 폭넓게 수용한 검토를 저해한 것으로 보인다.

고려시대의 천하관을 포함한 집단의식과 국가의식은 근대의 민족국가와 달리 여러 단계의 집단의식들이 병존하며 중첩되고 있었고, 국가의식도 근대의 국민국가의 그것과는 다른 것이었다. 국가의 국경에 대한 통제망은 상대적으로 매우 허술하였고, 특히 국가적 조직을 갖추지 못한 여진족 활동지와의 긴 접경지대에서는 통제가 허술한 곳이 많았다. 후삼국시대를 전후한 혼란기와 고려의 천리장성이 만들어지기 전에는 더욱 그러했다. 더구나 당시인들의 관념에는 근대국민국가의 집단의식과 같은 단일하고 확고한 '우리'의식이 제대로 확립되지 못한 상태였다. 이러한 상태에서 고려국가의 통제망을 벗어난 개인이나 집단이 고려국가의 경계를 넘어 오가고 있었다.

궁예의 폭정을 피해 무리를 이끌고 여진지역 골암성(鶻巖城)에 들어가 그 일대 여진족을 통솔하게 된 윤선(尹瑄)의 경우는 그 좋은 예다.[39] 염주인(塩州人)으로 용맹스럽고 무예에도 뛰어났던 그는 2,000여 명에 달하는 무리를 형성하고, 흑수번중(黑水蕃衆)을 불러 모아 변방을 침입하였다. 그리고 고려 태조 왕건이 즉위하자 무리를 이끌고 내부(來附)해 왔다. 윤선의 경우만이 아니라, 이미 신라 말에는 신라 서북부 지역에 설치된 패강진(浿江鎭: 지금의 평산) 지역일대의 호족들이 교역을 비롯한 활발한 교류를 하고 있었다.[40] 후삼국시대의 국가적 통제망이 약화된 상황에서 여진족들과 패서지역민들과의 인적 물적 교류는 거칠

39. 《高麗史》 列傳5 王順式傳附 尹瑄傳.
40. 金光洙, 1977 <高麗建國期의 浿西豪族과 對女眞關係> 《史叢》 21·22합집.

것이 없었다. 이러한 패서지역민과 여진족의 관계가 발달하여 있었기에, 윤선과 같은 인물이 여진지역에 들어갔을 때, 그는 여진과 서로 다른 타종족으로 대립하는 것이 아니라 쉽게 한 무리가 되었다. 그리고 그들을 통솔하는 위치에 설 수 있었던 것이다. 고구려시대나 발해시대의 고구려인 또는 고구려유민들과 말갈 부족들과의 긴밀한 관계만이 아니라, 후삼국시대를 전후한 시기에도 그러한 관계가 패서지역 일대에서 형성되고 있었다. 뒤에 고려 태조가 유금필(庾黔弼)을 여진과의 변경에 파견하여 여진집단들을 선무하게 하자 흑수·달고·철륵의 부족들이 그 영향력 하에 들어와 많은 기병을 동원할 수 있었던 것도 그러한 고려인과 여진족들 사이의 교류의 전통이 형성되어 있어 가능하였다.[41] 고려인으로 여진집단에 들어가 정착하였다는 금나라 시조 함보(函普)의 설화는 윤선의 경우를 보더라도 충분히 당시의 상황에서 일어날 수 있는 일이다.

후삼국시대를 전후한 시기에 패서지역과 여진의 인적 물적 교류가 활발하였던 것과 관련하여 주목되는 것이 ⑦ 《제왕운기》와 ⑧ 《고려사절요》의 자료다. 《고려사절요》는 금나라의 시조에 대해 상당히 구체적인 내용을 서술하고 있는바, 그 원 자료는 고려대부터 내려오는 것으로 보인다. 그것을 직접 보여 주는 것이 고려 당시에 저술된《제왕운기》다. 《제왕운기》는 금이 망한 후 53년 후에 저술된 책이다. 그러나 고려의 중요한 문서나 기록들을 관장하기도 했던 식목도감(式目都監)에 근무한 적이 있던 이승휴(李承休)가 금나라의 국서도 직접 본 것을 언급하고 있다. 《제왕운기》는 당시의 구체적인 기록들에 입각한 것이다.

⑦의 밑줄 친 부분에 의하면, 금 황실의 선조 태사(太史) 오고랄(烏古剌)은 평주(平州) 산천의 뛰어난 기를 모아 받아, 그 까닭에 고려를 일컬어 부모향이라 한다고 하였다. 오고랄은 《금사》(金史) 세

41. 《高麗史》 列傳5 庾黔弼傳.

기(世紀)에 오고내(烏古乃)라 한 경조(景祖)다. 경조는 금 황실 선대 중에서 최초로 태사(太史)가 된 인물이며, 요(遼) 태평(太平) 원년(1021)에 태어나 54세에 죽었다.[42] 그의 대략적인 활동기간은 20세인 1041년(고려 정종 7년)경부터 1075년(고려 문종 29년)까지로 볼 수 있다. 고려와 여진의 관계는 성종대에 크게 벌어졌다가 현종대에 회복되고 있었는데(후술함), 이미 거란과의 일차 침입을 막아낸 현종 3년에는 동여진 부족들 전체에 해당하는 30성부락이 토마(土馬)를 바쳤다.[43] 특히 오고랄(烏古剌)이 고려와 접촉을 가졌을 시기는 고려가 대거란 전쟁을 귀주대첩으로 끝낸 후 여진족이 대거 고려에 내부(來附)하여 왕래하던 시기이니, 오고랄도 이 시기에 직접 오거나 혹은 다른 사신을 통해 고려와 관계를 가졌고, 그 기록이 남은 것을 이승휴가 보고 쓴 것이 ⑦의 밑줄 친 부분이 아닌가 한다. 즉, 당시 오고랄은 고려와의 유대를 강조하기 위해 그 시조가 고려의 평주(平州: 후대의 평산)에서 왔다는 것을 밝히고 고려를 부모향이라고 지칭한 기록이 있어, 이승휴는 그에게 평주 산천의 기가 그에게 이어 왔다는 의미로 밑줄과 같이 서술한 것이라고 해석된다. 평주는 바로 후삼국시대를 전후하여 여진과 활발한 교류를 가졌던 패강진(浿江鎭)의 고려 초부터 바뀐 명칭이다. 그리고 이승휴는 다시 금나라 사람의 시를 주(註)로 인용하여 여진인들이 삼한을 부모향이라 한다는 것을 확인시키고 있다.

⑦ 《제왕운기》의 기록은 금 시조의 고려 출신 지역을 구체적으로 언급하고 있는 자료이며, 당시 이승휴가 식목도감에 정리되어 보관되어 있던 금나라 국서류(國書類) 등 구체적인 기록들을 접하고 있었다는 점에서 신빙성이 있다고 생각된다.

금나라 시조가 신라인이라는 자료 ⑤나 삼한의 진한이라는 자료 ⑥

---

42. 《金史》 本紀1 世紀.
43. 《高麗史》 世家4 顯宗 3년 2월 갑진.

에서 진한은 신라의 이칭(異稱)이었다. 여기서 언급된 '신라'는 일찍이 《만주원류고》에서 지적되었듯이 신라와 고려의 영역이 서로 섞여, 두 명칭이 《금사》에서 분별되지 못한 것이다. 즉, 신라가 망하고 나서 고려를 신라로 부르는 경우들이 있었던 때문으로 보인다.

⑥, ⑦, ⑧의 자료에서 특히 주목되는 것은 여진족들이 그 선조가 고려로부터 왔음을 밝히면서 삼한과의 친연성을 나타내려 한다는 점이다. 당시 후삼국의 유민들 사이에 삼한일통의식에 의한 '우리'의식이 발달하고 있었던 상황에서 이들이 그 '우리'의식의 범주와의 연고성을 표방하고 있는 것이다. 이 '삼한'은 삼국시대가 아닌 고구려, 백제의 멸망 후에 발달하기 시작한 '우리'의식이라는 점에서 ⓑ의 설 중에서 주장한 바처럼 여진이 고구려와의 관계에 대한 의식이 있었다 하더라도, 그것과는 별도로 고려 시기의 삼한일통의식에 대한 연고의식을 드러내는 것이다. 물론 금 시조가 고려출신이라는 진실은 여진족 중에서도 금 황실의 경우에 해당하는 것으로 대다수의 여진인들의 근원과는 별개의 것이다. 그렇지만 금 황실 시조가 고려출신이라는 주장이 당시의 여진 사회에서 받아들여지고 있었던 점에 주목할 필요가 있으며, 그를 통해 여진인들이 매우 완만하게 고려인들의 '우리'의식의 경계지대에 접근하고 있었음을 주목할 필요가 있다. 이러한 삼한일통의식 범위 밖에 존재하는 느슨하고 유동성도 큰 일종의 '우리'의식을 바탕으로 해동천자의 천하가 설정되고 있었던 것이다.

3. 해동천자와 번(藩)의 성쇠

1) 10세기 전·중반

고려의 국경 밖에는 북쪽에 여진족이나 발해유민 집단들, 남쪽에 탐라국과 같은 집단들이 존재하여 고려와 중요한 관계를 맺고 있었다.

926년에 거란이 발해를 멸망시킨 후 그 주민의 많은 수가 거란에 통합되기도 했지만, 같은 해에 거란이 발해의 영역에 동단국(東丹國)을 설치한 후에도 거란의 지배에서 이탈하여 저항하는 집단들이 여러 곳에 산발적으로 존재하였다. 그리고 928년에 동단국이 요양(遼陽)으로 철수하자, 만주의 북동부와 동부의 옛 발해주민들은 대부분 사실상 그 통제에서 벗어나게 되었다. 거란의 지배에서 벗어나 있었던 집단들 중 고려의 국경에서 가까운 남부의 여진 집단들은 일찍부터 고려와 긴밀한 관계를 가졌다. 태조 4년(921)에 흑수말갈 소집단이 내투(來投)한 것을[44] 비롯하여 이들은 때로는 고려에 통합되거나 그 통솔하에 들어오고 때로는 고려의 변경을 침입하여 약탈하기도 하였다. 따라서 고려 태조는 재위 초반에 이미 접경지대를 비롯한 여진 지역을 적극적으로 선무(宣撫)하여, 많은 여진족이 고려의 통솔 하에 들어왔다.[45] 태조 19년의 후백제를 정벌한 통일전쟁에는 유금필의 통솔하에 흑수·달고·철륵 등, '제번(諸蕃)의 경기(勁騎)'가 9,500이나 동원되고 있어[46] 전체 병력의 10분의 1에 가까운 비중에 달하였다. 이들은 태조대부터 고려의 '번'으로 지칭되고 있었다. 많은 수의 발해유민들도 고려와 지속적인 교섭을 가졌던 것으로 보이며, 고려 초에는 많은 수가 뒤를 이어 고려로 들어와 통합되고 있었다.

북방의 집단들에 대한 고려의 영향력은 태조가 유금필을 시켜 북적(北狄)에 대해 적극적으로 선무하는 노력을 기울인 결과였다. 그러나 이러한 노력을 한 것은 거란도 마찬가지였다. 여진집단들의 일부는 고려의 번으로 관념되고 있었지만, 서쪽의 거란도 여진집단들에 지속적으로 세력을 뻗치려 하여, 고려와 각축을 벌이고 있었다. 그러한 각축은 이미 고려 태조대부터 진행되고 있었다.

---

44. 《高麗史》 世家1 太祖 4년 2월 갑자.
45. 위의 책 列傳5 庾黔弼傳 및 위의 책 列傳6 崔承老傳 수록 태조대 정치에 대한 평.
46. 위의 책 世家2 太祖 19년 추9월.

고려 태조는 938년경 고려를 방문한 호승(胡僧) 말라(襪囉)를 통해 후진(後晉)에 거란을 협공하자는 제안을 한 바 있다. 그리고 거란이 942년에 사절을 보냈을 때, 태조가 거란의 무도한 발해 침략을 비난하고 그 사절 모두를 먼 섬으로 귀양 보낸 사건이 있었다. 그 자료를 보면 다음과 같다.

처음에 고려왕 (王)建이 군사를 일으켜 이웃 나라들을 병탄하여 자못 强大해져서, 胡僧 襪囉를 통해 高祖에게 말하기를 "渤海는 우리의 婚姻관계 나라(我婚姻)인데, 그 王이 거란에 포로가 되었으니, 청컨대 朝廷(後晉)과 더불어 함께 공격하여 그를 구하고자 한다."라고 하였는데, 고조는 답하지 않았다. (出)帝가 거란과 원수관계가 됨에 이르러, 襪囉가 다시 말하자, (出)帝는 고려로 하여금 거란의 東邊을 공격하여 그 兵勢가 나누어지게 하려고 하였는데, 王建이 죽어 그 아들 武(惠宗)가 權知國事를 자칭하며 表를 올려 告喪하였다.

(開運2년, 945년) 11월 戊戌에 武를 大義軍使 高麗王으로 하고, 通事舍人 郭仁遇를 고려에 사신으로 보내, 거란을 공격하라는 諭指를 내렸다. 곽인우가 그 나라에 이르러 그 군대가 극히 약함을 보았으니, 앞서 말라의 말은 단지 왕건의 자만스런 허세(를 전한 것)에 불과한 것이고 실은 감히 거란의 적수가 될 수 없었다.

[(《續通鑑》에서) 宋白은 말하기를, "後晉 天福 연간에 西域의 승려 襪囉가 來朝하였는데, 불점(火卜)을 잘 쳤다. 얼마 후 高祖에게 청하여 高麗에 가니, 王建이 심히 예우하였다. 당시 契丹이 발해의 땅을 병탄한 지 여러 해가 되었는데, 왕건이 조용한 시간에 말라에게 말하기를 '발해는 본래 우리의 親戚 나라이다. 그 왕이 거란의 포로가 되었으니, 나는 조정(후진)과 더불어 공격하여 그를 구하고, 그 원수를 갚으려 한다. 師(말라)가 돌아가 天子께 말하면, 시간을 정하여 양쪽에서 거란을 습격할 것이다'고 하였다. 말라가 돌아와 모두 아뢰었으나, 고조는 답하지 않았다. 出帝가 거란과 전투하게 됨에, 말라가 다시 아뢰니, 帝는 郭仁遇를 보내, 급히 유시를 전하여, 왕건에게 거란의 측면을 깊이 공격하라고 하였다. 그런데 왕건이 이미 죽고 武가 나라일을 맡음에, 그 아버지의 대신들과 화합하지 못하여, 서로 죽였다. 내란은 점차 평정되었으나, 兵威가 떨치지 못하고, 또한 夷人(고려인)이 모두 겁을 내니, 모두 왕건의 허탄함에 불과한 것이었다."]

곽인우가 돌아옴에, 武(이때는 무가 아니라 堯, 즉 定宗이었음)는 다시 다른 이유를 들어 변명하였다.[47](※[ ] 속은 《資治通鑑》의 주, ( ) 속은 필자의 주)

47. 《資治通鑑》 권285 後晉紀에 齊王 開運2년 冬10월. 李龍範은 위 기사에서 고려

(태조) 25년(942) 동10월에 契丹이 사신과 함께 橐駝 50匹을 보내 왔다. 王은 "契丹이 일찍이 渤海와 화친하기로 하였다가 갑자기 의심하며 두 마음을 품고 동맹을 배반하여 殄滅하였다. 이는 심히 無道한 것이니 交隣할 수 없다"고 하고, 마침내 교빙관계를 끊었다. 그리고 그 使者 30인은 바다의 섬으로 유배보내고, 낙타는 萬夫橋 아래에 매어 놓아 모두 굶어 죽게 하였다.[48]

위 두 사건에 대해서는 몇몇 연구들에서 언급되었지만, 어떤 동기에서 고려 태조가 이러한 조치를 취한 것인지에 대해서는 검토가 필요하다. 일찍이 《동국통감》의 찬자는 태조가 거란의 결맹(結盟) 요청을 거절하고 사신을 죄준 것은 국가를 위한 계책이 되지 못하였다고 비난하면서 다음과 같이 태조의 조처를 발해를 위한 복수로 이해한 바 있다.

(전략) 契丹이 발해에 대해 신의를 지키지 않은 것이 우리에게 무슨 상관이 있다고 渤海를 위해 報復한단 말인가?(하략)[49]

그런데 발해 멸망 직후 무렵 고려가 거란에 사신을 파견한 것이 《요사》(遼史)에 기록된 것을 보면, 거란이 발해를 멸망시킨 것이 고려가 거란을 적대하는 직접적인 이유로 이해하기 곤란하다는 연구도 있다.[50] 자료부족으로 이때의 고려의 사신 파견 목적이 친선을 위한 것인지 탐색 등을 위한 전략적인 것이었는지는 알 수 없으나, 이러한 이해는 기본적으로 타당한 것이니, 위험부담이 따르는 거란에 대한

에 와서 고려 태조의 거란 협공제의를 後晉에 전한 襪囉가 《高麗史》 世家2 太祖 21년 춘3월조의 啌哩縛日羅와 같은 인물로 보았다. 그리고 그의 고려 방문과 함께 그해(938년) 7월에 고려에서 처음으로 후진의 연호를 사용한 것, 《高麗史》에는 質子 王仁翟의 귀국이 태조 23년 12월로 되어 있으나 《舊五代史》의 기록대로 天福 3년 즉 태조 21년의 일로 보아야 한다는 것 등, 고려와 후진 사이에 새로운 국면이 열리고 있는 것도 주목하였다(李龍範, 1977 <胡僧 襪囉의 高麗往復> 《歷史學報》 75·76).

48. 《高麗史》 世家2 太祖 25년 동10월 임인.

49. 《東國通鑑》 권13 高麗紀 太祖 25년 동10월.

50. 韓圭哲, 1985 <後三國時代 高麗와 契丹關係> 《富山史叢》 1.

적대가 단순히 발해 멸망에 대한 복수심이나 원한 때문은 아니었을 것임은 상식적으로도 예상된다.

당시 왕건이 발해가 '우리의 친척 나라'라고 하며, 거란을 규탄한 것은 발해에 대한 동류의식에 기초하여 고려 내부와 주위의 세력들에 무언가를 보여 주고 그 효과를 노린 것으로서, 이 사건들에서 그는 고도로 계산된 파급효과를 노렸던 것으로 보인다. 고려후기의 역사가이기도 했던 이제현(李齊賢)이 심원한 지략을 가졌던 태조가 직접 후진과 동맹하여 거란을 공격하려 하였다는 것에 대해서 의문을 제기한 것처럼 밀라 사건은 표면적 사실만으로는 납득하기 어려운 점들이 있다. 이제현은 위 《자치통감》의 기사를 인용하고 단지 태조 왕건이 황탄했다는 결론에 대해 다음과 같이 비판하였다.

> 그 말은 그렇거니와, 後唐 淸泰3년(936)에 契丹이 石敬瑭을 세워 황제를 삼았으니, 이가 곧 晉 고조이다. 거란과 父子의 의를 맺고 해마다 금 30만 냥과 비단 30만 필을 바쳤다.(중략)
>
> 우리 태조는 심원한 지략으로 공명을 힘쓰지 않았는데, 五季의 말엽에 중원이 온통 혼란에 빠져, 함께 손잡고 일할 만한 능력이 없다는 것을 왜 몰랐을 것이며, 石郞과 帝羓와의 친교관계에 이간할 수 없다는 것을 왜 몰랐겠는가? 또 어찌 사신 한 사람도 보내지 않고 타국의 중을 바다를 건너 보내어 초창기의 미비한 晉과 모의해서 발해를 위해 한창 강성한 거란을 토벌하여 원수를 갚아 주려 하였겠는가. 또 곽인우가 왔을 때 과연 우리 군사의 허실과 강약을 다 엿볼 수 있었겠는가? 진의 군신이 전에는 말라의 말에 혹하였다가 뒤에는 인우의 말을 믿고, 곧 우리 태조를 과장한다고 말하였으니, 어찌 잘못이 아니겠는가?[51]

표면적 사실만으로는 의문의 여지가 많다는 이제현의 견해는 일리가 있는 것이나, 왕건을 영웅화시켜 파악함으로써 신비화시키는 데 그치고, 당시의 자료를 통한 구체적인 검토로 나아가지 못하였다.

발해가 우리와 무슨 관계가 있어 발해를 위해 복수하려 했느냐고 왕건을 비판한 《동국통감》의 발해를 위한 복수설을 이익(李瀷)도 한

51. 《櫟翁稗說》 前集 1(《高麗名賢集》 2 p. 346).

때 따른 바 있으나, 좀 더 세부적인 검토를 한 글에서는 다른 점을 지적하였다.[52] 그는 왕건의 숨겨진 의도에 대해 다음과 같이 언급하였다.

> (전략) 甄氏(후백제)를 멸망시키자 왕씨(고려)의 위엄과 명성이 더욱 드러나 거란 사신이 이르게 되었으니, 이는 대개 그(고려)를 두렵게 여긴 것이다. 왕씨는 그 사신을 귀양보내고 그 낙타까지 죽였는데, 이는 발해 때문이 아니라, 그 뜻이 장차 義를 들어 강토를 다투려 했던 것이니, 실로 바른 말을 하여 굳센 기상을 보인 것이다. 불행하게도 국토를 회복하지 못하고 그 이듬해에 죽었으니 하늘의 뜻을 어쩌겠는가? 그렇지 않으면 大氏의 흥망이 우리와 무슨 관계가 있어서 이토록 심하게 끊어 버렸겠는가?
>
> (중략) 하물며 발해 세자와 宗戚大臣 (중략) 등이 아직도 살아 있고, 남은 무리 수만 명도 와신상담하며 원수갚을 것을 생각하고 있었으며, 遼 지방 백성들도 다만 강물 하나만을 두고 서로 막혔을 뿐 언어와 기질 습속은 반드시 다른 종족을 따르지 않았을 것이다. 만약 몇 해 동안 살아 모이도록 해서 강성한 기세를 타고 고향으로 돌아가려는 군사를 풀어 놓고 돌아갈 것을 독촉했다면 그 기세를 막을 수 없었을 것이다.(하략)[53]

이익은 태조의 의도가 거란에 의한 발해의 멸망을 구실로 고구려의 구강을 회복하려는 데에 있었다고 보고, 불행히 태조가 뜻을 달성하기 전에 죽어 결국 한반도 내의 약국이 되었다고 하였다. 특히 그는 후백제를 통합한 후 고려의 세력이 크게 강성하였음을 들고, 거란 세력에 저항하는 발해유민의 동향을 태조가 고려했을 가능성을 말하였다.

왕건은 후대의 왕들에게 남긴 훈요(訓要)에서 거란은 금수의 나라라고 하면서 거란과 문화적 접촉을 하지 않도록 경고하였다. 거란에 대한 그의 이러한 적개심은 남진팽창정책을 포기하지 않은 거란과의 일전은 언젠가는 불가피하게 닥칠 것으로 판단했던 때문으로 보인다.

---

52. 《星湖僿說》 권18 經史門 麗祖仁宗.
53. 위 책 권21 經史門 渤海. 《東史綱目》 제6上, (高麗 太祖)壬寅 25년 동10월조에도 위 성호의 글을 인용하였다.

거란은 이미 고려가 후백제와 대립하고 있었던 때에 후백제와 바다를 통해 연결한 바 있었다.[54] 후백제와 거란의 밀회는 사신 왕래 선박이 927년에 풍랑을 만나 후당(後唐)으로 표류함으로써 고려에 알려지게 되었다. 거란은 고려의 의표를 찌르며 위협하는 존재로 이미 구체화 되었던 것이다. 앞에서 언급한 외교적 사건에서 보는 왕건의 거란 적대가 바로 이 후백제와의 밀회에 대한 원한에서부터 비롯되었다는 견해도 있는바,[55] 그러한 면도 있을지 모르나 보다 직접적으로는 거란의 침입 위협이 더욱 고조되고 있는 상황이 그에 대한 극도의 경계심과 적개심을 낫게 한 것이라고 생각된다. 그리고 거란에 대한 분명하면서도 구체적인 노선을 표명함으로써 국내외의 세력들에게 고려조정의 의지를 보이려 한 것이 앞에서 언급한 외교적 대응이라 하겠다.

왕건은 거란을 공개적으로 규탄하고, 그 사신들을 유배 보내었나. 그리고 만부교(萬夫橋) 아래에 낙타를 매어 놓고 서서히 굶어 죽도록 방치하는 외교적 선전을 연출하면서 고려의 개경을 오가는 국내외의 사람들에게 오랫동안 그것을 보게 하였다. 그것은 왕건과 고려조정의 의지를 명시적으로 국내외에 널리 알리려는 조처로 해석된다. 그렇다면 그러한 것을 알리려 한 대상은 구체적으로 누구였을까? 그리고 그러한 외교적 표방의 효과는 어떠한 것이었을까?

고려와 거란이 전쟁을 할 경우, 거란의 군사적 압박에 대항하는 잠재적인 협력 세력에는 후진(後晉)과 같은 한족(漢族)도 있었지만, 만주의 발해유민과 여진인들이 보다 중요할 수 있었다. 발해인들은 우선 고려에 대규모로 들어와 통합됨으로써 거란에 대항하였음은 여러 기존 연구성과들이 있어 재언을 필요로 하지 않지만, 여진인들도

54. 《三國史記》 列傳10 甄萱傳.
55. 韓圭哲, 1985 앞 논문.

실제로 거란이 993년, 1010년, 1018년에 고려를 침공했을 때, 만주의 남부와 동부의 여러 집단들이 고려에 거란군의 적정(敵情)을 알려 주고 많은 무기를 보내며 고려를 도와주었다. 《고려사》에도 여진인들이 거란의 침공을 미리 고려에 알려주거나 말이나 무기 등을 진헌하는 등의 기사들이 나타나며,[56] 중국 쪽 기록에도 다음과 같은 기록이 보인다.

> 大中祥符3年(1010)에 (契丹이) 대거 내침해 오니, 詢(고려 顯宗)이 女眞과 더불어 設奇하여 공격하여 契丹軍을 거의 다 죽였다.[57]

이는 송나라 측의 기록이지만, 요나라 측의 기사에도 비슷한 내용의 자료가 보인다. 거란 흥종(興宗)의 신임을 받았던 소한가노(蕭韓家奴)는 치도(治道)의 요(要)를 묻는 황제의 물음에 압록강 동쪽의 원정, 즉 고려와의 전쟁으로 인한 백성의 부담이 과중했던 것으로 인한 참상을 말하고 전쟁으로 인한 백성의 부담을 덜어 주어야 함을 말하였다. 그런데 고려 원정에 대해 언급하는 중에 "발해[유민], 여직(女直)[여진], 고려가 합종연횡하였다."[58] 함이 보인다.

발해유민과 여진인과의 연결관계는 고려로서는 중요한 의미를 가졌지만, 고려에서 멀리 떨어져 있을수록 발해유민이나 여진세력의 고

---

56. "夏五月 西北界女眞報 契丹謀擧兵來侵 朝議謂其紿我 不以爲備"(《高麗史》 世家3 成宗 12년)
"是月 女眞復報契丹兵至 始知事急 分遣諸道兵馬齊正使"(위의 책 世家3 同年 추8월)
"乙酉 東女眞蓋多弗等四人來投 請效邊功 許之 優禮賜物"(위의 책 世家4 顯宗 8년 8월)
"丙申 西女眞未閼達等七人來獻甲鍪及馬"(위의 책 世家4 顯宗 9년 춘정월)
"壬子東女眞鋤栗弗 西女眞阿主等四十餘人 來獻馬及甲鍪旗幟貂鼠靑鼠皮"(위의 책 世家4 顯宗 9년 춘정월) 여진이 말이나 무기를 바친 기록은 이외에도 많이 보인다.
57. 《宋史》 列傳246 外國3 高麗.
이 자료에 대해, 方東仁은 거란의 침입 때 여진의 군사와 무기가 고려를 응원한 것이라고 보았다(1985 <高麗前期 北方政策의 推移> 《領土問題硏究》 2).
58. 《遼史》 列傳33 蕭韓家奴傳.

려와의 연결관계는 시기별로 달라지는 유동성이 컸다. 만주지역 나아가서는 동아시아의 세력 상황에 따라 그들의 향배는 크게 달라질 수 있었다. 거란이 만주의 남동부와 동부의 여진집단들과 발해유민집단에 대한 지배를 강화하려 하는 상황에서 만일 고려가 거란을 견제하는 것을 포기한다면 그것은 엄청난 변화를 유발하는 것이다. 이 지역의 집단들은 거란에 대항하는 중요한 제휴세력인 고려를 잃게 될 것이고, 그들은 거란의 압력을 견디지 못하고 연쇄적으로 넘어가고 말 것이다. 이 점에서 고려와 거란은 정면 충돌을 일으킬 수 있는 군사적 경쟁을 하는 한편으로, 만주지역 집단들의 향배에 영향을 줄 외교적인 책략의 경쟁을 치열하게 전개하였던 것으로 보인다.

937, 939, 942년에 걸쳐 거란은 고려에 사절을 파견하였는데, 이전에는 거란이 이처럼 자주 고려에 사절을 파견한 적이 없었다.[59] 이러한 거란의 사절 파견은 평화적 우호관계를 목적으로 한 것일 수도 있고, 어떤 외교적 책략일 수도 있다. 그런데 당시 왕건의 대응은 그가 거란의 태도를 진정한 우호적 접근이 아닌 어떤 외교적 책략으로 판단한 것을 보여 준다. 그렇다면 그러한 사절 파견을 통해 거란이 노린 것은 어떤 것이었을까?

그처럼 빈번히 사절을 파견함으로써 거란은 다음과 같은 효과들을 노릴 수 있었을 것으로 보인다. 하나는 고려가 거란에 대한 경계심을 늦추게 만드는 것이고, 다른 하나는 거란과 고려 주위의 다른 세력들에게 마치 두 나라가 친밀한 관계인 것처럼 오해하게 만드는 것이다. 전자는 고려 내부의 대거란 시책에 분열을 유도할 여지를 만드는 것이고, 후자는 주위의 세력들에게 대거란 저항세력의 중심적 주체가 사라진 것으로 여기게 만들어 주위의 세력들의 대거란 저항의지를

59. "(937년) 九月 辛未 遣使高麗 鐵驪"(《遼史》 本紀3 太宗 上 天顯12년).
"二年(939) 春正月 乙巳 以受晉冊 遣使報南唐高麗"(위의 책 本紀4 太宗 下 會同2년).
942년의 거란의 사신 파견은 앞에 나온 《高麗史》 世家1 太祖 25년 동10월조 기사에 보인다.

동요시키는 계기를 만드는 것이다. 실제로 《요사》 <본기>에 보이는 여진이 거란에 조공을 한 기록을 보면, 천현(天顯)2년(927)부터 936년까지 10년간은 14회로 연평균 1.4회인데, 937년부터 942년까지는 6년간 11회로 연평균 1.8회로 증가하고 있다. 특히 940년과 941년에는 고려의 북변에 인접한 압록강여진까지 거란에 조공하고 있었다.[60] 즉위 초부터 여진집단들에 대한 선무에 힘썼던 고려 태조는 이러한 여진의 동향을 놓치지 않았을 것으로 보인다.

이러한 것을 고려한다면, 942년에 거란사절을 처벌하며 공개적인 선언을 한 것은 거란에게 고려의 확고한 저항 의지를 통보하는 것 이상의 의미를 갖는다. 그것은 국내의 세력들에게는 거란에 대한 경계심을 더욱 강화하고, 무엇보다도 국외의 여진집단이나 발해유민집단 등에게 고려의 외교노선을 분명하게 천명하는 것이었다.[61] 말라(襪囉)를 통해 후진에게 동맹을 제안한 것도 후진이 그에 응할 경우의 효과는 물론 크지만 그렇지 않더라도 고려의 대거란 항쟁의사를 중요한 세력에게 분명히 알리는 효과를 갖는 것일 수 있다. 실제로 고려 주위의 세력들은 고려의 이러한 확고한 태도에 깊은 인상을 받았던 것으로 보인다. 앞에서 본 말라와 관련된 《자치통감》의 기사에서도 고려가 왕건대에 후삼국을 통합하고 '자못 강대해졌음'이 언급되었다. 또한 비록 고려에 정란(政亂)이 발생하여 실현되지는 못했지만, 945년경에 후진(後晉)은 거란을 협공하자는 고려의 제안에 따른 사절을 고려에 보내왔다. 《오대회요》(五代會要)의 945년 기사에 의하면 고려는 중국인들에게 군사력이 증강되고 있는 강국으로 알려져 있었다.[62]

---

60. 《遼史》 本紀1~4. 高麗와 遼 사이에서 여진의 동향은 金渭顯, 1998a <契丹 · 高麗間的女眞問題> 《明知史論》 9도 참고가 된다.

61. 崔圭成(1981a <고려초기 여진문제의 발생과 북방경영> 《백산학보》 26)도 942년 태조의 거란사신 유배를 단순히 태조의 거란에 대한 적대감에서 취해진 것만이 아닌 북방정책에서의 원대한 포석의 하나일 것이라고 하였다.

무엇보다도 태조의 발해침공을 규탄한 분명한 태도표명은 발해유민과 나아가서는 여진족에 대해 큰 영향을 주었을 것이다. 그로써 이들이 고려에 보다 우호적 감정과 의지하려는 경향을 갖게 하여, 고려에 내투하는 것으로도 나타났다는 이해는 타당한 것이다.[63] 그리고 고려에 내투한 경우가 아니라 해도 당시 고려의 거란에 대한 확고한 태도는 거란에 저항하는 세력들의 동요를 진정시키는 작용을 하여, 만주의 발해유민과 여진에게 그들의 세력을 유지하는 데 도움을 주었던 것으로 보인다. 《요사》 <본기>에 보이는 여진이 거란에 조공한 기록은 942년 거란사신유배사건 직전 연평균 1.8회까지 증가했던 추세에서, 그 사건 후 943년부터는 급감하여 976년까지 34년간 6회에 불과하게 되었다.[64] 특히 972년부터 976년까지는 여진족이 세 차례에 걸쳐 거란의 변경을 공격한 것이 보인다.

이러한 변화는 발해유민의 동태에서도 감시된다. 발해 멸망 직후부터 '발해'를 표방하는 세력이 등장하여 중국 오대 왕조들에 사신을 파견한 것이 보여, '후발해국'의 출현으로 보는 견해들이 있다. 그런데 이들의 국가적 실체가 분명히 들어나지 않는 것은 기록이 제대로 남지 않은 요인도 있겠으나 그만큼 이들이 국가적 실체로서 확립되지 못한 것도 큰 요인일 것이다.[65] 당시 넓은 발해의 옛 강역에 발해유민 집단들이 거란의 공세로 통일적 조직을 형성하지 못하고 분산되어 있었던 상황을 고려하면, '발해'를 표방한 세력의 통일성과 안정성 내지 지속성도 의심된다. 그러한 점에서 934년 '발해세자' 대광

62. "(武)國中推而爲主 有智勇 兵力日盛 (중략) 東夷君長 最爲雄盛"(《五代會要》 권30 高麗 開運2년).
63. 崔圭成, 1981b <高麗初期의 女眞關係와 北方政策> 《東國史學》 15·16합집.
64. 《遼史》 本紀4~8.
65. 後渤海에 대한 연구사와 그 국가적 실체에 대한 검토는 다음의 연구들이 참고된다. 한규철, 1996 <발해 유민의 부흥운동> 《한국사》 10책, 국사편찬위원회.
李孝珩, 2004 《渤海 遺民史 硏究: 高麗와의 관계를 중심으로》, 부산대 문학박사 논문, pp. 74~83.

현과 그가 이끈 '10여 만 호'에 달하는 집단이 고려에 내투한 것을 후발해의 소멸로 보는 견해를[66] 그대로 따르는 것을 유보한다 해도, 적어도 그 국가적 실체성에 단절에 가까운 변화를 의미하는 사건일 가능성은 크다고 생각된다. 이처럼 10세기 중엽까지 정치적으로 불안정했던 발해유민들이 그들의 난관을 극복하고 늦어도 970년경에는 국가적 실체성이 뚜렷한 정안국(定安國)을 세웠던 것도 이러한 국제적 동향과 무관하지 않은 것으로 보인다.

앞 2절 2)항에서 본 일부학자들의 견해처럼 고려 태조가 여진족을 야만시하여 '동족'(同族)으로 보지 않았다 하여, 고려 태조의 대여진관을 배타적이고 단절적인 관계로 보는 것은 잘못이다. 그가 재위 14년(931)에 유사(有司)에게 조(詔)를 내려 이른 말을 보면 다음과 같다.

> 北蕃 사람들은 人面獸心이라 굶주리면 오고, 배부르면 떠나가며, 이익을 보면 廉恥를 잊으니, 지금은 비록 고려를 섬기고 있어도 向背가 無常하다. 마땅히 그들이 지나는 州鎭에서는 館을 城外에 건설하여 그들을 대접할 것이다.[67]

고려 태조는 여진을 배척하는 것이 아니라, 여진족의 변화하기 쉬운 태도 때문에 그들과의 지속적인 신뢰관계가 구축되기 어려운 점을 고심하고 그에 따른 문제에 경계를 표명한 것이다. 그 구체적인 조치는 이들과의 단절을 하려는 것이 아니라, 그들과의 관계를 지속해 나가면서 예상되는 위험을 방지하는 조치를 내린 것이다. 즉 실질적 조치는 당시 고려에 복속된 여진집단들이 배신할 경우에 대비하여 그들이 오가는 고려 주진(州鎭)의 성(城)들 내부에서 그들을 머무르게 하지 말고, 성 밖에 그들을 접대하는 관(館)을 마련하도록 명령한 것이다. 이때는 고려가 후백제와의 싸움으로 군사력을 남쪽에 집중해야 하는 상황이었으므로 혹시라도 북변에서 불의의 변란이 일어

66. 金渭顯, 1998b <渤海 遺民과 後渤海 및 對渤海國> 《高句麗硏究》 6.
67. 《高麗史》 世家2 太祖 14년.

나지 않도록 대비하는 것이 매우 필요하였다.

여진족의 왕래를 지원하기 위한 관(館)이 세워지는 것과 병행하여 여진족과의 관계도 활발히 이루어졌다. 그런데 태조 7년부터 광종대까지 여진족의 내공(來貢) 기록은 정종 3년의 것이 한 차례 기록되어 있을 뿐이다. 현종대 전 《고려사》의 기록은 대거란전쟁으로 인한 기록소실의 여파로 소략하고 누락이 많다. 여진족의 내공 기록도 광종대까지는 누락이 많은 것으로 판단된다. 이러한 자료의 한계를 보완하기 위해서는 기록의 양만이 아니라 기록내용을 통한 동향에 주목해야 한다. 기록의 양과 내용상의 동향 모두에 유의해야 하는 것은 《요사》(遼史)의 경우도 물론 마찬가지다.

우선 태조 19년(936) 후백제와의 최후 결전에 여진집단의 기병이 대규모로 동원된 것을 보면, 여진의 고려에 대한 복속이 긴밀하였던 것이니, 내공도 그만큼 많았다고 보아야 한다. 정종 3(948)년의 기사에서도 그러한 면이 보인다.

> 東女眞 大匡 蘇無盖等이 와서 馬 700匹과 方物을 바쳤다. 王이 天德殿에 거동하여, 말을 살펴보고 3등급으로 나누어 그 가격을 정하여 주었다.(하략)68

위에서 동여진 소무개(蘇無盖)는 고려로부터 수여된 대광(大匡)이라는 향직(鄕職)을 가지고 있다. 이 향직은 이미 그가 정종 3년 이전에 수여받은 것이므로 그는 정종 3년 이전에 고려에 내공(來貢)한 사실이 있음을 의미한다. 더구나 대광은 고려의 향직 16등급 중 제3등급에 해당하는 고위등급으로 고려에서도 대호족들에게나 수여되는 것이었다. 따라서 소무개가 여러 차례에 걸쳐 관작을 올려 받은 가능성도 생각되는 만큼, 그가 이미 여러 차례 직접 또는 사자를 통해 고려에 와서 공물을 바쳤을 가능성도 보여 주는 것이다. 특히 주목되는

---

68. 위의 책 世家2 定宗 3년 9월.

것은 여진에 대해 정종대에도 높은 관작을 수여하며, 여진과의 관계를 중시하고 있다는 점이다. 정종이 직접 소무개 일행을 맞아 공물에 대한 대가품 수여를 결정해 준 것도 그가 여진족과의 관계를 중시한 점을 보여 주는 것이기도 하다.[69]

2) 10세기 말～11세기 초

여진이 거란에 조공했다는 《요사》 본기의 기록은 942년 이후 976년까지는 매우 저조하다가, 거란 경종(景宗) 보녕(保寧)4년(977) 이후 다시 증가한다. 977년부터 979년까지는 3년간 5차례 여진의 내조(來朝)나 내공(來貢)이 보인다. 그리고 거란 성종(聖宗) 통화(統和)2년(984)년부터 통화4년(986)까지는 여진에 대한 정벌과 승리가 거듭되는 속에 여진의 내공이 함께 나타난다.

거란은 986년 4월에는 송나라의 대군과 기구관(岐溝關) 일대에서 싸워 승리를 거두기도 하였다. 거란의 여진정벌이 끝난 후 988년(고려 성종 7년)에는 압록강 유역 빈해여진(濱海女眞)도 거란에 내공하였고, 이후 통화29년(1011; 고려 현종 2년)까지 생여진(生女眞) 세력의 다수는 고려를 등지고 거란 쪽으로 쏠렸던 것으로 보인다. 이때 24년간에는 여진의 조공 기사가 26차례 《요사》 본기에 나타난다.[70] 이 시기에는 발해유민이 세운 정안국도 무너진 것으로 보인다. 이러한 일련의 변화는 성종대 거란의 세력 증대라는 면도 있을 것이나, 같은 성종대라도 고려 현종대 이후의 상황과 근본적으로 다른 것을 보면, 고려의 정책적 변화가 중요한 또 하나의 요인으로 주목된다.

생여진이 거란 쪽으로 쏠리게 된 데는 거란 성종의 여진에 대한 적극적 무력공세도 요인이 되었을 것이나, 그보다 더 중요한 요인은

69. 崔圭成, 1981b <高麗初期의 女眞關係와 北方政策> 《東國史學》 15・16합집.
70. 《遼史》 本紀8～15.

이 시기 고려의 대여진 정책이 근본적으로 변해 있었던 것이다. 원래 생여진은 거란에 저항하며 나름의 독자성을 유지하고 있었고, 그들의 다수는 거란 세력을 저지하고 있는 고려와 연결하여 그에 의지하는 바가 컸었다. 여진족들은 '해동천자의 천하' 속에 들어가 고려를 중심으로 거란에 대항하는 세력권을 형성했다. 그런데 고려 성종은 그 해동천자와 그 천하의 제도와 이념을 폐기하고 제후국의 제도로 바꾸고 있었고, 여진족에 대한 회유·포용 정책을 버리고 강경일변도의 적대로 돌아서고 있었다.

고려가 성종대에 이렇게 갑자기 정책을 바꾸게 된 것은 태조대 이래로 천하다원론자들에 눌려 있던 화이론자(華夷論者)들이 성종의 지지를 받아 송나라에 편향된 방향으로 조정을 움직였기 때문이다. 최승로(崔承老) 등의 화이론자들은 송나라의 문화에 경도되어 있었고, 그들은 송나라에 대한 명분론적인 사대를 추구하면서, 고려의 황제국 제도들을 혁파하고 제후국의 제도를 시행하였다.[71] 해동천자 천하의 제도적 틀과 이념이 갑자기 폐기되고 말았다. 성종대의 화이론자들은 그 이전과 달리 거란의 침입 움직임이 구체화되어 추진되던 상황에서도 군비를 축소하였고, 여진과의 관계도 해체시켰다.

거란이 고려의 경내(境內)를 통과하여 여진을 정벌하러 갈 때에 고려는 아무 조처도 취하지 않고 그대로 방치함으로써 여진은 고려가 거란을 도와주었다고 송나라에 구원을 호소하였다. 그리하여, 984년에 한수령(韓遂齡)이 송나라에 사신으로 갔을 때, 송 황제가 여진이 보낸 구원 요청 목계(木契)를 내보이며, 귀국하면 본국에 말하여 여진 포로를 돌려 보내주게 하라고 말한 일도 있었다.[72] 뒤에 다시 천하다원론자들이 고려조정을 주도하게 된 현종대에 거란이 동북여진(東北女眞)에게 가겠다고 길을 빌려 달라는 것을 단호히 불허한 것과

71. 노명호, 1999 앞 논문.
72. 《高麗史》 世家3 成宗 3년; 成宗 4년.

는 대조가 된다.[73]

성종대에는 북변을 개척하고 성(城)을 쌓으면서, 여진을 몰아내며 적대하는 정책을 폈다. 성종 3년(984)에는 이겸의(李謙宜)에게 명하여 압록강안에 관성(關城)을 쌓게 하였는데, 여진의 공격을 받아 이겸의는 잡혀가고 고려군은 1/3만 도망해 왔다.[74]

991년에 거란은 압록강 하류에 책(柵)을 세우고 지키는 군대를 진주시켰다. 성종 12년(993) 5월에 서북계 여진이 거란이 침공할 군대를 일으켰다고 보고해 오자, 고려조정은 여진이 속이는 것이라고 하고, 아무런 대비를 하지 않았다. 세 달 뒤 여진이 다시 보고하기를 거란병이 이미 이르렀다고 하자, 그제야 일이 급박함을 알고 제도(諸道)에 병마제정사(兵馬齊正使)를 파견하였다.[75] 여진으로서는 이미 여러 차례 거란의 공격을 받은 바 있어, 자신들에게도 닥칠 피해에 대비하기 위해 고려에 첩보를 보내온 것이다. 그러나 성종대의 고려조정은 이러한 중요한 첩보도 무시할 만큼 여진과의 적대와 불신이 깊었다.

서희(徐熙)는 성종 12년 고려에 침입한 거란 소손녕(蕭遜寧)과의 담판으로 압록강 동안(東岸)에 고려가 성을 쌓는 것을 인정받고, 성종 13년과 14년에는 군대를 동원하여 여진을 쫓아내고 귀주(龜州) 등의 성을 쌓았다.[76] 서희는 천하다원론 계열의 인물이었지만, 화이론자들의 정책이 계속되는 상황에서 여진에 대한 공격 이외에 회유책을 전개하기 어려웠던 것으로 보인다.

성종 12년 이후 화이론적 정책은 송에 대한 사대를 거란에 대한 사대로 바꾸었을 뿐 기본적으로 성종 다음 왕인 목종대까지 지속되었다. 하공진(河拱辰)과 유종(柳宗)은 동여진을 공격하다 패배한 적이 있었는데, 그때의 원한을 푼다고 현종 원년에 고려에 내조(來朝)한

73. 위의 책 世家5 顯宗 17년 5월 갑자.
74. 위의 책 世家3 成宗 3년.
75. 위의 책 世家3 成宗 12년 5월; 8월.
76. 위의 책 列傳7 徐熙傳.

여진인 95명을 화주관(和州館)에서 모두 살해하여 섬으로 유배되었다.[77] 하공진과 유종이 동여진을 공격한 것은 목종대 무렵으로 생각된다.

성종대와 목종대에 새로이 개척한 북방 성 축조가 그 전후 시기보다 숫자가 특별히 많은 것도, 지역이 특별히 넓은 것도 아니었다. 북방 성 축조는 성종대에는 12곳, 목종대에는 9곳이다. 이에 비해 태조대에는 28곳, 광종대에는 20곳, 현종대에는 19곳으로 훨씬 많고, 이들 왕대에 새로이 개척하여 확대된 지역도 오히려 크다.[78] 그러함에도 북방지역의 개척에서 무력에 의한 강압만을 일삼지 않고, 해동천자 천하의 틀 속에서 여진 집단들을 회유하려 노력함으로써 여진족들과의 적대관계가 확대되지 않았다. 성종대와 목종대에 여진집단들과의 고려 초 이래의 유대관계가 해체된 것은 단지 북방개척에 원인이 있었던 것이 아니다. 생여진집단들이 대부분 고려에 등을 돌리고 거란의 눈치를 보며 거란에 조공을 하게 된 것은 화이론자들이 해동천자 천하의 제도와 이념과 함께 제번(諸蕃)과의 관계를 해체시키는 정책을 추구한 것이 주된 원인이 된 것이다.

성종대 해동천자 제도의 폐기는 대거란 동맹의 구심점을 없애는 것이었고, 그것은 대거란 전선의 와해로 이어졌다. 그 결과 거란에 대항하여 고려에 의지하였던 여진세력은 거란에 자발적으로 투항해 들어갈 수밖에 없었다.

3) 1010~1115년

1009년 현종(顯宗)의 즉위와 함께 천하다원론자들이 다시 고려조정

77. 위의 책 世家4 顯宗 원년 5월 갑신.
78. 신개척 북방성의 수는 송용덕, 2005 <高麗前期 國境地域의 州鎭城 編制> 《韓國史論》 51의 [부표 1. 장성 축조 이전의 州鎭城 수축]을 이용하여 수축 등은 제외하고 파악함.

을 주도하게 되면서, 현종 원년(1010)에는 화이론자들이 폐지시킨 팔관회(八關會)와 연등회(燃燈會)가 부활되었다.[79] 팔관회의 부활 기사는 12월의 팔관회 거행 시점에 나타나지만, 앞서 2월에 거행된 연등회와 함께 그 부활결정은 이미 1010년 연초 이전에는 이루어졌다고 보아야 한다. 팔관회는 당나라나 송나라 등의 원구단(圓丘壇) 제천의례(祭天儀禮) 중에서도 제번(諸蕃)의 사절들이 참여하는 동지사(冬至祀)에 해당하는 의미를 갖는 고려의 전통적인 제천의례였다.[80] 팔관회의 부활은 '송(宋)의 천하'나 '거란의 천하'의 독자적인 제천의례와 같은 고려가 중심이 되는 천하의 제천의례를 다시 복구하는 의미를 갖는 것이었다. 이후 성종대에 화이론자들이 제후국의 제도로 변개시킨 고려 초 이래의 황제국의 제도들도 복구되어 갔다.

이는 제번들에 대해서는 해동천자 역할의 복구를 선언하는 것이었다. 성종대와 목종대에 자취를 감추었던 여진족의 내조(來朝)와 발해 유민의 왕래와 내투가 현종대에 다시 시작되어 해동천자의 천하가 부흥기를 맞은 것은 우연이 아니다. 그 첫 변화는 이미 1010년부터 나타나니 5월에 동여진인 95명이 내조하고 있었다.[81] 옛 전투에서의 원한을 품은 하공진과 유종이 화주관에서 그들을 살해한 것은 고려 조정의 정책에 차질을 가져왔을 것이니, 고려조정은 두 사람을 사형 다음의 무거운 처벌인 먼 섬에 유배하는 처벌을 함으로써 그 의지를 나타내었다. 이 사건의 여파인지 동여진의 집단 중에는 거란과의 제2차 전쟁을 치른 다음해인 현종 3년(1012)에 청하(淸河), 영일(迎日) 등에 침구(侵寇)하기도 하였다.[82] 그러나 고려가 해동천자 천하의 제

79. 《高麗史》 世家4 顯宗 원년 2월 갑자; 12월 경인.
80. 奧村周司, 1997 <高麗の圜丘祀天禮と世界觀> 《朝鮮社會の史籍展開と東アジア》 武田幸男 편, 山川出版社 東京; 1982 <高麗の外交姿勢と國家意識: '仲冬八關會儀'および'迎北朝詔使儀'を中心として> 《民衆の生活・文化と變革主體》(歷史學硏究別冊特輯) 日本, 歷史學硏究會.
81. 《高麗史》 世家4 顯宗 원년 5월 갑신.
82. 위의 책 世家4 顯宗 3년 5월.

번에 대한 관심을 다시 표명하고, 거란과의 제2차 전쟁에서 거란에 맞서 버텨내자 여진 집단들은 다시 고려 쪽으로 돌아서기 시작하였다.

현종 2년에 동북여진 추장 서을두(鉏乙豆)가 방물을 바쳤다. 그리고 특히 주목되는 것은 현종 3년(1012)에 동여진 부족들 전체를 상징하기도 하는 30성 부족이[83] 두 차례 고려를 찾아온 사실이다. 2월에는 여진추장 마시저(麻尸底)가 30성 부락 자제들을 이끌고 와서 말을 바쳤다. 그리고 다시 그해 10월에는 여진 모일라(毛逸羅) 등이 부락 30성을 이끌고 화주(和州)에 와서 결맹을 요청하므로 허(許)하였다.[84] 그런데 이들 30성 여진과 같은 존재로 알려진 장백산삼십부여직(長白山三十部女直)의 추장들은 같은 해 정월에는 거란에 내공하고 관작을 청한 바 있었다.[85]

당시 고려-거란 사이의 정세변화에서 30성 여진은 거란과 고려, 양쪽 모두와 관계를 맺으며 사태를 관망한 것으로 해석된다. 아마도 2월에 고려에 내조(來朝)할 때는 양쪽 모두를 접해 보고 저울질하려는 의도였던 것으로 보인다. 그 후 내부에서 상당한 논의를 거친 것으로 보

---

83. 李東馥, 1986 《東北亞細亞史硏究: 金代女眞社會의 구성》, 일조각, 2장 2절 三十部女眞의 문제.
三十部女眞의 지역범위에 대해서는 함경남도 북청부근설(津田左右吉, 1913 <尹瓘征略地域考> 《朝鮮歷史地理》 2; 《津田左右吉全集》 11, 1964, 岩波書店)과 함흥평야설(池內宏, 1921b <朝鮮高麗朝において東女眞の海寇> 《滿鮮地理歷史報告》 8; 三上次男, 1940 <遼末における金室完顏家の通婚形態> 《東洋學報》 27)도 있다. 또한 고려 북변에서 만주 綏芬河에 이르는 지역으로 보되, 간도방면에서 西進한 것으로 보는 설도 있다(小川裕人, 1937 <三十部女眞に就いて> 《東洋學報》 24권 4호). 정도 차이는 있지만 이들의 경우는 고려의 만주지역 정책을 과소평가하는 속에 30부여진의 고려와의 관계에 치중하여 그 지역범위를 비정한 때문으로 생각된다.
이동복은 30부여진의 전반적인 활동영역, 兀惹나 鐵利와의 관계 등을 종합적으로 검토하여 고려북변에서 간도지방 및 수분하지역만이 아니라 阿什河 유역에 이르는 여진집단의 총칭으로 보았다.
84. 위의 책 世家4 해당 연월.
85. 《遼史》 本紀15 聖宗 開泰원년 정월 계미.

이며, 그 결과 10월에 고려와 결맹(結盟)을 요청하여, 고려의 허락을 받은 것이다.

이 30성 여진과의 결맹은 송나라 쪽이나 거란 쪽 기록에도 보이는 여진과 고려의 결맹의 시작이었다. 《송사》에는

> 大中祥符 3년(1010)에 (契丹이) 대거 내침해 오니, 詢(고려 顯宗)이 女眞과 더불어 設奇하여 공격하여 契丹軍을 거의 다 죽였다.[86]

라고 하였다. 여기서 대중상부(大中祥符) 3년은 전쟁의 시작만을 언급한 것으로 실제로는 1010년보다는 그 후 1018년 전쟁이 끝날 때까지의 상황을 서술한 것이라고 생각된다. 거란 흥종(興宗)의 신임을 받았던 소한가노(蕭韓家奴)는 거란의 고려 원정에 대해 언급하는 중에 "발해(渤海)[유민], 여직(女直)[女眞], 고려(高麗)가 합종연횡(合從連橫)하였다."[87]라고 하였다.

1010년부터 시작하여 1018년 2월 귀주대첩으로 거란과의 전쟁이 완전히 끝날 때까지 여진이 내조(來朝), 내투(來投)한 것은 고려에 15회였으며, 거란에는 9회로 그 이전과 역전되었다. 특히 거란과 전쟁이 한창 진행 중인 때에도 고려에 내공하고 있으며, 15회 중 공물에 말은 7회 무기류는 4회 포함되었다. 말이나 무기를 고려에 보낸 것이 전부가 아니라, 《송사》나 《요사》에서 보이는 바처럼 고려와 동맹을 맺은 여진집단들은 거란과 직접 전투하여 타격을 입혔다. 1018년 10월에는 귀주 여진인 목사(木史) 등 34인에게 거란군을 생포한 공로로 비단 등을 상으로 하사하였다.[88] 귀주 여진이라 함이 귀주성에서 고

---

86. 《宋史》 列傳246 外國3 高麗. 이 자료에 대해, 方東仁은 거란의 침입 때 여진의 군사와 무기가 고려를 응원한 것이라고 보았다(1985 <高麗前期 北方政策의 推移> 《領土問題硏究》 2).

87. 《遼史》 列傳33 蕭韓家奴傳.

88. 《高麗史》 世家4 顯宗 9년 10월 정미.

려군과 함께 거란에 대항하여 싸운 여진인들인지, 고려와 협력한 귀주 인근 여진인들인지는 불분명하나, 이들도 귀주대첩에서 중요한 역할을 한 주체들로 보인다. 거란군이 고려국경 안으로 들어오기 전 통과한 지역의 여진인들의 전투는 귀주 여진과 달리 그 전공이 알려지기 어려운 것이어서 《고려사》 등에는 기록이 거의 없으나, 그것을 기록한 것이 《송사》나 《요사》의 기록이라고 생각된다.

귀주대첩으로 전쟁이 끝난 1018년 3월부터 12월까지에만 여진의 내조와 내투는 13회가 있었다. 그 후 1115년에 금(金)이 건국되기까지 고려에는 매년 여진의 내조·내투가 끊이지를 않았고, 한 해에도 여러 차례 있었던 해가 많았다. 여진의 내조가 많았던 1018년 이후의 현종대부터 천리장성이 완성된 정종 10년(1044)대까지를 보면 1018년부터 1044년까지 총 216회로 연 평균 8회 정도가 나타난다. 이 시기에 팔관회는 해동천지 천하의 재천행사이자 그를 계기로 한 동아시아의 국제적 교역과 교류가 이루어지는 행사로 발전해 갔다. 정종 즉위년(1034)에는 팔관회 의식의 세부 내용이 정해졌다. 이때부터 지방관이 표(表)를 올려 하례(賀禮)하고, 송상객(宋商客), 동서번(東西蕃), 탐라국(耽羅國)도 방물(方物)을 진헌하니, 자리를 주어 의식에 참여하게 함으로써 그 후 상식(常式)이 되었다.[89]

같은 기간에 여진이 거란에 내조한 횟수는 총 13회 연평균 0.5회밖에 되지 않는다. 여진의 거란 내공(來貢)은 완안부(完顏部) 세력의 등장으로 인한 파동이 반영되어 잠시 약간 늘어나기도 하였으나 전체적인 저조한 추이는 거란이 망할 때까지 만회되지 않았다.

천리장성의 완성은 천리장성 안팎의 내왕을 통제하게 됨으로써 여진지역과의 관계에 분리선을 긋는 변화를 가져왔다. 여진의 고려 내조나 내투 횟수도 앞 시기에 비하여 현저히 줄어들었다. 그 후 1045

89. 위의 책 世家6 靖宗 즉위년 11월 경자.

년부터 금나라가 세워지는 1115년까지를 보면 71년간 250회 연평균 3.6회로 앞 시기보다 반 이하로 감소하였다.

천리장성은 또한 고려에 내투해 오는 여진부족들의 정착지를 천리장성 밖으로 구분지음으로써 내지(內地) 주진(州鎭)들과 명확한 차이를 조성하였다. 문종대에는 많은 여진족들이 고려의 군현이 되기를 원하며 내투하고 있었는데, 이들은 장성을 따라 인접한 외곽지대의 기미주(羈縻州)들이 되고 있었다. 기미주는 문종대에 급격히 확대되지만 위계주(威雞州) 같은 경우는 이미 정종(靖宗) 4년(1038)보다 전에 설치되어 내려오고 있었다.[90] 기미주가 되면 원칙적으로 고려조정으로부터 ① 주호(州號)와 ② 주기(朱記)의 하사, ③ 주민의 편적(編籍)이 이루어졌다. 그리고 ④ 외교권은 고려조정이 가지나 전반적으로 자치가 허용되고 있었다. 다만 자체 내 집단에서의 범죄라도 중요한 범죄에 대해서는 고려조정이 검토하여 처벌을 내릴 수도 있었으나, 원칙적으로 그 관습적 법을 존중하였다.

12세기 초 여진 완안부세력의 확대는 이미 장성 밖 기미주를 포함한 인근 여진부락들에 정치적 파동을 일으켰다. 그것은 결국 고려와의 전쟁을 발생시켰는바, 숙종(肅宗) 2년(1104)의 1차 접전은 고려의 참패로 끝났다. 그리고 뒤이어 예종(睿宗) 2년(1107)에 윤관의 여진정벌로 9성을 쌓게 되었으나, 2년 후(1109) 여진에게 반환함으로써 장성 밖의 지역은 완안부세력에 넘어가고 말았다. 이런 와중에서 많은 여진인구가 장성 안 고려의 내지로 들어오게 되었는데, 그 다수는 고려와의 긴밀한 관계를 가지며 가까워지고 있었던 기미주의 주민이었을 것으로 추정된다. 이때 들어온 여진인구는 1115년 금이 건국된 후 그 인구의 쇄환을 고려에 요구하면서 중요한 외교분쟁의 현안이 되었다가, 인종대에 금나라의 양보를 받아 종결되었다.[91]

---

90. 위의 책 刑法1 殺傷 靖宗 4년 5월. 노명호, 2005 <10~12세기 탐라와 고려국가> 《제주도연구》 28.

이후 해동천자의 천하는 고려 국경 밖의 영역이 사라지게 되어 그 실질성을 상실하고 관념과 역사의식 속에서만 남게 되었다. 비록 이제는 역사적 기억 속에 남은 관념적인 소천하이지만 독자적인 천하에 대한 역사인식은 14세기에 중요한 역할을 하였다. 고려가 중국과는 다른 별도의 천하라는 다원적 천하관은 고려를 원나라의 한 지방 행성으로 만들려는 입성책동(立省策動)에 대항하여 고려왕조의 명맥을 지켜간 중요한 기반의 하나가 되었다.

4. 소결

《고려사》 등 고려초기부터 13세기까지의 자료에서 천자(天子), 황제(皇帝), 제후(諸侯), 번(蕃), 천하(天下) 등의 용어는 이중적 상황에서 이중적인 의미로 사용되었다. 송(宋)·요(遼) 등과의 관계에서 고려는 이들 각각을 천자국으로 하는 제후국이고, 번방(藩邦)이 되는 천하의 국제관계 질서를 대체로 받아들였다. 한편 고려가 주도하는 '천하' 내의 세력들과의 관계에서 고려는 천자국이 되어 그들을 번(蕃)이라 하였다. 고려 군주의 복식도 송이나 요 등으로부터는 제후의 복식을 받았으나, 자체 내에서는 황제의 복식을 사용하였다. 1992년에 발굴된 고려 태조 왕건의 동상이 쓰고 있는 관은 천자가 쓰는 통천관(通天冠)이었다.

고려의 이러한 칭제(稱帝) 사실은 공공연한 것이어서 송이나 요 등도 그 사실을 잘 알고 있었으며, 암묵적으로 그것을 인정하고 있었

91. 《고려사》에 기록된 11세기 후반 이후 來投 여진인구는 기미주 여진인과는 별도의 존재였다. 기미주 인구는 일차 고려에 내투하여 기미주에 편적된 상태였기 때문에, 內地로 유입될 때 다시 내투로 파악되지 않았던 것으로 보인다.
거미주와의 관련성은 검토되지 않았으나, 금의 건국을 전후하여 고려에 들어온 여진인구의 쇄환문제는 노계현, 1994 《高麗外交史》 갑인출판사, pp. 217~218에서 간략히 검토된 바 있다.

다. 그것은 이들 대륙의 강대국들과의 외교의전 형식에도 반영되었으니, 고려와 이들 사이의 관계는 순수한 사대례(事大禮)가 아니라 수평적인 빈례(賓禮)를 절충한 국신적(國信的) 사대관계였다.

고려의 칭제가 이러한 이중적 성격을 갖는 것은 당시 고려조정의 정책을 다원론적 천하관 계열이 주도한 결과였다. 천하다원론에서는 고려도 송이나 거란과 같은 하나의 나름의 소천하의 중심이며, 고려 군주도 천자로서 주변의 제번을 통솔해야 한다고 보았다. 한편 이와 달리 화이론적 천하관에서는 진정한 천자는 오직 송나라 천자이며, 고려는 제후국으로서 송이나 강대국에 사대를 해야 한다고 보았다. 그리고 자국중심론적 천하관에서는 고려의 군주만이 진정한 천자이며 언젠가는 주변의 송이나 거란을 비롯한 모든 나라들이 고려에 조공을 하게 될 것이라고 믿었다.

천하다원론자들이 강대국에 대해 국신적 사대관계를 받아들인 것은 그들과의 필요한 교섭을 순조롭게 하려는 전략적인 성격을 띠는 것이었다. 따라서 사대형식을 최소한에 국한하며, 자국이 천자국이라는 관점을 견지하였다. 그리고 천하다원론자들이 고려의 국체를 천자국으로 하려 한 것은 고려의 국경 밖에 위치한 제번들을 통솔하기 위한 제도적, 이념적 틀을 마련하기 위함이었다. 고려의 천자는 '해동천자'로 지칭되기도 하였는데, 여진족 등 제번 집단의 수장들에게 관작을 수여하고, 그들의 조공품에 대해 회사품(回賜品)을 주었다. 또한 그들과 사신을 통해 의사소통을 하며, 군사적으로도 맹주(盟主)의 위치에서 협력하는 관계를 가졌다.

고려와 제번 사이에도 매우 느슨한 '우리'의식에 준하는 집단의식이 나타난다. 금의 시조가 고려인이라는 류의 자료들이 그러한 것을 담고 있는바, 이에 대한 기존 연구들 중에는 여진족이나 고려를 보는 관점이 근대의 국민국가 개념의 연장선에서 동족인지 아닌지 이분법적 관점에서 검토하는 것에 머물고 있다. 그리하여 고려인이 여진족

완안부의 수장이 되었다는 것을 원천적으로 불가능하다고 생각하고 있다. 그러나 고려국가나 여진족 사이에는 근대민족과 같은 확고하고 절대적인 집단의식이 성립되어 있지를 못하였다. 특히 후삼국시대와 그 전후의 혼란기, 그리고 천리장성이 완성되기 전에는 양자간의 왕래가 쉽게 국가의 통제망을 벗어날 수 있었다. 특히 패서(浿西)지역에서는 여진과 활발한 교류가 이루어지고 있었다.

금의 시조에 대한 자료 중에는 그 선조의 출신을 '삼한'과 결부지운 것도 있어 주목된다. 이는 당시 고려내의 삼한일통의식과 연관된 관념과 용어가 여진지역의 고려에 대한 관념에서도 표방되고 있는 것이다. 설사 금의 시조가 고려인이 아니라 해도, 그러한 설화가 여진사회에서 받아들여진 것은 여진인들이 고려인들의 '우리'의식의 경계선에 접근하고 있었던 것을 보여 주는 것으로 생각된다.

고려 태조는 재위 초반에 이미 접경지대를 비롯한 여진 지역을 적극 선무하여 많은 여진족이 고려의 통솔 하에 들어왔다. 이들은 고려의 '번'(蕃)으로 지칭되었다. 많은 발해유민들도 고려와 지속적인 교섭을 가졌던 것으로 보이며, 고려 초에 많은 수가 뒤를 이어 고려로 들어와 통합되었다.

고려 태조는 북방개척과는 별도로 만주 지역의 여진족이나 발해유민을 놓고 거란과 경쟁을 하며, 고도로 계산된 외교전을 전개하였다. 일부 중국학자들처럼 고려 태조가 재위 14년의 조(詔)에서 여진족을 야만시하여 '동족'으로 보지 않았으므로 여진에 대해 배타적이고 단절적인 태도를 취한 것처럼 보는 것은 잘못이다. 그는 여진족을 배척한 것이 아니라 그들의 변하기 쉬운 태도 때문에 지속적인 신뢰구축이 어려움을 고심하였던 것이고, 당시 후백제와 남부지방에서 대결하는 상황에서 북변의 만일의 변고를 예방하기 위해 고려에 오는 여진족을 접대하기 위한 관(館)을 성외(城外)에 세우도록 조처한 것이다. 고려 태조는 여진과의 관계를 중요시하고 적극적으로 그들을 포섭하려 하였으며, 그러한 정책은 정종대에도 이어진 것으로 확인된다.

여진이 거란에 조공하는 것은 977년 이후 다시 증가하기 시작하며, 984~986년 거란 성종(聖宗)의 여진정벌 직후에는 압록강 여진까지 거란에 조공을 한다. 이후 여진집단들은 대부분 고려에 등을 돌리는데, 이러한 추이는 고려 성종대와 경종대에 걸쳐 계속되었다. 이 시기 생여진이 거란 쪽으로 쏠리게 된 데는 거란 성종의 여진에 대한 적극적 공세도 작용하였으나, 보다 중요한 요인은 고려의 대여진 정책이 근본적으로 변화한 것이었다. 여진족들은 '해동천자의 천하' 속에 들어가 고려를 중심으로 거란에 대항하는 세력권을 형성했던 것이다. 그런데 고려 성종(成宗)은 해동천자와 그 천하의 제도와 이념을 폐기하고 제후국의 제도로 바꾸었고, 여진족에 대한 회유·포용 정책을 버리고 강경일변도의 적대로 돌아섰다.

이 시기에는 천하다원론자들이 주도하지 못하고, 화이론자들이 성종을 중심으로 고려조정을 움직이고 있었다. 이들은 여진을 일방적으로 몰아내며 성들을 쌓았다. 거란이 고려의 경내를 통과하여 동여진을 치러 갈 때도 방치해 두었다. 고려 성종대와 경종대에 북방에 쌓은 성의 수나 확대된 영역이 태조대나 광종대 또는 현종대에 비하여 큰 것이 아니라 그 반대였다. 그러함에도 여진과의 관계가 악화된 것은 여진에 대한 회유와 공존의 모색인 해동천자 천하의 제도와 이념을 해체시키는 정책을 추구한 것이 주된 원인이었던 것이다. 이 시기에는 거란에 대항하는 고려와 여진, 발해유민집단들의 연대 세력권이 거의 해체되었다.

현종의 즉위와 함께 천하다원론자들이 다시 고려조정을 주도하게 되면서, 화이론자들이 폐지시킨 해동천자 천하의 제도들과 제번(諸蕃)들에 대한 고려의 역할이 다시 복구되기 시작하였다. 여진의 내조(來朝)가 곧 다시 재개되었고, 1010년 거란과의 일차 전쟁에서 고려가 버텨내자 본격적인 여진의 내조가 있게 되었다. 1012년 10월의

30성(姓) 동여진이 고려를 맹주로 한 맹약을 다시 맺은 것은 연초에 동여진이 거란과 고려를 연이어 방문한 후에 나온 결정이라는 점에서 여진족들의 태도의 일대 전환을 의미하는 사건이었다. 이후 여진족의 내조가 계속 증가하여 해동천자 천하의 세력권이 다시 복원되어 갔다. 그리고 1018년 구주대첩으로 거란과의 전쟁을 대승리로 끝낼 수 있었다. 《송사》(宋史)에서 고려와 여진이 함께 거란을 공격하여 거란군을 거의 다 죽였다거나, 《요사》(遼史)에서 발해, 여진, 고려가 합종연횡하였다고 한 것은 이러한 해동천하의 천하 세력권이 거란에 대항한 전쟁에 공동보조를 맞춘 측면을 드러내준다.

구주대첩 이후 천리장성이 완성되기 전까지 여진의 내조는 절정에 달하였다. 반면에 거란에 대한 여진의 조공은 급감하였고, 그 추이는 거란이 망하기까지 기본적으로 변화가 없었다. 천리장성은 고려와 여진지역을 나누는 장벽이 되었는바, 이후 여진족들은 양쪽으로 나누어지게 되었다. 한 쪽은 나름의 독자적 세력을 키워 간 세력들이었는데, 금을 건국한 세력으로 성장해 간 완안부는 그 대표적인 세력이었다. 다른 한 쪽은 고려와의 관계를 더욱 강화하며 고려의 기미주(羈縻州)가 되기를 자원한 부류들이었다. 그 결과 장성에 인접한 외곽지대에 기미주들이 문종대에는 급격히 확대되었다. 금나라가 건국되는 과정에서 다수의 여진족들이 고려로 들어와 그 인구의 쇄환문제가 그 후 금과 고려 사이의 외교적 쟁점의 중요한 현안이 되었던바, 그 여진인구의 주축은 장성 밖에 자리 잡았던 기미주 지역민들이었던 것으로 보인다.

금의 건국은 해동천자 천하의 제번들의 소멸을 가져왔다. 이후 해동천자의 천하는 실질성을 상실하고 고려인들의 관념과 역사의식 속에만 남게 되었다. 더구나 1279년 몽고에 의한 남송(南宋)의 멸망으로 동아시아에서는 남쪽의 한족과 북방족, 양대세력이 균형을 이루며 경쟁하는 역동적인 국제관계도 끝나게 되었다.

13세기 말 이후에는 대륙 유일의 초강대세력인 원(元)의 강압을 받으며 고려국가의 해동천자 제도도 해체되어 제후국의 제도로 바뀌었다. 그 후 원나라 세력이 퇴조하는 14세기 후반으로 접어들 무렵 공민왕대 초에 잠시 황제국 제도의 부활 움직임이 나타난 적이 있었다. 그러나 조선건국으로 이어지는 국내의 정치세력 간의 투쟁과 몽고를 몰아내고 등장한 명(明)이라는 대륙 유일의 강대세력 출현으로 황제국 제도의 추구는 수면 아래로 다시 잠기었다.

14세기 후반 이후에 원에서 새로 유입되어 날로 세력이 커가던 성리학은 명분론적 사대를 강력히 추구하였다. 고려 말 국가 단위 사회의 외연과 집단의식은 근대의 민족에 비교적 근접하게 변화되어 있었다. 성리학자들은 그 속에서 사회경제적 안정과 성리학적 가치와 질서를 추구하려 하였다. 성리학자들은 사대예법에 따른 평화적 국제관계와 왕도정치를 추구하는 속에 해동천자나 그 천하를 철저히 부정하고 있었다.

이러한 흐름은 뒤에 조선건국 후에는 더욱 강화되어 《고려사》의 편찬과정에 그대로 반영되었다. 일부 성리학자들은 해동천자와 그 천하의 제도와 관련된 사실 자체를 되도록 삭제하고, 부득이 삭제가 곤란한 부분은 고쳐 서술하여 역사서술에서 사라지게 하려 하였다. 고쳐 썼던 부분은 세종이 제시한 '사실은 그대로 쓴다'[以實直書]는 원칙에 따라 범례에서 '참유'(僭踰)라 지칭하고 사실을 서술하게 되었으나, 삭제된 부분은 대부분 복구되지 못하였다.

VI. 결론

고려시대의 국가단위의 집단의식은 근대의 민족에 토대를 둔 국가의식과는 상당한 거리가 있었다. 고려시대에서 국가단위와 가장 근접한 집단의식은 삼한일통의식이었다. 고려전기에는 삼한일통의식은 우리의식의 강도 면에서도 삼국유민의식에 제약을 받는 상태였지만, 서로 다른 내용을 갖는 삼한일통의식이 병렬함에 의해서도 제약을 받았다. 고려건국을 주도한 고구려유민 계열의 삼한일통의식에서는 같은 고구려계로서 발해유민을 포괄하였으나, 신라계열의 삼한일통의식은 발해유민을 배제하고 있었다. 두 계열의 삼한일통의식은 탐라에 대해서도 상반된 태도를 띠고 있었다. 이처럼 고려전기의 국가단위의 집단의식은 아직 유동성을 상당히 가질 수밖에 없었다.

고려전기 국가의 체제나 국가단위의 집단의식은 지역자위공동체의식이나 '해동천자 천하' 의식의 영향도 크게 받았다. 고려국가는 신라후기에 발달한 자위공동체들을 해체하여 다시 편제하기보다는 그들이 반기를 들지 않는 한 대개 그들과 타협하고 그 존재를 인정해 주는 선에서 그들을 국가체제에 편입하였다. 그리하여 대부분의 자위공동체들을 고려의 지방행정단위인 주군현(州郡縣) 등으로 편제하고 상당한 자치권을 허용하였다. 자위공동체들의 군사력은 국가의 지휘체계

안에 들어갔으나, 기본적으로는 지방단위 군사력을 유지하여 호장층의 지휘를 받게 함으로써 지방단위의 군사적 자위력도 유지되었다.

'해동천자의 천하' 의식에 입각하여 고려는 대륙의 강대국들과 빈례(賓禮)와 사대례(事大禮)가 절충된 형식으로 교섭관계를 맺으면서, 자체적으로는 천자국으로서의 제도들을 성립시켰다. 이러한 천자국의 제도는 주변의 제번(諸蕃)과의 관계를 제도적 틀 안에 두는 밑바탕이 되었다.

국가단위의 집단의식의 면에서 자위공동체의식은 국가단위 내부에서 그 단일성을 제약하였다. 그리고 '해동천자의 천하' 의식에 바탕을 둔 제번 집단들은 그 일부가 고려국가로 들어와 통합되기도 하는 유동성을 가지며 고려와 긴밀한 관계를 맺었다. 이것은 고려국가단위 집단의식이 유동성을 갖게 하는 또 다른 요인이었다.

이처럼 고려전기의 국가체제와 집단의식에 중요한 작용을 하던 자위공동체의식, 삼국유민의식, 삼한일통의식, 해동천자천하의식은 후대로 오면서 점차 변동하였다. 이 중 후대로 갈수록 더욱 강화된 것은 삼한일통의식이었으며, 나머지 세 가지 집단의식은 대체로 중기 이후에는 약화되고 고려 말에 이르면 일부 분야에서만 잔존하거나 흔적만 남기고 거의 사라지게 되었다.

네 가지 집단의식은 상호 영향을 주며 병존하고 있었다. 그리하여 어느 한 가지의 변동은 다른 쪽에도 영향을 주며 변화를 유발하였다. 그리고 네 가지 집단의식에 토대를 둔 고려의 국가체제도 그 변화에 당연히 즉각적인 영향을 받고 있었다.

981년부터 1009년까지는 화이론자들이 정국을 주도하여 해동천자천하의 제도들을 폐지하고 여진족 등 제번에 대한 전통적 역할도 폐기하였다. 그에 따라 이 시기 생여진집단들은 고려에 등을 돌리고 거란 쪽으로 돌아섰다. 이러한 상태를 벗어난 것은 1009년 현종의 즉위와 함께 다시 천하다원론자들이 정국을 주도하면서부터이다. 해동천자 천하의 제도들을 복구하고, 제번에 대한 배려와 회유를 하게 되자 30부여진 등 제번집단들은 고려에 내조(來朝)하고 고려를 중심으로 다시 거란에 저항하는 세력권을 형성하였다. 그리고 1018년에 거란과의 전쟁을 대승리로 마감함에 따라 이후 해동천자의 천하는 11세기 말까지 전성기를 구가하였다.

해동천자의 천하는 11세기 말 여진족 제 부족들을 통솔하게 된 완안부 세력의 도전에 위협을 받기 시작하였고, 1115년 금나라의 건국으로 해동천자의 제번들은 사라지게 되었다. 이는 고려국가 범위를 넘는 완만한 십난의식의 실질적인 소멸을 의미하는 것이었다. 이후 해동천자 천하의식은 송이나 금과의 국신적(國信的) 사대관계의 외교 형식이나 황제국 국체와 연관된 현실문제와 역사의식에 국한되어 존속하게 되었다. 12세기 중엽에 묘청란(妙淸亂)과 화이론자인 김부식 일파의 집권에 따른 일련의 충돌과 파동도 대개 그 범위에 국한된 것이었다.

12세기 만주지역 정세의 변화는 발해유민 등의 포함여부로 대립하던 삼한일통의식의 현실적인 쟁점을 사라지게 하였다. 또한 고려의 번(蕃)으로서 고려를 섬기던 여진족의 고려에 대한 사대 요구는 고려국가 단위의 집단의식을 자극하였다. 이러한 일련의 변화는 삼한일통의식을 진전시키는 작용을 하였다.

특히 고려 초 이래로 자위공동체의 지배층을 중앙관료층 및 그에 준하는 신분으로 하여 고려국가의 지배층으로 편성한 작업이 뿌리를 내림에 따라 적어도 지배층 단위에서의 국가적 단일성과 통합성이 확고해진 삼한일통의식의 진전에 중요한 작용을 하였다. 그리하여 13세기 초에 무신정권의 수탈과 폭정에 대한 저항으로 일어난 민란에서 다시 삼국유민의식에 근거를 둔 삼국부흥이 표방되었으나, 그 지역에 기반을 둔 지배층들은 오히려 대부분 그를 진압하는 편에 서 있었다. 이후 삼국유민의식은 현실 속에서는 국가의식과 배치되지 않는 향토의식 수준으로 전환되어 갔으며, 역사의식에서는 고려국가의 역사계승과 관련된 정통론과 연관된 논쟁의 배후에서 그 잔영을 남겼다.

유동성이 사라진 삼한일통의식의 강화된 국가단위 집단의식의 세력에 눌리며, 자위공동체의식도 점차 침식되고 있었다. 제도상으로는 12세기 초 이래로 고려 말까지 지방관의 증파와 광역행정단위의 기능강화로 중앙정부의 지방행정에 대한 개입이 확대되어 갔다. 자위공동체들의 자치적 영역은 점차 잠식되었다. 그러나 점차 약화되어 가는 추이 속에서도 13세기 말까지 자위공동체들은 몽고와의 장기간 전쟁을 수행한 주체가 될 수 있었다. 한편 장기간의 외침에 저항한 전쟁과정에서 삼한일통의식은 더욱 강화되어 역사인식에서는 삼국이전 하나의 통일체로서 고조선을 역사의 시원으로 강조하게 되었다. 또한 몽고와의 전쟁 과정에서 많은 자위공동체들이 큰 타격을 입고 해체되거나 공동체조직이 약화되었다. 14세기 자위공동체들의 해체와 약화 추이는 14세기를 통해서 계속 진행되어 14세기 말에는 경주나 나주와 같은 오랜 전통을 갖고 큰 세력을 형성한 지방들에서나 자위공동체의 명맥이 남아 있었다.

고려 초부터 발달해 온 삼한일통의식은 이처럼 고려시대를 경과하는 동안 여러 가지 유동성이 점차 사라지고, 그 내부와 외부에서 제약을 주던 집단의식들이 약화되고 해체됨으로써 14세기 말에는 국가단위와 일치하는 확고한 집단의식이 되었다. 양천(良賤)을 비롯한 신분제에 따른 전근대적 국가의식의 한계는 아직도 가지고 있었으나, 국가의식은 이미 단일 집단으로서의 강력한 결합력을 갖는 확고한 단계에 이르게 되었다. 국가의식의 이러한 발전은 국가사회의 지속성을 크게 강화했던 것으로 보인다. 고려 말의 정치·사회적인 대변동기를 거치면서도 고려와 조선 사이에는 왕실의 교체는 있었지만, 국가사회는 후삼국시대와 같은 분열을 거치지 않고 그대로 단일체로 유지되었다.

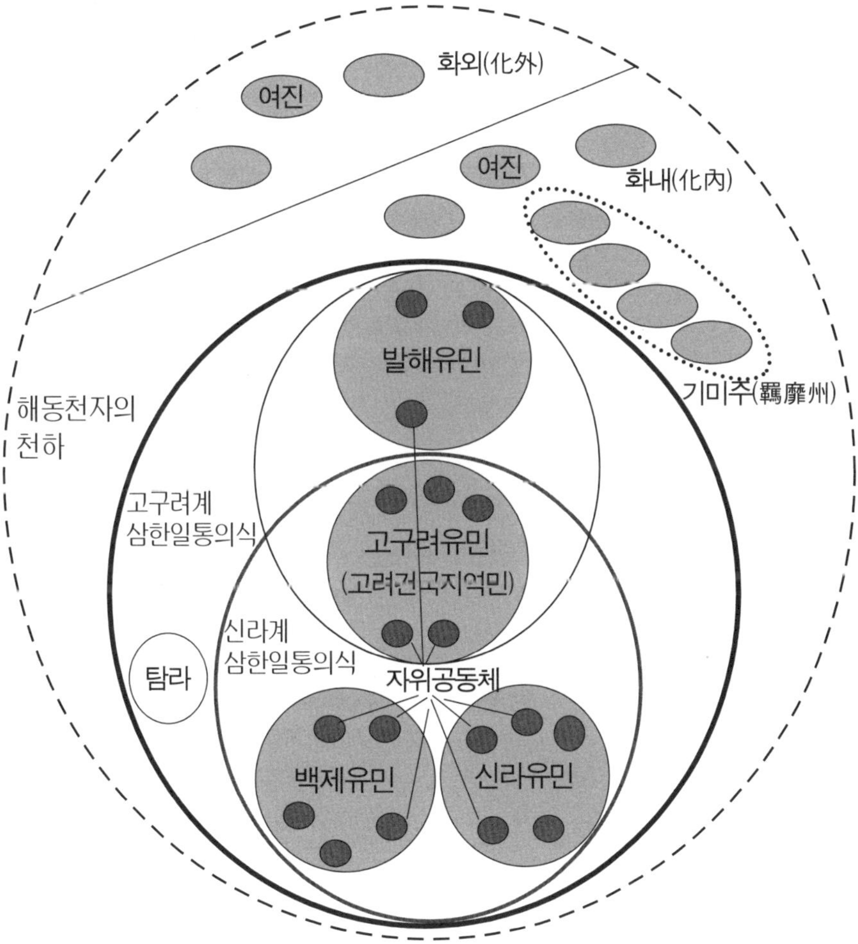

<개념도> 자위공동체, 삼국유민, 삼한일통, 해동천자의 천하

참고문헌

《高麗史》/ 《高麗史節要》/ 《三國史記》/ 《三國遺事》/ 《帝王韻紀》/ 《海東高僧傳》/ 《東國通鑑》/ 《東史綱目》

《新唐書》/ 《舊唐書》/ 《舊五代史》/ 《新五代史》/ 《五代會要》/ 《資治通鑑》/ 《宋史》/ 《遼史》/ 《金史》/ 《宋會要》/ 《翰苑群書》/ 《冊府元龜》/ 《宋大詔令集》/ 《松漠紀文》/ 《北風揚沙錄》/ 《金志》/ 《欽定滿洲源流考》/ 《宣和奉使高麗圖經》

《孤雲先生文集》/ 《東國李相國全集》/ 《補閑集》/ 《益齋亂藁》/ 《櫟翁稗說》/ 《拙藁千百》/ 《牧隱詩藁》/ 《圃隱先生集》/ 《大覺國師文集》/ 《湖山錄》/ 《星湖僿說》/ 《霅谿集》

《戶長先生案》/ 《東文選》/ 《續東文選》 / 《新增東國輿地勝覽》

金龍善, 2006a 《고려묘지명집성》, 제4판, 한림대출판부.

______, 2006b 《역주 고려묘지명집성》, 개정판, 한림대출판부.

김기섭 외, 2005 《일본 고중세 문헌 속의 한일관계사료집성》, 혜안.

노명호 외, 2000 《韓國古代中世古文書研究(上): 판독 · 역주편》, 서울대출판부.

장동익, 2004 《일본고중세 고려자료 연구》, 서울대출판부.

한국고대사회연구소 편, 1992 《譯註 韓國古代金石文》, 가락국사적개발연구원.

황수영 편, 1976 《韓國金石遺文》, 일지사.

권영국, 1995 《高麗後期 軍事制度 研究》, 서울대 문학박사학위논문.

김일우, 2000 《고려시대 탐라사연구》, 신서원.

노계현, 1994 《高麗外交史》, 갑인출판사.

노태돈, 1998 《한국사를 통해 본 우리와 세계에 대한 인식》, 풀빛.
朴玉杰, 1996 《高麗時代의 歸化人硏究》, 국학자료원.
박용운, 2006 《고려의 고구려계승에 대한 종합적 검토》, 일지사.
朴宗基, 1990 《高麗時代 部曲制硏究》, 서울대출판부.
______, 2002 《지배와 자율의 공간, 고려의 지방사회》, 푸른역사.
徐大錫, 1980 《韓國巫歌의 硏究》, 문학사상사.
宋基豪, 1995 《渤海政治史硏究》, 일조각.
신호철, 1993 《후백제 견훤정권연구》, 일조각.
안지원, 2006 《고려의 국가 불교의례와 문화: 연등·팔관회와 제석도량을 중심으로》, 서울대출판부.
윤용혁, 1991 《高麗對蒙抗爭史硏究》, 일지사.
李基白, 1968 《高麗兵制史硏究》, 일조각.
李杜鉉, 1994 《韓國假面劇》, 서울대출판부.
李丙燾, 1980 《개정판 高麗時代의 硏究》, 아세아문화사.
李樹健, 1984 《韓國中世社會史硏究》, 일조각.
李純根, 1992 《신라말 지방세력의 구성에 관한 연구》, 서울대 박사학위논문.
李佑成, 1991 《한국중세사회연구》, 일조각.
李泰鎭, 1986 《韓國社會史硏究》, 지식산업사.
李孝珩, 2004 《渤海 遺民史 硏究: 高麗와의 관계를 중심으로》, 부산대 문학박사논문.
鄭景鉉, 1992 《高麗前期 2軍 6衛制 硏究》, 서울대 박사학위논문.
蔡雄錫, 2000 《高麗時代의 國家와 地方社會》, 서울대출판부.
허흥식, 1995 《眞靜國師와 湖山錄》, 민족사.
王承禮, 1984 《발해의 역사(渤海簡史)》, 송기호 역(1987), 한림대출판부.
何光岳, 2004 《中華民族源流史叢書: 女眞源流史》, 江西教育出版社, 深圳市.

具山祐, 1992 <高麗 成宗代 對外關係의 展開와 그 政治的 性格> 《한국사연구》 78.
金光洙, 1977 <高麗建國期의 浿西豪族과 對女眞關係> 《史叢》 21·22합집.
______, 1979 <羅末麗初의 豪族과 官班> 《韓國史硏究》 23.

김기덕, 1997 <高麗의 諸王制와 皇帝國體制> 《국사관논총》 78.
金南奎, 1995a <高麗前期 兩界地方의 原住·來投女眞人> 《慶大史論》 8.

______, 1995b <高麗前期의 女眞觀: 女眞懷柔政策과 관련하여> 《가라문화》 12, 경남대.

金塘澤, 1983 <고려 초기 지방군의 형성과 구조: 지방군의 성격> 《高麗軍制史》, 육군본부.

金庠基, 1948 <古代의 貿易形態와 羅末의 海上發展에 對하여> 《東方文化交流史論攷》.

______, 1959a <金의 始祖에 대하여> 《國史上의 諸問題》 5(《東方史論叢》 1974 수록).

______, 1959b <女眞關係의 始末과 尹瓘의 北征> 《國史上의 諸問題》(《東方史論叢》 수록).

김성규, 2000a <宋代 東아시아에서 賓禮의 성립과 그 성격> 《동양사학연구》 72.

______, 2000b <宋代迎賓機關의 성격을 중심으로 본 唐宋變革의 一面> 《中國學報》 41.

金渭顯, 1998a <契丹・高麗間的女眞問題> 《明知史論》 9.

______, 1998b <渤海 遺民과 後渤海 및 對渤海國> 《高句麗硏究》 6.

金正基, 1987 <百濟系石塔의 특징> 《馬韓·百濟文化》 10.

金哲埈, 1973 <高麗中期의 文化意識과 史學의 性格> 《韓國史硏究》 9.

羅滿洙, 1983 <高麗前期 對女眞政策과 尹瓘의 北征> 《軍史》 7.

南仁國, 1986 <高麗前期의 投化人과 그 同化政策> 《歷史敎育論集》 8.

노명호, 1979 <山陰帳籍을 통해 본 17世紀初 村落의 血緣樣相> 《韓國史論》 5.

______, 1981 <百濟의 東明神話와 東明廟> 《歷史學硏究》 X, 전남대.

______, 1986 <고려초기 왕실출신의 '鄕里'세력: 麗初 親屬들의 정치세력화 양태> 《고려사의 제문제》, 변태섭 편, 삼영사.

______, 1987 <李資謙一派와 韓安仁一派의 族黨勢力: 高麗中期 親屬들의 政治勢力化 樣態> 《韓國史論》 17, 서울대.

______, 1988a <羅末麗初 親族組織의 변동> 《又仁金龍德博士停年紀念 史學論叢》.

______, 1988b <高麗時代 鄕村社會의 親族關係網과 家族> 《韓國史論》 19.

______, 1989 <高麗時代의 土地相續> 《中央史論》 6, 중앙대.

______, 1990 <田柴科體制下 白丁 農民層의 土地所有: 토지상속제와 관련된 검토를 중심으로> 《韓國史論》 23, 서울대.

______, 1992 <羅末麗初 豪族勢力의 경제적 기반과 田柴科體制의 성립> 《震檀學報》 74.

______, 1997 <東明王篇과 李奎報의 多元的 天下觀> 《震檀學報》 83.

______, 1998 <高麗 支配層의 渤海遺民에 대한 認識과 政策> 《汕耘史學》 8.

______, 2004 <고려시대 지역자위공동체> 《한국고대중세 지방제도의 제문제》, 집문당.

______, 2004 <高麗太祖 王建 銅像의 流轉과 문화적 배경> 《韓國史論》 50, 서울대.

______, 2005 <10~12세기 탐라와 고려국가> 《제주도연구》 28.

______, 2006a <고려시대 향리집단 속의 호장 李裕> 《한국사 시민강좌》 39집, 일조각.

______, 2006b <高麗太祖 王建銅像의 皇帝冠服과 造形 象徵> 《북녘의 문화유산》, 국립중앙박물관.

盧泰敦, 1978 <羅代의 門客> 《韓國史研究》 21·22합집.

______, 1985a <高句麗·渤海人과 內陸아시아 住民과의 交涉에 관한 一考察> 《大東文化研究》 23.

______, 1985b <對渤海 日本國書에서 云謂한 '高麗舊記'에 대하여> 《邊太燮博士 華甲紀念 史學論叢》.

______, 1985c <渤海國의 住民構成과 渤海人의 族源> 《韓國古代의 國家와 社會》, 역사학회.

______, 1998a <기자동래설의 사실성 여부> 《한국사를 통해 본 우리와 세계에 대한 인식》.

______, 1998b <삼한에 대한 인식의 변천: 한국사에서 '우리의식'의 형성과 전개> 《한국사를 통해 본 우리와 세계에 대한 인식》.

馬宗樂, 1991 <高麗時代의 軍人과 軍人田> 《白山學報》 36.

閔賢九, 1989 <고려중기 삼국부흥운동의 역사적 의미> 《한국사 시민강좌》 5.

朴省炫, 2002 <6~8세기 新羅 漢州 '郡縣城'과 그 성격> 《韓國史論》 47, 서울대.

朴時亨, <발해사연구를 위하여> 《역사과학》 1962-1.

朴宗基, 1992 <高麗時代 外官屬官制 연구> 《震檀學報》 72.

朴菖熙, 1969 <李奎報의 東明王篇詩> 《歷史敎育》 11·12합집.

朴漢卨, 1977 <高麗 王室의 起源: 高麗의 高句麗繼承理念과 관련하여> 《史叢》 11·12합집.

방동인, 1985 <高麗前期 北方政策의 推移> 《領土問題研究》 2.

서영대, 1999 <전통시대 단군 인식> 《단군학연구》 1(노태돈 편저 《단군과 고조선사》 수록).

송용덕, 2005 <高麗前期 國境地域의 州鎭城 編制> 《韓國史論》 51, 서울대.

신호철, 2000 <후백제 견훤 왕의 역사적 평가와 그 의미: 고려 태조와의 정치이념 및 호족·대외정책 등의 비교를 중심으로> 《후백제와 견훤》, 백제연구소 편.

______, 2008 <태봉의 대외관계> 《궁예의 나라 태봉: 그 역사와 문화》, 김용선 엮음, 일조각.

吳英善, 1992 <高麗前期 軍人層의 構成과 圍宿軍의 성격> 《韓國史論》 28, 서울대.

尹京鎭, 2000 <古文書 자료를 통해 본 高麗의 地方行政體系> 《韓國文化》 25, 서울대 한국문화연구소.

______, 2001 <나말려초의 城主의 존재양태와 고려의 대성주정책> 《역사와 현실》 40.

尹熙勉, 1982 <新羅下代의 城主와 將軍> 《韓國史硏究》 39.

이강옥, 1987 <고려국조신화 '고려세계'에 대한 신고찰> 《韓國學報》 48, 일조각.

李根花, 1988 <高麗前期의 女眞招諭政策> 《白山學報》 35.

李東馥, 1981 <金의 시조전설에 대한 일고찰> 《동국사학》 15·16합집.

______, 1986 《東北亞細亞史硏究: 金代女眞社會의 구성》, 일조각.

李範鶴, 1992 <蘇軾의 高麗排斥論과 그 背景> 《韓國學論叢》 15, 국민대한국학연구소.

李純根, 1980 <신라시대의 성씨취득과 그 의미> 《한국사론》 6, 서울대.

______, 1989 <羅末麗初 地方勢力의 構成形態에 관한 一硏究> 《韓國史硏究》 67.

李龍範, 1977 <胡僧 襪囉의 高麗往復> 《歷史學報》 75·76.

李佑成, 1961 <麗代 百姓考: 고려시대 村落構造의 一斷面> 《역사학보》 14.

李鍾明, 1968 <高麗에 來投한 渤海人考> 《白山學報》 4.

이종서, 1997 <나말여초 성씨 사용의 확대와 그 배경> 《한국사론》 37, 서울대.

李熙德, 1978 <高麗時代 五行說에 대한 硏究: 《高麗史》 五行志를 中心으로> 《歷史學報》 79.

張東翼, 1986 <高麗前期의 選軍·京軍構成의 이해를 위한 一試論> 《高麗史의 諸問題》, 변태섭 편, 삼영사.

鄭景鉉, 1990 <高麗前期 京軍의 軍營> 《韓國史論》 23, 서울대.

______, 1992 《高麗前期 2軍 6衛制 硏究》, 서울대 박사학위논문.

趙仁成, 1994 <高麗 初・中期의 歷史繼承意識과 渤海史 認識> 《李基白先生古稀紀念 韓國史學論叢》 上.

진영일, 1996 <高麗前期 耽羅國 硏究> 《탐라문화》 16.

崔圭成, 1981a <고려초기 여진문제의 발생과 북방경영> 《백산학보》 26.

______, 1981b <高麗初期의 女眞關係와 北方政策> 《東國史學》 15・16합집.

崔鍾奭, 2004 <羅末麗初 城主・將軍의 정치적 위상과 城> 《한국사론》 50, 서울대.

추명엽, 2002 <고려전기 '蕃'인식과 '동・서번'의 형성> 《역사와 현실》 43.

______, 2005 <고려시기 '海東'인식과 海東天下> 《한국사연구》 129.

하현강, 1965 <高麗食邑考> 《歷史學報》 26.

______, 1988 <《編年通錄》과 고려왕실세계의 성격>《韓國中世史硏究》, 일조각.

韓圭哲, 1984 <高麗來投・來往契丹人: 渤海遺民과 관련하여> 《韓國史硏究》 47.

______, 1985 <後三國時代 高麗와 契丹關係> 《富山史叢》 1.

______, 1996 <발해 유민의 부흥운동> 《한국사》 10책, 국사편찬위원회.

허인욱, 2003 <고려세계에 나타나는 신라계 설화와 《編年通錄》의 편찬의도> 《史叢》 56.

洪元基, 1990 <高麗 二軍・六衛制의 性格> 《韓國史硏究》 68.

황용운, 1974 <高麗諸王考> 《정중환박사환력기념논총》.

菊竹淳一, 2005 <高麗時代の裸形男子倚像> 《デアルテ》 21.

旗田巍, 1957 <高麗時代の土地の嫡長子相續と奴婢の子女均分相續> 《朝鮮中世社會史の硏究》 1972 수록.

浜中昇, 1990 <신라 말기・고려 초기의 城主・將軍에 대해서> 《李佑成교수정년퇴임기념논총》.

三上次男, 1940 <遼末における金室完顔家の通婚形態> 《東洋學報》 27.

______, 1941 <金室完顔家の始祖說話について> 《史學雜誌》 52편 11호.

小川裕人, 1937 <三十部女眞に就いて> 《東洋學報》 24권 4호.

奧村周司, 1982 <高麗の外交姿勢と國家意識: '仲冬八關會儀'および'迎北朝詔使儀'を中心として> 《民衆の生活・文化と變革主體》(歷史學硏究別冊特輯), 歷史學硏究會.

______, 1984 <使節迎接禮より見た高麗の外交姿勢: 十一,二世紀における對中關係の一面> 《史觀》 110, 早稻田大學史學會.

______, 1982 <高麗の外交姿勢と國家意識: '仲冬八關會儀'および'迎北朝詔使

儀'を中心として> 《民衆の生活・文化と變革主體》(歷史學硏究別冊特輯), 歷史學硏究會.

______, 1997 <高麗の圜丘祀天禮と世界觀> 《朝鮮社會の史籍展開と東アジア》 武田幸男 편, 山川出版社.

田坂興道, 1938 <完顔氏の三祖傳說について> 《歷史學硏究》 8권 6호.

池內宏, 1921 <朝鮮高麗朝において東女眞の海寇> 《滿鮮地理歷史報告》 8.

______, 1926 <金史世紀の硏究> 《滿鮮地理歷史硏究報告》 11권.

津田左右吉, 1913 <尹瓘征略地域考> 《朝鮮歷史地理》 2; 《津田左右吉全集》 11, 1964, 岩波書店).

孫進己, 1997 <關于高句麗歸屬問題的幾個爭議焦點> 《高句麗渤海硏究集成》, 哈尒濱出版社.

楊保隆, 2001 <高氏高麗與王氏高麗无前後相承關係辨識> 《古代中國高句麗歷史論叢》, 黑龍江教育出版社.

Abstract

The State and Four Streams of Group Consciousness in the Koryŏ Dynasty:

Self-protective Communities, Descendants of the Three Kingdoms, the Unified Three Han States, and the World under the Koryŏ Emperor

Ro, Myoungho

The group consciousness found among the people of the Koryŏ state differed markedly from that found in the modern Korean nation. The group consciousness and self-identification that produced the unity of the Koryŏ state appeared as an ideology known as 'the Unified Three Han States' (三韓一統). Originally, 'the Three Han States' (三韓) referred to Mahan (馬韓), Chinhan (辰韓), and Pyŏnhan (弁韓), which had existed prior to the Three Kingdoms. From around the 8th century, 'the Three Han States' was used as a term to signify the ancient Three Kingdoms of Koguryŏ (高句麗), Silla (新羅), and Paekje (百濟). Its use originated with the aristocrats of Silla after they had destroyed Paekje and Koguryŏ.

Apart from the consciousness of Unified Three Han States there co-existed three other streams of group consciousness that induced people to bind together and form a regional group or federation. These groups comprised self-protective communities, descendants of the Three Kingdoms (三國遺民), and the world (天下) under the Koryŏ Emperor (海東天子).

The latter three streams of group consciousness, especially that of descendants of the Three Kingdoms, restricted and weakened the concentration of power deriving from the consciousness of Unified Three Han States. With the consciousness of descendants of the Three Kingdoms, each of three regional peoples tended to segregate themselves, fostering a strong sense of rivalry. Under the influence of this group consciousness, the Later Three Kingdoms (後三國) arose and continued to exist from 892 to 936. After Koryŏ reunified the Later Three Kingdoms, such a consciousness became a latent source of divisiveness among the people of the Koryŏ state. Indeed, as late as the 13th century some rebellions were launched using the slogan of reconstructing one of Three Kingdoms.

Moreover, the boundary of those marked by a consciousness of Unified Three Han States was rendered fluid under the influence of the consciousness of descent from the Three Kingdoms. The Koguryŏ descendants (高句麗系民), who considered themselves to be the scions of the ancient Koguryŏ people and who were the progenitors of Koryŏ dynasty, had a consciousness of commonality toward the Parhae people (渤海遺民) although they lived in Manchuria (滿洲). Therefore, in the eyes of the Koguryŏ descendants, the Parhae people were deemed members of the Unified Three Han States. The Koguryŏ descendants also regarded the people of Tamra-guk (耽羅國), who possessed their own political organization and autonomy in domestic affairs, as members of the Unified Three Han States. The Silla descendents (新羅系民), who considered themselves to be the scions of the ancient Silla people, tended to exclude the Parhae people and the Tamra people as legitimate constituents of the Unified Three Han States. The Koguryŏ descendants' point of view toward the Parhe people and the Tamra people become the mainstream one during most of the period of Koryŏ dynasty. That of the Silla descendants continued as a minority view, but at times exerted strong influence.

From 10th to 13th centuries, the state system and the consciousness of the Unified Three Han states were also influenced by the consciousness of self-protective communities and the consciousness of the world under the Koryŏ Emperor.

Well over a thousand self-protective communities were formed from 9th century. Locales were constantly under the threat of plunder, slaughter, and capture. As a result local society had to be reorganized into self-protective communities in order to survive. People gathered around a local potentate (豪族) or a group of several local potentates, who both ruled and protected them. In a sense, each of the Later Three Kingdoms was a variety of federation of these local communities. After the founding group of Koryŏ dynasty reunified the Later Three Kingdoms, these groups compromised with the various locales and rather than disbanding them, instead reorganized them. Local communities came under the rule of the central government, but each of them was separately administrated by a local autonomous unit, the *eupsa*(邑司). The highest-ranking officials (戶長) of the *eupsa* were descendants of local potentates. The *eupsa* units were an important part of the infrastructure of the state system.

The world of the Koryŏ emperor comprised the Koryŏ state, several *kimiju* units (羈縻州) and many *pŏn* units (蕃). A *kimiju* was a political unit that was almost completely independent in domestic matters, but was under the command of Koryŏ government for foreign and military matters. Tamra-guk and several Jurchen (女眞) tribes were designated as *kimiju* units from the 10th to 11th centuries.

The notion of 'the world under the Koryŏ emperor' was sustained by world pluralism (天下多元論) and Koryŏ world monism (自國中心論, 高麗中心論). World pluralists denied universal monist doctrines (天下一元論) such as that of the Hua-i doctrine (華夷論) and Koryŏ world monism. They believed instead that the world as a whole consisted of several smaller worlds each having people whose nature (人性) differed, and whose specific geomantic properties varied, and that there was a center in each of the smaller worlds. They considered the Koryŏ emperor to be the center of his own world, in the same manner as the Sung China emperor and Kitan emperor were at the center of their own respective worlds.

The *pŏn* units for the most part comprised Jurchen tribes who lived independently in east Manchuria (滿洲), and who allied themselves with Koryŏ as the leader of the confederation against Kitan's (契丹) expansionist policy. Besides this military alliance, the Koryŏ emperor also bestowed official titles on the chiefs of Jurchen tribes, and allowed them trade as a form of tribute. The emperor system of Koryŏ was very important for the relations between Koryŏ and *pŏn* units. In the formal foreign relations with Sung China (宋) and the Khitan state, the Koryŏ monarch accepted formal designation as king of Koryŏ by them as a convenience to avoid problems. However both states well knew the reality of the emperor system of Koryŏ, and did not raise objections to it.

Jurchen tribes were not members of the unified three Han states. However Koryŏ and Jurchen tribes had a long-term relationship of familiarity originating from Koguryŏ, and they had a variety of loose consciousness of similarity with one another. Numerous groups of Jurchen people moved into the territory of Koryŏ constantly to become the people of Koryŏ, while others moved out because of maladjustment. Not a few people of Koryŏ moved into Jurchen territory from Koryŏ, and some of them returned. The migration of Jurchen and Koryŏ people did not cease throughout the period of the Koryŏ dynasty. At times, the population of immigrants was huge, especially when the border areas were out of control.

The four streams of group consciousness changed gradually, as they continued to interact with each other. In 1115, the Jurchen tribes founded the Jin (金) dynasty, and Koryŏ lost all of the *pŏn* units in east Manchuria. Over time the consciousness of Unified Three Han States grew stronger, diminishing the consciousness of self-protective communities and the consciousness of descendants of the Three Kingdoms. From the late 13th century, it overwhelmed these other two varieties of group consciousness. However, until the end of the 14th century, the consciousness of self-protective communities continued to exist in scattered locales, while it remained solely in vestigial form in the other areas.

찾아보기

ㅅ

ㅇ

ㅊ

ㅌ

발간사

'한국학'에 대한 관심과 요구가 국내외에서 높아지고 있다. 한국학을 전공으로 하는 학과도 생겨나고 한국학 연구자들의 국제학술대회도 종종 접하게 된다. 한국사회가 짧은 시기에 보여 준 역동적인 변화에 대한 학문적 관심이 나라 안팎으로 증대된 결과일 것이다. 한국의 역사와 문화, 사회적 경험이 점점 더 많은 연구자들의 관심대상으로 되고 있다는 사실은 매우 반가운 일이다.

한국학이란 고정된 분과학문 체계 내의 한 부분영역이 아니라 다양한 분과학문들이 함께 참여하는 학제적 연구의 성격을 지닌다. 한국학은 과거의 전통에 깊은 관심을 갖지만 현재의 문제들에도 주목하며 미래의 전망을 모색하는 작업도 포함한다. 인문학적 논의와 사회과학적 관심은 물론이고 자연과학적 문제의식과 예술적 시각이 함께 어우러지는 곳이다. 당연히 한국학은 국내의 연구자들이 자신의 특수성만을 부각시키는 폐쇄적인 장이 아니라 전 세계의 학자들이 자유롭게 참여하는 지적 토론의 공간이다. 한국을 대상으로 한 다양한 연구를 지원하며 진지한 논의와 지적 실험을 뒷받침하는 것이야말로 한국학의 가장 중요한 역할이라 할 것이다.

이런 의미에서 한국학은 한국의 문화와 역사적 경험을 전 인류의 문화유산과 역사적 경험의 한 부분으로 바라보는 전 지구적 시각을 요구받고 있다. 한국학은 한국사회의 경험을 연구하되, 그것을 21세기 세계사적 과제들과 더불어 사고함으로써 새로운 문명적 대안을 모색하는 전 지구적 논의에 적극적으로 동참하는 작업이 되어야 한다. 이런 종합적이고 개방적인 연구의 집적을 통해서만 한국의 특수성만을 절대화하는 오류에서 벗어나면서 동시에 서구의 눈으로 한국을 대상화, 타자화하는 오리엔탈리즘적 지역학의 한계도 극복할 수 있는 길이 열릴 것이다.

한국의 학문 발전에 큰 책임을 지고 있는 서울대학교는 한국학의 바람직한 발전을 위해 적극적인 역할을 하고자 한다. 이를 위해 별도의 연구기금을 마련하여 '한국학 장기기초연구 지원사업'을 추진하고 이 사업의 결과물들을 모아 연구총서, 자료총서, 모노그래프를 출간하기로 했다. 서울대학교 교수진의 연구역량과 진지한 문제의식들이 결집됨으로써 한국학의 연구수준이 더욱 높아지고 내용이 보다 풍부해질 것을 믿고 있다. 이 연구사업이 해를 거듭할수록 한국사회에 대한 이해가 깊어짐은 물론이고 한국의 경험을 통해 세계 학계의 시각과 논의도 더욱 풍성해질 것을 기대해 마지않는다.

2003년 8월

서울대학교 규장각한국학연구원 한국학연구사업위원회

저자 약력

노명호(盧明鎬; Ro, Myoungho)

서울대학교 대학원 국사학과 문학석사(1979), 문학박사(1988).
전남대학교(1980~1982), 중앙대학교(1982~1990)를 거쳐,
서울대학교(1990~2017) 국사학과 교수로 재직하였음.
현재 서울대학교 국사학과 명예교수

저서: ≪고려 태조 왕건의 동상: 황제제도·고구려문화전통의 형상화≫(지식산업사, 2011)
≪고려사와 고려사절요의 사료적 특성: 해석 방향의 정립과 관련하여≫(지식산업사, 2019)
공저: ≪韓國古代中世古文書硏究(上, 下)≫(서울대학교출판부, 2000)
≪한국고대중세 지방제도의 제문제≫(집문당, 2004)
≪불국사석가탑 중수문서≫(국립중앙박물관, 2009)
공편저: ≪교감 고려사절요≫(집문당, 2016)
논문: 〈고려시대의 양측적 친속조직〉(1988), 〈고려시대의 토지상속〉(1989), 〈나말려초 호족세력의 경제적 기반과 전시과체제의 성립〉(1992), 〈고려시대의 다원적 천하관과 해동천자〉(1999), 〈고려시대 향리집단 속의 호장 이유〉(2006), 〈고려사의 '僭擬之事'와 '大赦天下'의 '以實直書': 핵심이 삭제된 고려의 황제제도〉(2014), 〈고려시대 새로운 영역의 연구에서 사료와 개념체계의 관계: 실제 사례를 통한 고찰〉(2017) 외 다수

서울대학교 규장각한국학연구원 한국학모노그래프

1 예빈도에 보인 고구려: 당 이현묘 예빈도의 조우관을 쓴 사절에 대하여 | 노태돈
2 현대 한국유교와 전통 | 금장태
3 살인의 진화심리학: 조선 후기의 가족 살해와 배우자 살해 | 최재천 · 한영우 · 김호 · 황희선 · 홍승효 · 장대익
4 무협소설의 문화적 의미 | 전형준
5 정조시대의 무예 | 나영일
6 벼락도끼와 돌도끼: 고고자료에 대한 전통적 인식 연구 | 이선복
7 한국 옛 경관 속의 생태지혜 | 이도원
8 식민권력과 통계: 조선총독부의 통계체계와 센서스 | 박명규 · 서호철
9 한국의 천연염료: 전통염료와 천연염색기술 | 김재필 · 이정진
10 북한의 의학교육 | 박재형 · 김옥주 · 황상익
11 국문 글쓰기의 재탄생 | 권영민
12 사할린 귀환자 | 이순형
13 조선시대의 간척지 개발: 국토 확장과정과 이용의 문제 | 박영한 · 오상학
14 3칸×3칸: 한국 건축의 유형학적 접근 | 전봉희 · 이강민
15 위성영상을 이용한 북한지역의 해안습지연구: 평안남도를 사례로 | 유근배
16 한국 구비문학에 수용된 재담 연구 | 서대석
17 한국 자본자유화와 금융자유화의 근년변화: OECD 가입 및 IMF 사태 이후의 실상, 평가 및 대응 | 이천표
18 구어 한국어의 의향법 실현방법 | 권재일
19 조선시대 복식에 나타난 적색계 색명의 의미 | 남윤자 · 김순영 · 박성실
20 우리나라 인체기생충 및 의용절지동물의 동물상과 개요 | 채종일
21 경제개방이 우리나라 노동시장에 미친 효과 | 김대일
22 한국 고소설에 나타난 오이디푸스 콤플렉스: 〈심청전〉·〈콩쥐팥쥐전〉 | 류인균
23 남북한 경제의 이질성: 경제통합에 관한 함의 | 이지순
24 한국에서 마르크스주의 경제학의 도입과 전개과정 | 김수행
25 한국 장수인의 개체적 특성과 사회환경적 요인: 호남지방 장수벨트를 중심으로 | 박상철 · 이미숙 · 이정재 · 한경혜
26 전통마을 경관요소들의 생태적 의미 | 이도원
27 한국의 중산층 | 홍두승

28 한국 여성의 건강증진행위 | 윤순녕 · 김숙영 · 이지윤
29 心과 性 : 茶山의 『孟子』 해석 | 금장태
30 20세기 초기 국어의 문법 | 권재일
31 한국의 고령노동 : 경제활동과 고용구조의 장기적 변화 | 이철희
32 웃음으로 눈물 닦기 : 한국 언어문화의 한 특질 | 김대행
33 한국의 좌파 경제학자들 | 김수행 · 김공회
34 온돌과 한국인의 수면 생활 : 침상 기후를 중심으로 | 최정화 · 김문숙
35 한국 고대의 온돌 : 북옥저, 고구려, 발해 | 송기호
36 한국 시민단체의 내부의사결정과정에 관한 연구 | 김준기
37 한국문화를 쓴다 : 강용흘의 『초당』과 이미륵의 『압록강은 흐른다』 비교연구 | 최윤영
38 정약용 사상 속의 과학기술 : 유가 전통, 실용성, 과학기술 | 김영식
39 仁과 禮 : 다산의 『논어』 해석 | 금장태
40 서양인의 한국 종교 연구 | 김종서
41 韓國詩話에 보이는 杜詩 | 이영주
42 한국의 소득불평등과 빈곤 : 소득분배 악화와 사회보장정책의 과제 | 구인회
43 한국인 치매환자의 행동 및 심리 증상의 횡문화적 특성 | 조맹제 · 김진영
44 한국 사회복지 네트워크의 구성과 효과성 : 지역종합사회복지관의 네트워크 구성과 조직 효과성을 중심으로 | 김준기
45 근대한국의 국제관념에 나타난 도덕과 권력 | 장인성
46 한국의 의료체제 : 제도와 지배구조 | 송호근
47 몽골제국과 고려 : 쿠빌라이 정권의 탄생과 고려의 정치적 위상 | 김호동
48 한국무협소설의 작가와 작품 | 전형준
49 한국 근대소설에 나타난 오이디푸스 콤플렉스의 이해 : 이광수, 김동인, 염상섭, 이상을 중심으로 | 류인균
50 한국의 하구역 : 하구둑 건설 이후의 지형변화 | 유근배 · 김성환 · 신영호
51 한국의 신용평가제도 | 이인호
52 전통 마을숲의 생태계 서비스 | 이도원 · 고인수 · 박찬열
53 두 개의 예외적인 복제체제 비교 연구 : 한국 복지국가 모형의 탐색 | 김태성
54 박정희 체제의 성립과 전개 및 몰락 : 국제적·국내적 계급관계의 관점 | 김수행 · 박승호
55 한국 서해안의 해안사구 : 지형학적 관점을 중심으로 | 유근배 · 류호상
56 『기우제등록』과 기후의례 : 기우제, 기청제, 기설제 | 최종성
57 한국어 술어의 사건 구조와 논항 구조 | 남승호

58 舊韓末의 韓獨 外交文書 '德案' 硏究 | 권오현

59 현대 한국어의 공시 형태론 : 경주지역어를 실례로 | 최명옥

60 서양문화를 쓴다 : 강용흘의 〈동양 서양에 가다〉와 이미륵의 〈압록강에서 이자르강까지〉 | 최윤영

61 시장발전과 경제개발 | 이승훈

62 고려국가와 집단의식 | 노명호

63 근현대 한국미술과 '동양' 개념 | 정형민

65 현대 한국복지국가의 제도적 전환 | 안상훈

66 순응과 저항을 넘어서 : 이승만과 박정희의 대미정책 | 신욱희

67 생태서식처로서 한국 서해안 해안사구 | 유근배 · 신영호 · 김대현 · 김성환

69 한국 정신보건서비스의 전개 과정: 사회서비스의 관점에서 | 강상경

70 일제의 한국 식민지화와 문명화(1904~1919) | 권태억

71 이즈미 세이이치와 군속인류학 : 뉴기니 조사를 중심으로 | 전경수

72 조선후기 공론정치의 새로운 전개 : 18, 19세기 향회, 민회를 중심으로 | 김인걸

서울대학교 규장각한국학연구원 한국학연구총서

1 지방문학사: 연구의 방향과 과제 | 조동일
2 한국 근대과학 형성과정 자료 | 문만용 · 김영식
3 목석의 울음: 손창섭 문학의 정신분석 | 조두영
4 통일한국의 농업 | 김완배 외
5 현대 한국사회의 철학적 문제: 사회운영원리 | 백종현
6 한국유교의 과제 | 금장태
7 韓國 古代 · 中世初期 土地制度史: 古朝鮮~新羅·渤海 | 이경식
8 『무과총요』 연구 | 나영일
9 북한 주요 산업지역의 토지이용 변화와 개방지역에 관한 연구 | 황만익 · 이기석
10 재벌체제와 다국적기업: 경제개발의 두 가지 유형 | 이승훈
11 붉은악마와 월드컵 | 이순형
12 『조선왕조실록』 보존을 위한 기초 조사연구(1) | 송기중 · 신병주 · 박지선 · 이인성
13 한국 근대의 사회복지 | 안상훈 · 조성은 · 길현종
14 한국어 체언의 음변화 연구 | 이상억
15 조선 중기 무예서 연구 | 나영일 · 노영구 · 양정호 · 최복규
16 1950년대 사회주의 건설기의 북한 보건의료 | 황상익
17 후발 산업화와 국가의 동학: 탈관료화와 강성국가의 공동화 | 하용출
18 조선 후기의 기술도: 서양 과학의 도입과 미술의 변화 | 정형민 · 김영식
19 韓國 中世 土地制度史: 朝鮮前期 | 이경식
20 남북 언어의 문법 표준화 | 권재일
21 50권본 『화엄경』 연구 | 이승재
22 한 · 중 소화의 비교 | 서대석
23 고려전기의 전시과 | 이경식
24 개항기 전후 경상도의 육상교통 | 허우긍 · 도도로키 히로시
25 한국어의 주제와 통사 분석: 주제 개념의 새로운 전개 | 임홍빈
26 한국적 패션 디자인의 제다움 찾기: 전통미와 현대적 활용을 중심으로 | 김민자
27 한국 근대문학교육사 연구 | 우한용
28 『조선왕조실록』의 여진족 족명과 인명 | 김주원

29 중앙아시아 고려말의 문법 | 권재일
30 삼국통일전쟁사 | 노태돈
31 한국의 사회운동과 진보정당 | 임현진
32 한국 행락문화의 변천과정 | 황기원
33 노래의 상상계 : '수사'와 존재생태 기호학 | 신범순
34 한국의 언어 민속지: 전라남북도 편 | 왕한석
35 주시경의 언어이론과 표기법 | 송철의
36 일제강점기의 철도 수송 | 허우긍
37 인권으로 읽는 동아시아: 한국과 일본의 인권 개선조건 | 정진성 · 공석기 · 구정우
38 정조와 정조시대 | 김인걸 외
39 문화의 정치와 지역사회의 권력구조: 안동과 안동김씨 | 김광억
40 한국어 명사구의 의미론: 한정성/특정성, 총칭성, 복수성 | 전영철
41 한국의 건강 불평등 | 김창엽 · 김명희 · 이태진 · 손정인
42-1 한국어의 재구조화 1 | 임홍빈
42-2 한국어의 재구조화 2 | 임홍빈
43 조선에 전해진 중국문헌 | 이종묵 외 6인